本书出版承蒙浙江大学董氏文史哲研究奖励基金资助

基于修辞结构树库的篇章衔接标记研究

乐　明◎著

中国出版集团公司
世界图书出版公司
广州·北京·上海·西安

图书在版编目（CIP）数据

基于修辞结构树库的篇章衔接标记研究/乐明著．—广州：世界图书出版广东有限公司，2019．1
ISBN 978-7-5192-5878-8

Ⅰ．①基…　Ⅱ．①乐…　Ⅲ．①汉语—修辞—语料库—研究 Ⅳ．①H15

中国版本图书馆 CIP 数据核字（2019）第 005360 号

书　　名　基于修辞结构树库的篇章衔接标记研究
JIYU XIUCI JIEGOU SHUKU DE PIANZHANG XIANJIE BIAOJI YANJIU
著　　者　乐　明
责任编辑　冯彦庄
装帧设计　吴伟边
责任技编　刘上锦
出版发行　世界图书出版广东有限公司
地　　址　广州市新港西路大江冲 25 号
邮　　编　510300
电　　话　020-84452177
网　　址　http://www.gdst.com.cn
邮　　箱　wpc_gdst@163.com
经　　销　新华书店
印　　刷　广州市迪桦彩印有限公司
开　　本　787 mm×1 092 mm　1/16
印　　张　16
字　　数　300 千字
版　　次　2019 年 1 月第 1 版　2019 年 1 月第 1 次印刷
国际书号　ISBN 978-7-5192-5878-8
定　　价　58.00 元

《中国当代语言学文库》

序　言

1987 年，W. Mann 和 S. Thompson 在《修辞结构理论：一种文本组织的理论》（Rhetorical Structure Theory：A Theory of Text Organization）一文中，提出“修辞结构理论”（Rhetorical Structure Theory，简称为 RST）。这是一种基于文本局部之间关系的关于文本组织的描述理论。

例如，我们来研究下面的两个文本：

a. 小王喜欢收集中国的古典文学作品。他昨天买了曹雪芹的《红楼梦》。b. 小王喜欢收集中国的古典文学作品。他昨天买了托尔斯泰的《战争与和平》。

文本 a 是有意义的，它表达了小王昨天买了曹雪芹的《红楼梦》这个事实，这个事实很自然地紧接着他喜欢收集中国的古典文学作品的事实。而文本 b 则是有缺陷的。这种缺陷并不是单个句子的问题，文本 b 中的单个的句子孤立地看起来都是完美的，缺陷在于它们在意思上的结合不好，因为托尔斯泰的《战争与和平》不是中国的古典文学作品，而是俄罗斯的文学作品。不过，文本中两个句子顺序排列的事实暗示它们之间具有某种衔接关系，只不过文本 a 和文本 b 的衔接关系是不同的。对于文本 a 来说，这种关系具有详述（elaboration）关系的特征。而对于文本 b 来说，这种关系则具有对照（contrast 或 antithesis）关系的特征，因此，文本 b 应当更恰当地表示为：

小王喜欢收集中国的古典文学作品。然而，他昨天买了托尔斯泰的《战争与和平》。

这里，“然而”这个词明显地将对照关系的信号传递给读者，因此这个文本在意思上也就顺畅多了。

RST 描述了文本中篇章单元之间的衔接关系，建立了完整的理论，提出了具体的方法。

Mann 和 Thompson 对语言使用的性质和如何解释这种性质持有这样一些基本观点：

1）如果想说明话语本身，就必需对说话者和听话者的参与有个明确的解释；

2）话语的结构比其他任何事物都更反映说话者的意图和目标，而意图普遍是有层次的；

3）注意（attention）和意图（intention）被认为是文本中相互独立又相互作用的方面；话语的形式、功能和结构三者之间的联系，并不是某种一一对应的映射关系，而是松散的相互制约关系。因此并不总有什么特定的词汇或语法形式唯一的标记结构特征。

RST 理论的核心是修辞关系的概念。修辞关系（Rhetorical Relation）是存在于两个互不重叠的文本跨段（Text Span）之间的关系（当然也有一些例外），这两个文本跨段一个叫“核心单元”（Nucleus，用 N 来表示），一个叫“卫星单元”（Satellite，用 S 来表示）。这种对核心和卫星的区分来自经验观察。例如，在上面的文本 a 中，“小王喜欢收集中国的古典文学作品”这个片断是核心单元，“他昨天买了曹雪芹的《红楼梦》”这个片断是卫星单元。核心单元与卫星单元的划分说明，许多修辞关系是非对称的，这里第二个片断是根据第一个片断来解释的。但并不是所有的修辞关系都是非对称的。RST 关系是根据它们施加于核心、外围、以及核心和外围的结合处的约束来定义的。

根据文本分析经验，Mann 和 Thompson 对文本结构作了如下的一些基本假设：组织性、整体性和连贯性、功能性、层级性、层级的同质性、关系的组合性、关系的不对称性、关系性质的“修辞”功能。

在对大量真实文本分析的经验基础上，Mann 和 Thompson 总结出了 25 种修辞关系，分为核心—卫星关系和多核心关系。核心—卫星关系可以表示为（N－S），多核心关系可以表示为（N－N（…N））：

核心－卫星关系有如下 21 种：

证据（Evidence）	辩理（Justification）
转折（Antithesis）	让步（Concession）
情景（Circumstance）	解决（Solution）
详述（Elaboration）	背景（Background）
使能（Enablement）	条件（Condition）
否则（Otherwise）	解释（Interpretation）

评估（Evaluation） 重述（Restatement）
总结（Conclusion） 动机（Motivation）
意愿性原因（Volitional cause） 非意愿性原因（Non - volitional cause）
意愿性结果（Volitional result） 非意愿性结果（Non - volitional result）
目的（Purpose）

多核心关系有如下 4 种：

序列（Sequence） 对照（Contrast） 联接（Joint） 列表（List）

Mann 和 Thompson 在多篇论文中反复强调，他们给出的修辞关系类型不是一个封闭的集合。核心—卫星关系所列的是 Mann 和 Thompson 在分析英语独白文本中发现的、能覆盖他们遇到的绝大部分语料的各种关系类型。

从这些作用于核心、卫星和核心卫星间组合的限制以及与每个关系相联系的总体效果中，可以得出文本的衔接性。在 RST 中，文本衔接性是从一套限制以及与每个关系相联系的总体效果中得出的。这些限制作用于核心、卫星和核心卫星间的组合。

用来描写文本结构的 RST 只识辨结构的三种主要类型：整体结构、关系结构和句法结构，并主要研究中间一层的关系结构。RST 提供了一般的方法来描写文本各组织元素之间的结构关系，不论这些关系是语法上标记的，还是词汇上标记的。因此，RST 是联系各连词的各种意义、小句组合的语法和无标记平行结构的一个有用的理论框架。同时，RST 提供了研究关系命题（Propositional Relations）的框架，关系命题是在解释文本的过程中从文本结构得出的、未经陈述但可以引申出来的命题。因为文本的衔接性部分地依赖于这些关系命题，所以 RST 在文本衔接性研究中也很有用。除了衔接性的研究外，RST 还被用于研究小句间关系、连接词语、暗示性交际、小句组合、作品风格和文体等。

RST 总共给出的 25 种修辞结构关系已经足以描述各式各样文本的修辞结构。在实践中，研究人员倾向于从这些修辞结构关系中选出适合他们各自应用领域的子集。

RST 明确地提出了文本的树结构模型。RST 的树结构模型要满足完整性、联系性和唯一性三个条件，从根结点开始的树形图（tree graph）可以代表整个文本的修辞结构关系。

Mann 和 Thompson 认为，文本的修辞结构都可以用这样的树形图来表示，因此，我们应当花力气来构建修辞结构树库（tree bank），在树库中，树形图的各子结点代表各个互不重叠但又相互衔接的文本跨段。一个文本跨段是任何一部分从文本组织的角度上看有功能整体性的一个文本片段。修辞结构关系存在于两个不重叠的文本跨段之间。

乐明博士依据 Mann 和 Thompson 的修辞结构理论，并吸取英语和德语的修辞结构树库在修辞关系标注和相关表层信息标注方面的经验，为一定规模的汉语财经评论语篇构建了汉语修辞结构树库，定义了汉语修辞关系集、篇章单元切分原则、关系优选原则和标注流程。汉语财经评论的篇章修辞结构树库有 400 篇新闻财经评论（CJPL400），总计 70 万字。乐明本人标注了所有篇章在分号句颗粒度上的局部修辞结构树，并为 150 篇文章构造了完整的修辞结构树；由她的合作者对其中较短的 86 篇文章（CJPL86）完成了多个版本的修辞结构标注，并对其中的 20 篇较短的文章（CJPL20）完成了逗号子句层次上的修辞结构标注。乐明博士在这些标注的基础上作了篇章修辞关系分布的研究，并对篇章语料所含的多个衔接标记进行了自动和人工相结合的多维度的标注和个案研究。

由于面对真实的语料，这些工作数据量大，难度高，计算技术也比较复杂。经过多年不懈努力，乐明博士在这些工作的基础上，写成了《基于修辞结构树库的篇章衔接标记研究》这本专著。在这本书出版之际，我对她表示热烈的祝贺。

在计算语言学中，篇章之间的衔接关系的研究一直是一个比较薄弱的环节，在中文信息处理中，汉语的篇章衔接标记用法的研究也不多见。我相信，本书的出版将有力地推动这个领域的研究。

希望乐明博士再接再厉，在计算语言学的艰苦探索中，创造出更好的成绩。

冯志伟

2017 年 7 月 15 日于北京

目　录

表目录

图目录

缩略语

Adv	Adverb，副词
CDTB	Chinese Discourse TreeBank，汉语篇章树库
CJPL	Caijingpinglun，财经评论语料库
CONJ	Conjunction，Conjunctor，连词
CR	Cause - result，因果关系
CT	Centering Theory，向心理论
DCM	Discourse cohesive marker，篇章衔接标记
D - LTAG	Lexicalized Tree Adjoining Grammar for Discourse，篇章树邻接文法
DM	Discourse marker，话语标记
DOE	Discourse organization element，篇章组织单元
DRT	Discourse Representation Theory，语篇表征理论
DU	Discourse unit，篇章单元
EDU	Elementary discourse unit，基本篇章单元
Em	Embedded，内嵌单元
EUDA	Elementary unit of discourse analysis，基本篇章分析单元
Ex	External，外部单元
KW	Keyword，关键词
L	Left，（关键词）左边
LDM	Linguistic Discourse Model，语言篇章模型
Ls	Left - start，左边起始标点
M、m	Multi - nuclear，多核关系，多核单元
MI	mutual information，互信息
ML	Machine learning，机器学习
N	Noun，名词
N、n	Nucleus，核心，核心性，N
NCR	Nonvolitional - cause - result - m 非意愿性因果关系
NLP	Natural Language Processing，自然语言处理
NVC	Nonvolitional - cause - s，非意愿性原因关系

NVR	Nonvolitional-result-s，非意愿性原因关系
P	Probability，概率
P、p	前句
PCC	Potsdam Commentary Corpus，德语波茨坦评论树库
PDTB	Penn Discourse TreeBank，宾州篇章树库（英语）
PREP	Preposition，介词
PRON	Pronoun，代词
Q、q	后句
R	Right，（关键词）右边
R	Reader ，读者
Rf	Right – final，右边结束标点
rr	Rhetorical relation（token），修辞关系（例）
RR	Rhetorical relation（type），修辞关系（类）
RST	Rhetorical Structure Theory，修辞结构理论
RST – DT	RST – Discourse Treebank，英语 RST 篇章树库
S	Subject，主语
S，s	Satellite，卫星
SDRT	Segmented Discourse Representation Theory，分段语篇表征理论
SFT	Systemic Functional Grammar，系统功能语法
SGML	Standard General Markup Language，标准通用置标语言
SVM	Support Vector Machine，支持向量机
TTR	Type – Token Ratio，类例比
UDA	Unit of discourse analysis，篇章分析单元
V	Verb，动词
VC	Volitional – cause – s，意愿性原因关系
VCR	Volitional – cause – result – m 意愿性因果关系
VR	Volitional – result – s，意愿性结果关系
VT	Vein Theory，脉络理论
W	Writer，作者
XML	Extended Markup Language，扩展置标语言

第一章 篇章连贯研究概论

语言工程的最终目的是让机器低成本、高效率地理解海量非受限的自然语篇，以及自动生成近似自然，能达到交际目的的话语①。不过，现今的语言处理技术，如机器翻译、问答系统、自动文摘等，在理解和生成文本时大多以句子为单位，较少利用语篇的整体特征，常常在某些歧义词句的处理上出现错误，或生成一些互不连贯、难以被人理解的句串，结果影响了这些系统的应用推广。因此，随着句内处理技术的成熟，各工程团队都将语篇研究提上了议事日程。

理论界认为，通顺且表述清晰的语篇有七大基本特征：可接受性（acceptability）、衔接性（cohesion）、连贯性（coherence）、信息性（informativity）、意图性（intentionality）、互文性（intertextuality）以及情景性（situationality）（de Beaugrande and Dressler，1981；Mann and Thompson，1987）。在这七个特征中，衔接性体现在表层形式；连贯性、信息性和意图性隐藏在语篇深层的语义语用层面上；而可接受性、情景性和互文性则与语篇外部语境有关。由于语言处理程序的输入和输出都是语言表层的形式（文字或语音），所以针对表层形式的衔接性对程序的性能评价最有影响，其次是涉及篇章语义的连贯性、信息性和意图性，而当前对可接受性、情景性和跨篇章性的关注还不多。对表层形式衔接性的研究，不仅是一些早期基于规则的篇章理解和生成技术的基础；也是在盛行机器学习②技术的今天，大多数篇章处理算法仍需依赖的先验经验（Jurafsky and Martin，2008）。可以说，有关篇章衔接的基础研究依然重要。

本章将首先定义研究对象“篇章衔接标记”（discourse cohesive marker，DCM），然后简要介绍篇章连贯的理论研究、篇章剖析的技术发展、标注篇章语料库的项目开发以及中文信息处理的相关研究成果等，接着提出本书的研究问

---

① 言语（utterance）、话语（discourse）、篇章、语篇和文本（text）这几个概念，在理论上存在差异。“言语”可以用于与“语言（系统）（language system）”的对立，指的是语言社区应用语言产生的一次次交流；“话语”多指口头的、能完成一定交际意义的言语单位；“篇章”一般指书面的结构完整的话语单位；“语篇”则常被用来涵盖口头的话语和书面的“篇章”；“文本”强调的是语篇的书面文字记录，常用于信息处理领域，很多时候也指区别于图像的字符串。因本书只关注语料库中以电子文本形式出现的完整的有交际意义的书面语篇，所以对这些概念不做严格区分。

② 机器学习“是用数据或以往的经验，以此优化计算机程序的性能标准”，“是对能通过经验自动改进的计算机算法的研究”（Mitchell，1997）。更广义地说，机器学习“是一门研究机器获取新知识和新技能，并识别现有知识的学问”（Alpaydin，2010）。

题，概述基于修辞结构树库的标注方法及目前已经取得的成果，最后说明本书的主体结构安排。

1.1 研究对象

本书将“篇章衔接标记”定义为书面语篇中具有提示篇章连贯作用的表层语言形式，包括语篇的编辑符号、标点、特定词语、特定词串等。简单地说，就是只要某字符串有衔接两个或多个命题的作用，本书就认为它是篇章表层的衔接标记。

由于仅关注表层的字符串，本书对汉语篇章衔接的研究只涉及频率较高的照应（phoricity，或称“指代/reference”）和连接（conjunction）两类形式标记，不涉及其他非结构性衔接手段（如替代/substitution、省略/ellipsis 以及词汇衔接/1exical cohesion 等），也不涉及结构性的衔接特征（如主位结构、信息结构、及物性结构、语气结构以及音系层面的语音和语调衔接机制等）。但将书面语篇的编辑符号（如换行符和标点）考虑在内，理由是它们在书面系统中同样起到了重要的衔接作用（高原、刘润清，2002）。

与本书定义相近的概念有十几种，如 cue phrases、cue words、discourse connectives、discourse cues、discourse markers、discourse operators、discourse particles、discourse signaling devices、pragmatic connectives 、pragmatic markers、pragmatic particles 、semantic conjuncts、sentence connectives 等，都是不同学者出于各自研究目的和需要，用来指称具有相似篇章功能的词语的命名方式。这些概念中以“discourse marker（话语标记）”最为常用，其最初的定义是“结构上前后依存并对会话单位进行切分的成分”（Schiffrin，1987），但后来被其他研究者做出过各种修改（如 Rouchota，1996；Fraser，1999），导致该词语的语义内涵比较宽泛模糊，不适合本研究的目的。

称谓或定义不统一，说明各位学者的研究对象、研究视角其实很不一致。本书拟定“篇章衔接标记（DCM）”这一词语，是因为笔者关心计算机自动处理书面独白中可以利用的一些表层形式，用其来指称包括篇章的起止符、段落分割符、常用标点符号和关联词语、代词、语气词等在内的一些特定高频常用字符串。下文有时也将使用“篇章表层标记”或“篇章形式标记”这两个比较笼统的概念，谈到传统研究时还会用到“话语标记”“关联词语”“连接词”等词语在篇章层面比较广义的理解，而将“连词”“副词”的用法限定在句法范畴内。本书所用各个概念间的关系大致如下：

篇章标记>篇章表层衔接标记>话语标记>关联词语>连接词>连词

←————————————————————→

广义　　　　　　　　　　　　　　　　　　　　狭义

图 1－1　本书所用术语的语义范围界定示意

本书所指的篇章衔接标记（DCM），在汉语研究中常被称为“关联词语”，但事实上两者有所不同。首先，传统的“关联词语”概念不能很好地涵盖DCM，其所指的范围比本书的研究对象要小。“关联词语”在汉语传统研究中本身是个比较含糊的概念，一般仅指部分在小句或句子间起作用的从属连词（如“但是”“然后”）、并列连词（如“其次”），以及一些句子状语、篇章副词（如“却”“总而言之”）等。而我们已知有些指示代词（如“这个”“那个”等）（方梅，2002；Huang，1999；Tao，1999）、语气词（如“啊”“吗”）（熊子瑜、林茂灿，2004），甚至标点和文本编辑符号（如问号、段落结束符等其他一些形式标记）（宋柔2008），也都可能是某种形式的联系项，都可以将两个有并列或从属关系的成分连结成一个更大的单位，并且标明两个命题之间的关系，起衔接作用，因此也都是DCM。

其次，即使针对一般所谓的“关联词语”，本书对它们在语篇中的衔接用法研究不仅限于复句内部，也不仅限于篇章层面，而是以该词语的字面形式为基础，对其连接的对象予以统一分析。这么做的原因，主要是汉语中有一些关联词语既可做连词连接两个小句又可做介词在句内连接词语，如“因为”和“由于”等，在很多情况下同样可以起到连接命题的作用①。比如在下面的例1中，前后两个“因为”看似处于对称的结构里，但严格意义上它们的句法词性并不相同，前一个“因为”带名词词组“潜在商业价值和巨大利润”，算介词；后一个“因为”带主谓小句“转基因技术尚有潜在的不安全性”，算连词：

例1

[1A <duan ID = 6> 我们不能**因为**转基因技术的潜在商业价值和巨大利润，] [1B就不管不顾其他相关因素；] [2A也不能**因为**转基因技术尚有潜在的不安全性，] [2B就要求一夜之间全部取消。] [3 从国际上看，转基因食品经过近20年的发展，已经成为一种潮流。]

——CJPL2091161.6

例2

[1 **虽然**我们确信，沃尔玛的“规矩”是为自己的采购人员而设，毕竟拿人家的手短，发展下去终究于己无利。] [2 因此，沃尔玛充其量是在自身能力范围内给出了一种游戏规则，它是有限的，在陋习过于强

---

① 这一情况与英语 *because* 相同。在英语篇章树库 RST – DT 的标注手册里，*because* 类似的句内介词用法也属于“cue phrase/篇章提示标记”（Carlson and Marcu，2001）。

大之时，它也是无力的。］［[3] **但是**，它同时反映的是一个经济社会不可回避的重要内容，这就是经济道德。］

——CJPL1998712.4

此外，还有一些典型地出现在复句内连接分句的连词，偶尔也有一些句间用法。如例2中的“虽然”和“但是”并不出现在同一个复句中，而是越过两个句末点号才发生关系。这说明诸如“虽然”这样一般只出现在汉语复句内某一部分的关联词语，它们在真实语料中也有起句间连词作用的实例，而且在功能上和一般的复句内用例没有差别。

从上述两例可以看出，“因为”“虽然”等词语在具体的上下文语境中可以联系以不同形式出现的两个命题：命题除了常见的小句形式，还可以通过句群或词语来表达。关联词语可能连接不同层次语法单元的现象，比如“关联词语1+词组；关联词语2+小句”的结构等（如例1），这并不是笔者的新发现，而是汉语中早就为人所知的情况。比如，沈开木（1987）发现，当两种结构成分作同类组合或异类组合时，实际发生联系的不一定都是整个组合对象。为了在句段（超句）研究中解决一种“基本层次不在句间的问题”（沈开木，1987：34），他提出用“联系点”的概念来称说双方实际发生联系的部分。他写道，“联系点有词、短语、句子和超句体四种。”“联系点如果是词或短语，那它必定以结构成分的‘部分’的姿态出现。”“是因为它们必须参与构成句子，然后才由句子去参与构成超句体。”“联系点如果是句子，那它或者以结构成分‘整体’的姿态出现，或者以结构成分‘部分’的姿态出现。”“句子之所以会有这两种姿态，是因为它既可以充当成分句，又可以充当成分超句体的成分。”“联系点如果是超句体，那它往往以结构成分‘整体’的姿态出现。”“利用联系点，我们可以弄清超句体的一个结构成分跟另一个结构成分联系的实质”（沈开木，1987：29－38）。可见，汉语有同类或异类组合形成的超句体，超句体组合有句子和超句体这两种基本结构成分，再加上前后次序可以不同，就有“句 + 句”、“句 + 超句体”、“超句体 + 句”、“超句体 + 超句体”四种基本类型。

篇章中的这种“异类组合”结构，既反映了一类特殊的篇章连贯，即不同大小的篇章单元（discourse unit，DU）间的连贯关系，又反映了同一DCM词形管辖不同篇章结构层次的能力。将衔接标记定义为某些字符串形式，可以避免上面提到的关联词语的词性确定问题，也就是连接小句内还是小句外成分的问题，即辖域（或“管界”）问题。在真实语料中，很多高频使用的衔接词在具体语境中的词性都很模糊，存在不少连语言学家都左右为难的例子。词性模糊对自动处理程序来说是个严峻的挑战，需要足够句法、语义信息以及大量的计算空间支持，但目前用各种分词软件得到的自动词性标注结果并不十分理想，更难自动区分常见关联词语在不同的上下文中到底是有篇章意义还是有句内意义（李义翔等2004）。比如，“那么”在词典和自动分析系统中多被认定为指示词或代词，而根据笔者对 CJPL 语料中全部“那么”的标注分析，其大多数用例为典型的连词用法。

以表层字符串形式为判定标准的好处，是可以先不考虑词义、词性，甚至不考虑分词的结果，仅以字符串匹配来认定，避免先入为主的错误。因此本书根据词形，先将上述各类字符串形式全部纳入项目标注范围，然后对每个匹配的字符串进行特征标注，最后再利用统计学习来排除一些肯定不是篇章衔接标记的用例。比如，本研究对语料中出现的所有“因为”“由于”等字符串都做出详细的标注，一并统计在内，最后才进行必要的区分（由机器根据各个词例的特征自动做出词性或语义判断）。这么做，一方面避开了不必要的有时甚至十分难以执行的分词和词性判定，另一方面也可以在没有精确的分词和词性标注器的情况下，从多个层面来考察衔接标记的作用，从而更好地理解自然独白语篇的修辞结构。

简而言之，本书关心的篇章衔接标记（DCM）以表层形式为对象，主要包括四种类型的词语（或字符串）：一类近似通常理解的关联词语，一类近似通常理解的回指代词，一类包括部分语气词，还有一类包括标点和文本编辑符号。本书在标注分析时将上述各类字符串形式全部包括在内，范围可能会较理论界常用的定义更为宽泛。

1.2　研究背景

对本书所关注的各类 DCM 的研究，可以从 Halliday 和 Hasan 的经典著作 *Cohesion in English*（1976）说起。该书提出，衔接（cohesion）是表面形式特征，是产生语篇的必要条件；而连贯（coherence）是一个语义概念，指形成语篇的意义关系。语篇中各种衔接手段是否运用得当直接影响到语篇的连贯。有了衔接不一定产生语篇连贯，但是没有衔接（包括各种结构性和非结构性的类型）就一定不会产生连贯的语篇。这种将“衔接”和“连贯”区分开来的做法，与中国传统文章学对“文脉”和“语脉”的区别十分相似。《英语中的衔接》进一步将衔接分为词汇手段和语法手段两种，并统计出在英语语篇的衔接现象中，词汇占42%，照应占32%，连接占12%，省略占10%，替代占4%。

此后语言学理论界和工程学界都有对各类衔接标记篇章连贯的研究。理论界利用 DCM 研究书面篇章结构的做法，大多数属于定性讨论和简单的百分比报告，原因可能有三：一是篇章单元涉及的语义、语用内容广泛，影响因素多，分析比较困难；二是大多数表层衔接标记的使用频率不高，因此很难得出量化规律；三是对稀疏数据进行定量分析需要较大规模标注数据的管理、检索和提取，这在语料库技术及其方法论成熟之前几乎没有可能。工程界关注衔接标记，主要是为了利用表层标记制定其篇章连贯作用的规则概率，起初多为开展具体的项目所做的实证研究和统计分析，接着发展出了一些理论框架（如修辞结构理论、中心理论、脉络理论）。在有了带标注的篇章语料库（如英语 RST－DT、PDTB 等）之后，衔接标记的量化研究就有了较大的突破，并进一步推动了新的连贯理论的发展（如词汇化的树邻接文法等）和统计算法的开发（冯志伟，2013a）。

本节分四小节综述与本书研究对象相关的背景：用于语言工程的篇章（语义结构）连贯理论、篇章剖析技术的发展、篇章整体结构的标注项目、中文信息处理的相关进展。

1.2.1 篇章连贯的理论研究

在语言工程中比较成功的篇章语义结构理论，大多以英文研究为基础，主要有意图结构理论（Intentional Structure Theory，IST）（Grosz and Sidner，1986）、修辞结构理论（Rhetorical Structure Theory，RST）（Mann and Thompson，1988）、语言篇章模型（Linguistic Discourse Model，LDM）（Scha and Polanyi，1988）、词汇化的篇章树邻接文法（D－LTAG，Lexicalized Tree Adjoining Grammar for Discourse）（Webber，2004）、语篇表征理论（Discourse Representation Theory，DRT）（Kamp and Reyle，1993；Asher，1993）、向心理论（Centering Theory）（Grosz et al.，1995）和脉络理论（Vein Theory）（Cristea et al. 1998）。

意图结构理论（Grosz and Sidner，1986）认为，任何一位作者写作一篇文章时都有其明确的意图，因此意图（intention）在解释篇章结构、定义篇章的连贯性等方面起着重要的作用。篇章结构由三个密切相关的部分构成：（1）话语序列结构，将话语分成篇、章、段；（2）意图结构，或称目的结构，由篇章单元的目的（discourse segment purposes）及篇章单元之间的关系构成，篇章单元的目的之间存在支配（dominance）和满足优先（satisfaction－precedence）这两种关联[①]；（3）关注状态（或注意力焦点，指参与者用于记录篇章中有凸显意义的实体），用于描述篇章的衔接性。

修辞结构理论（Rhetorical Structure Theory，RST）关注篇章作者希望向读者所 传送和表达的信息，以及作者希望通过传达某些信息以对读者产生某种影响，亦即篇章作者的意图等。该理论认为篇章存在一层一层主次不同的单元间的相互

① 所谓 A 支配 B，指 B 为 A 提供了某些信息；而所谓 A 满足优先于 B，指 A 在 B 之前满足。

关系，总体上可以用结构树来表示。RST 在创建之初受到了系统功能语法较大的影响，之后又对其他多种篇章连贯理论有所启发，接着还在多个语言中展开了相应的篇章标注项目。本书将在 3.1 节做重点介绍。

语言篇章模型（Linguistic Discourse Model，LDM）（Scha and Polanyi，1988）假设，语篇由各类基本的语篇成分单位（discourse constituent unit，DCU）相互接续而成。这些单位有一定的句法结构，可以是一个子句、一个时间状语或一个连接词等，而且相互之间可以嵌套。语言篇章模型含一组指定 DCU 的规则、一组指定 DCU 之间相互关系的递归规则，以及一组为每个 DCU 和语篇整体分配语义和语用的解释规则。该理论采取句法分析的思想，使用重写规则从左到右，一个小句接一个小句对篇章进行剖析，最后用篇章剖析树来表征整个语篇各 DCU 之间的结构和语义关系。LDM 对 DCU 间的关系划分要比 RST 要细。

类似句法的篇章语义语法还有词汇化的篇章树邻接文法（D－LTAG，Lexicalized Tree Adjoining Grammar for Discourse），将词汇化的树邻接文法（Lexicalized Tree Adjoining Grammar）[①] 引入篇章结构分析（Webber et al.，2003；Webber，2004），以篇章连接词为锚，部分词汇树为初始树结构，再利用接插和替换两种操作推导 DU 间的关系树。D－LTAG 可以直接利用宾州树库和宾州篇章树库等资源，取得了不俗的成绩（Forbes et al.，2003），但总的来讲更关注篇章的底层结构而不关注篇章的上层和中层结构，类似于句子间的语法和语义分析（Webber，2004：6）。

语篇表征理论（Discourse Representation Theory，DRT）（Asher，1993）包括三个部分：句法规则、语篇表征结构和语义解释模型。其中，句法规则主要获取句子的语法分析树；语篇表征结构包括各个指称标记和涉及指称标记的各种条件式；语义解释模型是把提取出的表征结构动态地表示为一般的谓词逻辑，从而实现从语篇到逻辑的转化。DRT 利用精确的逻辑运算（“与”“或”和“非”）来处理带歧义的、非刚性的，甚至含糊的自然语言，构建推理系统，用于修正传统形式语义学理论在代词回指消解问题中的局限性。在 DRT 动态语境思想的基础上，分段式语篇表征理论（Segmented DRT，SDRT）（Asher and Lascarides，2003；Lascarides and Asher，2007）结合 Hobbs 模型[②]（Hobbs，1979），扩展了有关 DU、修辞结构和语义结构的概念，能更好地解释多种复杂的现象，处理以往难以处理的问题，如代词指涉、动词短语省略、时序关系确定、预设呈现、隐

① 树邻接文法是在短语结构语法的基础上发展起来的，是基于树（tree）图形的形式文法。

② Hobbs 模型提出的篇章关系与 RST 类似，视 DU 和 DU 之间的连贯关系为组成篇章结构的两个基本部分。DU 可大可小，小可以是子句，大可以是篇章本身。两个单元之间的语义关联关系分 12 类，包括：详述（Elaboration）、平行（Parallel）、结果（Result）、背景（Background）和时机（Occasion）等。

喻明晰和词汇歧义消解等。

向心理论（Centering Theory）（Grosz et al.，1995；Poesio et al.，2004）主要论述代词如何促进语篇连贯，分析代词在语篇中的分布规律，以及影响代词实现的各种条件。该理论提出，语句中出现的所有话语实体都是语篇的中心，这些中心在前后语句中的突显程度以及它们的语言实现形式都会影响到语篇的连贯性。向心理论注意描述话语的注意焦点和指称方式的选择，根据回指中心的变化状态，将相邻语句间关系分为三种（中心延续、中心保持和中心转换），并以此来界定语篇结构的连贯性，能恰到好处地把语言学理论框架和计算机系统要求的可操作性结合在一起，为篇章连贯研究提供了新的思路。

脉络理论（Veins Theory）（Cristea et al.，1998）在向心理论的基础上，进一步利用 RST 构建篇章修辞关系二叉树，并基于核心—卫星的关系以及树的层次结构，扩大代词先行语的搜索范围，将之运用于代词的语义消解和篇章全局的连贯，也取得了不小的突破。

简而言之，上述理论都先把语篇分割成一些表示意义的基本单元，然后想方法揭示这些单元之间的结构关系，从而构建语篇的意义表示，取得对语篇的全局了解。自 20 世纪 80 年代起至今，这些理论被应用于基于规则的篇章剖析技术，在取得显著成绩的同时也对篇章连贯研究起到了推动作用。

1.2.2 篇章剖析技术的发展

篇章剖析就是自动将一个文本切分成多个篇章单元，然后通过建立一棵篇章树，用树上的各个结点代表每个连贯关系，以此来识别和重构作者在文章中表达的篇章语义结构。篇章剖析作为检验自动理解准确率的一个重要手段，与句法剖析在句子理解中的作用相同，是自然语言处理的一个关键技术。

与自然语言处理的其他领域一样，篇章剖析也有基于启发式规则（heuristic rule - based）和基于统计机器学习（statistical machine learning）这两大技术路径。最近几年又提出了基于深度学习的技术，被认为是新一代的人工智能技术，特别适合大数据处理。

第一类基于启发式规则的技术路径主要关注表层形式的综合语义消解和规则优选（如 Marcu，2000；Soricut and Marcu，2003；Tofiloski et al.，2009；Maziero et al.，2011；da Cunha et al.，2012；等等）：首先通过一些规则获取篇章连贯关系的候选集合，然后对候选集合里的候选关系进行各种特征加权，最后选取排序最高的关系作为输出结果。如 Marcu（2000）认为，人在阅读的时候倾向于将新出现的 DU 解释为先前单元的话题延续。在这一假设的基础上，他们的剖析器使用规则对篇章表层标记所标识的 rr 进行判定，并对自动理解过程中可能存在的歧义采取了偏爱最右子树的消歧方法。这种技术一方面依赖大量的专家知识，一方面又通过略去很多个体因素、个别现象来简化剖析系统的结构，既容易理解也容易实现，最早在篇章剖析领域获得了世人瞩目的成绩。

不过由于自然语言的复杂性和多样性，一些研究者耗费大量的时间精力增加新规则来应对文本的多样性，并试图通过计算语言特征的权重来提高剖析的准确率，结果却使推理越来越复杂。比如，有系统在判定 DU 间关系的时候，分 4 步按序采用了 274 条规则（da Cunha et al.，2012）：

PHASE 1：传统的篇章关联词语（155 条规则）

PHASE 2：包括词汇单元在内的其他标记（77 条规则）

PHASE 3：包括动词结构在内的其他标记（41 条规则）

PHASE 4：详述规则（Elaboration rule）（1 条规则）

且不说这么多规则是怎么制定的，光给这 274 条规则进行合理排序就足以让人煞费脑筋。规则间的相互矛盾，有时反而会使准确率低的规则在算法中取代准确率高的规则，导致计算效率和精度下降。这很大程度上限制了基于规则方法的发展。加上制定规则的代价较高，且规则的可扩展性差，而规则间的优选原则难以理顺，当前越来越多的系统采用了基于统计学习的技术。

第二类基于统计机器学习的技术路径，一般都利用概率信息来学习和制定动态规则（如 Marcu，2000；Marcu and Echihabi，2002；Reitter，2003a；Duverle and Prendinger，2009 等）。这一技术路径有两大优点：首先，它主要依靠表层信息，不需要大量的百科知识，因此更容易在计算机系统上实现；其次，它依据的是一种通用的学习理论，可以通过概率制定不同的动态规则，或给规则赋予不同的动态权重等，系统的自动化水平较高，可移植性强，可以被应用于多种语言。统计机器学习作为当前自动技术的主导路径，又可分为有指导（supervised）和无指导（unsupervised）两种学习方法。有指导的篇章剖析系统包括利用一组分类器对给定某一输入文件的两个连贯的 EUDA 间可能存在的篇章关系以及这种关系的标记和核心性概率进行评分（如 Duverle and Prendinger，2009），再结合一个简单的自底向上树建造算法构造出篇章树，其准确率可以接近人工水平（即所谓的“黄金标准/Golden Criteria”）。无指导的自动剖析方法大多使用自动聚类（clustering）技术，如利用从大规模数据中提取的成对词汇，识别任意文本跨距之间的篇章关系，继而实现对局部篇章树的构造（Marcu and Echihabi，2002）。近两年有一种语言独立的无指导方法，甚至可以从几个基于提示短语的模型开始，从未加工的语料库中收集大量的篇章关系实例，接着将这些实例转换成语义连续表征模型，最后通过自动生成、衡量和过滤，得到一个新的不基于表层标记的语义连续表征模型，该模型不仅可以有效地识别被定义的篇章关系，而且还能通过综合篇章信息在句子层次极性的分类，使局部篇章树的构造有显著的改善（Zhou et al.，2011），显示了无指导学习方法的潜力。

不论是基于规则的技术，还是基于统计的技术，以及基于深度学习的技术，都需要一定的先验经验。有指导的算法大都要求先有一个足够大的标注语料库来做训练（如宾州篇章树库、英语 RST – DT 树库等），而无指导的算法也需要利用少量经标注的语料来自动建立特征表示，在此基础上通过学习来开发篇章剖析器（徐凡等，2013）。即使是目前已经达到相当准确率的深度学习算法，也至少需要与人工标注的结果进行比对来测试其准确率。因此，仍需要对真实语料展开实证研究，积累有关表层词语篇章用法特征的知识，在标注语料库的基础上探讨解决问题的各种可能途径。

1.2.3　标注篇章语料库的开发

尽管语料库语言学家对语料标注有不同的理论立场（见 2.2.1 讨论），但标注能显化和固化标注者的分析，因此越来越受到重视。当前的软件技术已经能为文本中的词语自动添加词类标签或句法属性标签，并能获得相当高的精度（Gries and Berez，2017），所以这类句子层面的标注语料库最为常见，也常常被用于语言学理论分析。不过，带标注的篇章语料库并不多见，其中很多标注项目仅以具体的表层形式（如连接词）或语义范畴（如命名实体、同指链、事件事件关系、语义角色等）为对象进行单项的标注（如 Lancaster Anaphoric Treebank、OntoNotes 等资源）（Mitkov et al.，2014；陈耀文等，2016），但缺少对语篇多个层次属性做出统一系统的标注。这可能是因为基于具体形式的专项标注相对容易执行且更可靠，而篇章结构的分析需要全面考虑各种相关因素，标注难度大所造成的。

与篇章理论研究一样，已经建成的篇章语料库资源也以英语为多，有少量参考英语标注框架的其他语言的篇章语料库资源。在篇章结构标注方面，目前最知名的有依据 RST 理论开发的英语 RST – DT 库（Carlson et al.，2003）、逐步形成自己理论体系的 PDTB 库[①]、依据 DRT 理论的 Verbmobil 对话语篇标注项目（Balbridge and Lascarides，2005）、用图作为形式语言的 Graphbank（Wolf et al.，2005），以及其他一些探索性的篇章结构标注项目等。

英语 RST – DT 库于 2003 年建成，是世界上第一个公开发布的篇章结构树库。该库以 RST 为指导，标注了宾州树库所用的《华尔街日报》的 385 篇文章。

---

① 实际上，PDTB 并不以构造完整的篇章树为任务。但这一语料库影响巨大，因此笔者也将它放在这里进行介绍。

RST - DT 库虽然没有直接标注衔接标记，但这个库用的是宾州树库语料的一部分，之前就有语法层次的信息，加上很容易对衔接词进行匹配检索，因此不仅有数种基于规则和基于统计的篇章处理应用（如 Soricut and Marcu，2006；Sporleder and Lascarides，2008 等），也有一些理论研究（如 Spenader and Lobanova，2009）在该树库的基 础上展开。类似基于 RST 理论的标注篇章语料库，还有德语的 PCC 树库（Stede，2004；Stede and Neumann，2014）、巴西葡萄牙语的科技文献语料库（Pardo et al.，2010）、西班牙语库（Da Cunha et al.，2011）等。其中德语 PCC 树库（Potsdam Commentary Corpus）先后标注了 175 篇德语报刊评论文章语料的修辞结构树，还标注有句法、词性，以及名词同指、关联词语及其论元（与 PDTB）类似的关联词语的命题结构关系等，各层标注都是独立进行，相互没有影响，也是少见的多层次标注的篇章语料库。RST 框架下的篇章树库一般都比较小，但由于其应用广泛，近年还有一个基于互联网的 RST 篇章语料库开发项目（Zeldes，2016a）。可能还有其他同类标注项目尚未公布。

影响力最大的英语篇章语料库是宾州篇章树库项目（Penn Discourse Treebank，PDTB）（Miltsakaki et al.，2004；Prasad et al.，2014），在语料选用上与 RST - DT 库有一定的交集但规模更大：2.0 版共标注了《华尔街日报》2312 篇文章约 100 万词。PDTB 明确提出以显性的连接词为核心，标注与此相关的 DU 间关系（可以从子句到篇章，但不考虑短语级的 DU，也不以构造完整的篇章树为己任），从而凸显连接词作为显性衔接标记的作用。同时，PDTB 中还标注了替代连接词（Altlex）、隐式连接词以及隐式语篇关系（即没有使用显性连接词的 DU 间关系）。隐式连接词就是那些虽然没有出现但隐含了某种篇章关系的可能的连接词。如例 3 中，Arg1 和 Arg2 之间不存在任何显式连接词，不过根据具体语义可以推断出，Arg2 是对 Arg1 的转折，方括号中 in contrast 就是人工添加的隐式连接词。

例 3（Miltsakaki et al.，2004）

Arg1：[The $ 6 billion that some 40 companies are looking to raise in the year ending March 31 compares with only $ 2.7 billion raised on the capital market in the previous fiscal year].（译文：40 多家公司希望能在 3 月 31 日结束的本财政年度前获得60 亿美元的资金，而在上个财政年度仅从资本市场获得了 27 亿美元。）

Arg2：（IMPLICIT = In contrast）[In fiscal 1984 before Mr. Gandhi came to power，only $810 million was raised].（译文：在甘地先生执政前的 1984 财政年度，只有 8.1 亿美元。）

Discourse Relation: Comparison. Contrast. Opposition（篇章关系：比较．对立．相反）

PTDB 与原有的宾州句法树库（PennTreebank）有直接的关联，与之互补的篇章信息标注项目还有 TIMEbank（Pustejovsky et al.，2003）、Propbank（Palmer et al.，2005）、Nombank（Meyers et al.，2004a；b）等。在这些富含词法、句法和语义等语言学信息的数据库基础上，可以进行多种理论和应用研究。因此，PDTB 语料库已成为英语语篇关系研究的标准数据库，广泛用于各类篇章剖析器的开发。沿袭 PTDB 框架的其他语言标注项目有汉语、印地语、阿拉伯语、捷克语、土耳其语等（Prasad et al.，2014）。

依据 DRT 理论开发的英语篇章网络结构的标注项目（Baldridge and Lascarides，2005）用的是 Verbmobil 对话语料。法语有一个依据 SDRT 标注的书面语语料库 ANNODIS，已有研究利用这一标注语料库和数据驱动的概率模型，对篇章关系的自动识别和分类做了探索（Afantenos and Asher，2010）。

Graphbank 用图作为形式语言，有一个标注了篇章连贯关系的新闻作品语料库，其中包括 30 篇《华尔街日报》的文章（Wolf and Gibson，2005）。利用 Graphbank 对语篇关系进行自动识别，可获得 81% 的分类准确率（Wellner et al.，2006）。

总之，篇章结构标注是一件费时费力的工作，英语的资源不多，而其他语言的资源则更少。出于理论研究和工程应用的需要，最近几年国内外都在继续开发新的篇章结构标注项目（如 Zeldes，2016a 等），预计今后将会有更多的篇章资源在国际语言数据联盟（Linguistic Data Consortium，LDC）上公布。

1.2.4 中文信息处理的相关研究

有关汉语篇章结构的理论研究，大体可以分为传统文章学、现代语法学和话语分析三个领域，已取得了大量的成果。但大多理论研究成果的形式化程度不高，较难直接应用于中文语篇的信息处理。工程界近年来有学者根据汉语篇章的特点，提出了形式化程度较高的概念层次网络理论（Hierarchical Network of Concepts，HNC）（黄曾阳，1998）和广义话题理论（宋柔，2013）。前者 HNC 根据句子基本语义信息的重要程度，把语义块分为主辅两大类：主语义块（简称主块），即一个句子语义的必要的、主干的成分；辅语义块（简称辅块），即句子可选的、次要的成分。句子分析时原则上只有主块才进入系统，但很多情况下辅块也会提供语境的信息。应用 HNC 的相关语料标注项目还区分了语言空间和语言概念空间：语言空间标注就是直接在原始语料上的符号标注，主要标注句群的格式、语义块的边界、特征语义块的类型、句蜕类型、是否块扩，以及语义块内部的并联/串联顺序等；语言概念空间标注句群或语句的各级 HNC 结构。由于语言概念空间独立于语言空间表述，因此能清晰地表达语句的语义及其层次结构，同时保持良好的可读性（臧翰芬等，2009；谢法奎、张全，2009）。后者广义话题理论则以边界明确的标点句为单元，提出了“广义话题”[1] 和“话题句”的概念，并在此基础上阐述了汉语的话题结构和话题句特征，用话题句动态生成的堆栈模型和拓展后的流水模型作为汉语篇章分析的形式化手段（宋柔，2013）。运用该理论，研究人员不仅大规模地标注了以《中国大百科全书》文本为对象的说明文语料库，开展了事物间时空关系的研究，最近又开始了对其他体裁语料的标注处理（尚英、宋柔，2014），有大量的实证数据支持。如果这两种理论未来能应用于其他语言的研究，将进一步扩大它们的影响力。

汉语篇章结构标注项目有 PDTB 风格的汉语篇章树库 CDTB，标注了 164 篇 70 万词的新闻语料，共计 5 534 个底层的篇章关系和相关连词用法（Zhou and Xue，2015）。同一 PDTB 框架下的汉语篇章库还有台湾大学对 Sinica 树库中 81 篇文章的句际关系标注（Huang et al.，2000），以及包含 525 篇 Ontonotes 中文语料的哈工大的 HIT - CDTB（张牧宇等，2014）。就笔者所知，目前尚未有公开的与英语 RST 树库可比的高质量汉语篇章修辞结构树库。

汉语篇章衔接标记的标注资源相对较多。如北京大学的现代汉语广义虚词知识库标注了《人民日报》七个月的语料。在此基础上分析了副词、介词、连词、助词、语气词、方位词[2]等的用法，分别为这些词类等设计了相应的描述属性，结合现有的词典资源，开发出虚词用法规则库以及虚词用法知识库等（俞士汶等，2000；刘云等，2005；昝红英等，2007；张坤丽等，2015），并探讨了副词、连词、语气词用法的自动标注（如刘锐，2009；张军玶，2010；周滋辉，2011；周丽娟，2012；等等）。华中师大开发的“汉语复句语料库”收录了有标复句 80 多万句，分析了汉语关联词语的语义和表层信息（姚双云等，2012）。

由于标注语料资源有限，汉语篇章自动分析技术目前主要参考了英语的成果，但在如何针对汉语的特点，设计和开发面向各个层次语篇标注的模型和算法方面突破不多（徐凡等，2013）。不过，汉语与英语之间的差异明显，导致直接借鉴英语体系存在很多困难：比如在回指研究中，英语中的单复数、性别信息等特征在汉语中较难直接获取；英语用 one、it 表达某些名词指代而汉语则采用零指代形式等，仍需要理论研究者更深入地探讨并提供汉语篇章相应的实证数据。

---

① “广义话题”指的是标点句中的某种句法成分，有其后续部分以及其邻近的标点句对其进行评述。

② 虽然从严格意义上讲，代词、指示词也属于虚词，但不在这一项目的研究范围之内。

如果探索获取篇章结构和 DCM 一些可量化的特征，也许能将其用于改造一些国际上公开的篇章处理技术，并进一步推动汉语篇章理论（形式化）的发展。这也是本书写作的动机之一。

1.3 研究问题

中文信息处理急需加强篇章树库资源建设，但由于篇章修辞结构标注只有经过严格训练的专家才能完成，而且需要投入大量的时间和精力，因此本书首先将参考 RST 理论为一批汉语新闻评论语料构建修辞结构树库，然后对这批篇章语料中的衔接标记进行特征标注，再把两项工程得到的数据结合起来，用以总结衔接标记在篇章连贯中所起的作用①，以期产生一定的理论和应用价值。

这一工作涉及的具体研究问题有：

（一）如何展开篇章修辞结构树库和 DCM 的篇章连贯用法标注？需要设立怎样的标注方案，以发挥标注结果在理论研究和工程开发中的价值？

（二）从 RST 的角度看，汉语新闻评论语篇的结构连贯性如何，修辞关系的分布有何特点？

（三）以词形为统一的形式，某一具体 DCM 在汉语财经评论语篇中的分布情况如何？其所在 DU 在修辞结构树中的作用如何？DCM 的哪些特征对篇章连贯结构的自动判定有帮助？哪些没有？

（四）未来的研究需要克服哪些困难？

1.4 研究方法及主要成果

依据 RST，我们首先提出了一个基于多维特征的汉语 RR 体系，在此基础上定义了 CJPL 语料标注的 RR 标签集、基本篇章单元切分原则、关系优选原则和标注流程，并培训多人参与构建了一批高质量的修辞结构树。目前，这一汉语篇章修辞结构树库有 400 篇财经评论，由 1 人标注了所有语篇在分号句颗粒度上的局部修辞树；由多人完成了其中较短的 86 篇文章的多个版本的修辞结构标注；由 2 人完成了其中的 20 篇较短的文章在逗号子句层次上的标注。接着，对篇章语料所含的多个 DCM 进行了自动和人工相结合的多维度标注和个案研究。总结了多个 DCM 的连贯作用，并讨论了同义 DCM 之间、反义 DCM 之间，以及同现 DCM 之间可能的概率分布差异。对特征组合又利用 SVM 多元分类器进行了多个目标任务统计学习和准确率测评，证实这些特征能为机器判定 DU 间的修辞结构

---

① 根据经验，这样做比反过来把修辞结构添加在衔接标记标注上要更合理（Stede 2004）。

提供有用的概率信息。

最后，本书还就篇章修辞结构树的性质、RR 与 DCM 的关系，以及未来如何进一步提高修辞结构树库的标注质量和效率做了探讨。

以下是本研究工作所涉及的材料、过程、工具和算法的汇总简图。

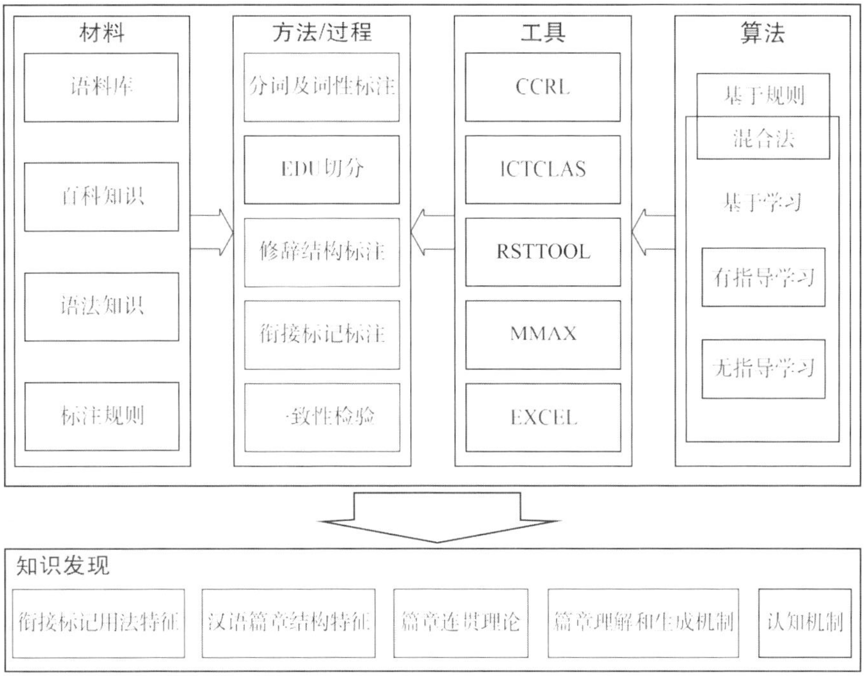

图 1－2　基于修辞结构树库的 DCM 用法研究示意图

1.5　本书结构

本书分七章。第一章介绍研究背景、研究对象及研究问题等。

第二章是方法论，其中第一部分首先简单介绍语料库设计原则及对入库语料进行预处理的过程；第二部分涉及对语料展开标注的理据、原则，以及标注选用的文档格式、标注流程、质量控制手段等等；第三部分介绍一般的统计分析方法和工具，并说明语料库方法、统计方法和机器学习方法三者之间的一致性。

第三章介绍我们建设汉语财经评论篇章树库的基本思路和具体工作，包括：RST 介绍、汉语 CJPL 篇章语料的选择和组成、语料预处理的问题和对策、EUDA 的切分和合并原则及处理效果、汉语篇章 RR 定义（及其与若干相关概念的比较）、篇章结构标注工作守则（含 RR 优先选用协议）、篇章结构标注具体工作流程等。重点介绍我们的篇章修辞结构标注工作，侧重讨论汉语 EUDA 的切分及后续问题的处理，以及标注的质量管理等。

第四章介绍 DCM 的语言学信息标注及特征提取的基本思路和具体工作。分小节讨论不同类型 DCM 的研究基础和总体标注方案，再介绍人工标注和自动标注的处理原则、工具和流程。对各项标注所得数据（DCM 的各项特征以及 DCM 所在篇章关系）的提取和分析方法，也在第四章介绍。

第五章数据分析，首先汇报笔者依据已标语料发现的汉语评论语篇的修辞结构关系分布特点，再结合其他维度的语言学标注方案，对几个典型的 DCM（“但”“但是”“这”“那”“吗”以及问号等）的篇章分布特点和用法进行了讨论。

第六章报告项目利用对“因为”自动提取的上下文特征，使用多元 SVM 分类器来预测这一典型 DCM 对局部篇章修辞树的标识作用。

第七章从修辞结构树的性质、DCM 的多义性、语料库人工标注开发，以及利用数据挖掘技术进行理论研究的前景等四个方面进行讨论。

由于多层次篇章语料库开发的工程量巨大，涉及的工作很多，部分还停留在相当初级的阶段，因此本书也将在第八章提出我们未来工作的设想。

第二章　研究方法

定量研究 DCM 的篇章用法，需要建立在对大量真实、完整的自然语篇进行系统分析的基础上。语料库方法是一个必然的选择，即，首先收集具有代表性的篇章语料，遵循语料库构建的一般方法构造一定规模的语料库，接着对研究对象（DCM 及其所在 DU）在篇章语料中的用法（包括语音、书写、形态、句法、语义、语用等不同维度）展开深入全面的标注，然后通过统计手段分析各个特征变量之间的分布和离散情况以及相互间的关联。获取 DCM 在语料库中的量化信息后，就可以对它们在社区总体语言使用的一般情况做出科学的推断，还可以对这种量化信息进行测试，以了解这一信息在篇章自动处理系统中的应用价值。

上述工作中，有些涉及语料库构造和统计分析的一般方法，有些则涉及研究对象的个性。比如，语料的选择必须在统计理论的指导下进行系统抽样；而对具体某一 DCM 的上下文语境、句法形式、句内语义、语篇作用等特征进行描述的工作，则需要参考前人的研究成果，设立合适的考察对象，然后在篇章语境中对各个用例逐一展开标注。

本章为基本的方法论介绍，包含以下三方面的内容：首先介绍语料库的总体设计原则，包括生语料库的构造、文本清洁等；接着讨论利用标注语料库进行语言学研究的一般理论和方法，包括语料标注的理据、原则、流程、工具和质量管理等；最后指出语料库定量研究与通用统计方法以及机器学习之间的共通之处，介绍一些常用的描述统计和推断统计的指标，以及几大类不同的机器学习技术。

汉语篇章语料库具体的开发过程将在接下来的第三章、第四章和第五章中分别介绍。第三章首先介绍本书分析篇章连贯所依据的理论框架——修辞结构理论（RST），包括其主要内容、核心观点、存在的争议等；然后说明在该理论指导下的汉语篇章树库开发过程，包括基本篇章分析单元（EUDA）的切分与合并，汉语 RR 集的设定，在分号句和逗号子句两种颗粒度上对 EUDA 间 rr 的标注方案拟定，以及整体修辞结构树的构造流程等。第四章介绍 DCM 多维度标注的通用方法、总体流程和统计分析手段。第五章以个案的形式汇报几个典型标记的具体标注方案、分析过程和数据结果。

2.1 语料库设计

在语言社区中真实使用的话语是无限的，而语料库中的样本是有限的。即使在大数据时代，语料库所能收集的语料也只是自然话语中很小的一部分。因此只能针对研究问题选取有代表意义的语料，满足基本的量的要求，保证样本能大致准确地反映所要研究的总体语言事实。如果能同时结合深入的个案分析，我们也可以用来推断目标对象在语言中的总体使用情况和一般特征。

语料库设计首先涉及语料抽样。抽样有很多种方法，比较常用的是随机抽样，包括随机整体抽样、随机分层抽样等。除了确保样本具有合理的代表性，具体抽样的方法还要能为研究目的服务，与其他语种的相关项目有一定的可比性等。

语料库设计的另一要务就是解决存取内容的格式问题。由于国内外各种文字处理软件和语料库管理平台能读取的文件编码格式各不相同，语料存贮需要首先解决编码问题，便于数据读取。中文语料可能需要保存 GB2312、Unicode、UTF8 等多个编码方案的语料版本。其次，语料存贮需要统一格式，便于数据交换。国际上语料存贮遵循 TEI（Text Encoding Initiative）格式。语料标注一开始使用 SGML 通用标准置标语言，现在更多使用 XML 扩展置标语言。

同时，语料存贮还需要遵守一些基本原则：

（一）完整性。在语料库建设过程中应尽可能地把语料的元信息（如作者信息、发表信息等等）录入库中，以方便研究者根据需要从语料库中同时获取文本的原生样态及其生成时的各种语境信息。

（二）独立性。应保证大部分语料库软件都可以解读语料库文本，降低对管理程序的依赖，方便数据交换和共享。

（三）真实性。由于原生样态的语料可能存在各种与语言无关的噪声信息，还可能存在一些错误，因此需要对原始语料进行预处理（或称“文本清洁”），解决其中可能存在的多种问题。各研究对预处理的要求可能各不相同：有些只需简单地去除各类网页编辑符号；有些需要进行分词处理；有些还需要对语料中大量的全、半角数字和标点进行统一，补齐缺失的配对标点；甚至还有些需要纠正明显的打字错误和断行错误等等。但即使在预处理阶段需要解决语料中标点符号、停用词表等可能影响到后续处理的种种特例，以及分词处理、词性标注等，也应尽可能降低它们对后续工作的干扰，且原则上不应涉及语料内容本身，以免影响语料的真实性。

2.2　语料标注

语料库语料都来自真实的言语运用，其所包含的语言事实，能辅助研究人员的语言“直觉”和“内省”判断，克服研究者本人的主观性和片面性。这一特色已使语料库成为语言学家倚重的实证资源。立足于语料库的研究也逐步成为语言学的主流方法之一。但语言结构隐藏在表面的文字之下，因此需要分析者给出自己的理解并加以显化。语料标注①就是分析者对语料添加信息的过程，即把表示各种语言特征的标签添加到相应的语言成分上，以便计算机对特定语料进行识别和提取。经过标注的语料库显化了标注者的分析结果，不但方便使用者提取语料信息，评价标注分析的合理性，同时还可以增加语料的重复使用率，扩展语料库的功能，提高语料的利用价值（Leech，1997：2；杨惠中，2002：87）。

2.2.1　标注理据

学界对标注语料库有不同意见。以 Sinclair、Tognini - Bonelli 等为代表的一部分语言学家，认为依据某一理论进行标注都有先入为主的缺陷。理由是标注所依赖的理论和假设本身并非直接产生于语料库证据，而是一种先入为主的猜测，不足以描述和解释语料库证据的复杂性和变异性（Tognini - Bonelli，2001）。他们认为“最安全的原则是依靠原文本，不做任何处理，不带任何标注”（Sinclair，1991：21）；应该坚持“干净文本原则（clean text policy）”，“全部推倒现有的描述系统”，将语言学理论建立在对语料库“干净文本”（即白文本、生语料）直接观察的基础之上。而以 Leech、McEnery、Gries、杨惠中等为代表的另一部分学者，则主张对语料库进行全面的语言学标注。他们认为，如果不对数据采取些隐晦的描述或解释，就很难对数据做些什么（Leech，1997：4）；对语言材料所做的任何分析都可以算作是某种形式的标注（McEnery and Hardie，2012：13 - 15）；标注行为本身也具有相当的客观性；标注越详细，语料库的应用价值越大（Gries and Berez，2017）。

使用“干净文本”，不带任何标注，不预设任何语言理论或假设的研究常被称作语料库驱动（corpus - driven）的研究；有基本理论假设的研究则常被称作“基于语料库（corpus - based）”的研究（McEnery and Hardie，2012）。

笔者认为，标注语料库非但可以固化研究人员对语言的分析成果，还有助于理论的开创、改进和完善，是一种非常有用的语言资源。现有的理论是前人根据

① 与很多词语一样（如“翻译/translation”），“标注（annotation）”一词也有两个含义：（1）标注过程（process），包括标注使用的技术和操作流程；（2）标注产品（product），即标注过程获得的信息。本书将“标注过程”简称为标注，将标注产品简称为“带标语料库”。

自己对语言实际运用的观察得到的经验总结，虽然不一定完美，但仍比较准确地反映了部分事实。放弃现有的理论成果，推倒重来，期望完全通过对生语料的检索来观察语料及解释语言现象，有时难免会停留在表面，缺乏分析的系统性。而以现有语言学理论标注语料库，可以充分利用现有理论的基本概念范畴和总体框架，确保标注体系的严谨性；而通过更充分地描写语言现象，又可以对现有的语言理论进行验证、修改或解释，进入一个逐步完善的上升通道。如果能根据不同的研究目的对白文本从不同的角度进行相互独立的标注，且如果构建的是一个具有多个层次但又相互兼容、可以交叉检索各种标注信息的自然篇章语料库，就可以利用其中的信息验证各种假说。这样不仅有助于语言学理论的发展，还有助于语言工程面对复杂的交际情况，开发实用程序。

最近十几年，语料库标注已经从原来简单的形态和句法标注发展到了更复杂的语义和语用标注，使这项工作本身成了一个重要的研究领域。Springer 出版社最近刚刚出版了一本《语言学标注手册》（The Handbook of Linguistic Annotation）（Ide and Pustejovsky，2017），有一千多页，详细介绍了语言学标注的基本方法和主要应用。

2.2.2 标注原则

为降低人工干预的影响，有效利用标注得到的信息，笔者总结出前人开发标注语料库的的一些基本原则（Bird and Liberman，2001；Hunston，2002；杨惠中，2002；等等），主要有：

（一）标注结果的独立性。由于标注模式不可避免地带有某种特定目的，所以应保证能根据不同的研究目的对生语料进行重新标注，互不干扰。因此，标注语料库建设非常重要的一条原则是能够实现文本还原，即所有对语料的标注应该都可以删除，加工后的“熟语料”能够恢复到加工前的“生语料”状态（亦即“白文本”）。换句话说，语料库的标注应该最大限度地保证语料提取与使用的灵活性。

（二）标注方案的独立性。标注方案应该是一个独立的、开放的系统，单独保存：方便语料库开发人员进行修改、更新和扩展；方便标注者掌握标注规范，根据研究的需要随时修订标注方案，调整标注模式，记录标注所用的各种策略；方便语料库的最终使用者了解标注所使用的方法，清楚标注的原则和附码的意义，判断和选择适用的语料库；方便同行对基于某一标注语料库的研究做出理性的评估。

（三）标注方案的可行性。如果一套标注方案非常详细但系统异常繁杂，不利于标注者进行实际操作，那么这套标注方案的可行性就差。后果就是它很难保证不同标注者之间以及同一标注者前后标注之间的一致性，导致标注的信度较低。因此，应该在开展全面标注之前对标注方案展开充分的讨论，先用小样本进行先导研究，经反复测试修改后制定出一套合理的标签（tag）体系。标签体系应简单明了，表意明确，既不增加标注者的记忆负担，又便于语料使用者的信息提取和理解。另外，还需要拟定一本标注手册，手册的内容应包括语料库标注原则、标签体系、标注方案及使用说明等。

（四）标注效率与应用效率的平衡。从使用者的角度来讲，语料库的标注当然是越详细越好，规模越大越好；但标注工作需要资金、技术、人力等全面的支持，所以语料库开发者必须考虑标注的代价。一般来说，标注内容越少成本就越低，效率和质量一般也较高，但是应用的价值有限。如果一次标注达不到应用的目的，展开补充标注的成本就更大；但如果一次标注完成后，只需归并原有的标记范畴，那就比重新标注细分原来的标注范畴要容易，成本反而较二次补充标注要小。所以应在正式标注开始之前充分考虑标注结果的应用目标和标注方案的详细程度，争取投入和使用效率之间的最佳平衡。

（五）标注质量的控制。由于后期的分析完全依赖于前面的标注，所以有必要对标注过程进行质量管理，采取一定的措施确保标注的准确性（Hunston，2002）。比如，制定详细的标注手册，对标注者进行专门的标注培训，多人重复标注同一批语料，执行一致性检验等。最后，还应向用户表明，语料的标注成果并非完美无缺，它只是一种可能有用的主观分析结果。

2.2.3　标注格式

对白文本进行标注的目的是固化分析结果，便于其他人检索利用。因此，设定便于检索的标注格式很重要。

目前通行的语料库标注格式是可扩展置标语言 XML，这一语言便于用户根据实际需要定义自己的新的置标语言，并为这个置标语言自定义使用的标签对。在 XML 文档中标注了“有意义的”信息后，全文检索就不再是白语料在字符串形式上的简单匹配：用户可以通过使用特定标签设定检索范围，剔除那些与需求无关的信息，从而在不影响查全率的情况下，提高查准率。

2.2.4　标注手段

对语料实施标注的手段通常有三种：人工标注、机器标注和人机互动标注。人工标注是最早也是最基础的做法，但对人员的要求高，标注速度慢，效率比较低，质量控制也有难度。只有经过严格训练，熟悉相关理论，掌握语料库工具，能时刻牢记各种标签定义的标注者，才能比较快比较高质量地完成一定规模的标注。根据相关研究，一位经过培训的有经验的标注者需要 2～5 分钟处理一个句子，也就是每小时 12～30 个句子。标注者处理文本的平均句长最好为 20 词以内，最大工作日工作时长是每天 4～5 小时，否则容易出现情绪不稳、出错等问题（Abeillé，2003）。与句法标注相比，篇章层面的标注对标注者各方面的要求更高：除了对理论的系统掌握程度，还要求标注者理解语篇的整体内容，并了解相关体裁的写作惯例等。修辞结构标注更是要求标注者反复权衡各种可能，得出最有可能接近作者意图的篇章树。有实验证明，修辞结构标注的工作量是同类标注项目的7倍（den Ouden，2004：28）。总之，人工标注是件耗时费力的工作。

机器标注速度快、效率高，在部分领域已经相当成熟，如对英语、汉语等语言的词性判定和句法结构分析等。一些自动程序也能在比较简单的语义标注领域（如命名实体的标注、时间关系标注、情感极性判断等）取得较高的准确率。但总体而言，机器能处理的领域还相当有限，涉及语义、语用层面的标注（如事件同指标注、修辞结构标注等）质量还有待提高。

因此，目前很多对精度有要求、或者涉及语义语用的研究，都采取人机互动标注的方法：要么对机器标注的结果进行人工校对，要么为标注者提供友好方便的标注提示及管理平台，分解任务，尽可能降低标注的难度，提高人工标注的效率和准确率。

2.2.5 标注质量的控制和检验

语料库的标注质量直接影响后期统计分析的准确性和机器学习的效果。因此，对一定规模的语料库进行深度加工时，需要保证加工结果的一致性。应用一致性检验的基本逻辑是，如果从某研究目的出发，不同的标注者总是得到相似的结果，那么可以推论，他们对标注手册上的各项规定有着相似的理解；有了这种相似的内化，就可以期待他们在整个标注任务中表现稳定；甚至还可以进一步推论，不同标注者在理解某个概念上的一致性越好（内化结果越一致），这些概念也就越“真实”（Artstein and Poesio，2008）。也就是说，一致程度越高表明语料库标注的质量越好，与其相关的标注规范和标注结果的可信度（reliability）就越高。因此，如果能证明标注者标注在语言单位上的标签有相当程度的一致性，那么标注数据就是可靠的（Krippendorff，2004）。

一致性有两种：一种指多个标注者对同一语言现象做出标注后，标注结果保持一致的比例，即标注者间一致性（inter－coder agreement）；另一种指同一位标注者在相同或相似背景下重复标注同一语言现象获得的前后一致性，即标注者内部一致性（inner－coder consistency）。标注者间一致性和标注者内部一致性指标分别对应一般实证研究中的内在信度（internal reliability）和外在信度（external reliability）指标，后两者是展现标注方案效度（validity）的前提（Artstein and Poesio，2008）。

百分比是一种常见的一致性检验指标，容易计算但不考虑随机因素的影响，因此有明显的缺陷（Carletta，1996）。一些自动研究对语料库标注的质量评价采用了F值（F－score、F－measure）指标。F值的计算需要利用准确率P（Precision）

和召回率 R（Recall）这一对数据，其中准确率指正确标注在语料库中所占的比例；召回率是指正确的标注在所有已标注语料中的比例。F 值的计算公式为：

$$F = \frac{2PR}{P + R} \times 100\% \qquad \text{（公式 1）}$$

很明显，准确率和召回率是两个相互关联的评价标准，而 F 值是一个对精度（P）和召回率（R）综合考察的指标。表面上看，P、R、F 值都只是用来计算某一（自动）标注版本（程序）的准确率，但其应用前提是已经存在一个作为黄金标准的标注版本。因此，也可以认为是两个标注结果之间的一种比较。

Holsti 系数 CR 也属于百分比类指标，需要先得知两名标注者之间一致的数目和不一致的数目，再计算占总标注数目的比例。具体计算公式如下（Holsti，1969：140）：

$$CR = \frac{2A_{ab}}{N_a + N_b} \times 100\% \qquad \text{（公式 2）}$$

其中，N_a = A 标注者标注的所有关系数目；N_b = B 标注者标注的所有关系数目；A_{ab} = 两个版本间关系一致的数目。假如两名标注者同时标注，第一个使用了 100 个标签，第二个使用了 90 个标签，两人共同使用的标签有 70 个，那么按公式（1）计算出来的 CR 值是 0.735。我们认为，Holsti 系数 CR 与 F 值指标实质完全相同。对于上述的例子，不论将 A 还是 B 的标注作为标准答案，按公式（1）计算出来的 F 值也都是 0.735。

Kappa 系数（Cohen，1960；Krippendorff，1980；Siegel and Castellan，1988）是另一类常用的指标[①]，其最大的优点是矫正了机会一致性（expected agreement）可能导致的偏差。这一系列系数的计算需要将那些由偶然因素导致的一致性和测量的一致性之间的差别大小考虑在内，具体方法如（公式 3）：

$$\kappa = \frac{P(a) - P(e)}{1 - P(e)} \times 100\% \qquad \text{（公式 3）}$$

其中，P（a）是观测出来的两位标注者之间的一致性概率；P（e）是机会

① Kappa 系数在文献中的指称比较混乱，语料库开发中常用的是 K（Siegel and Castellan，1988）。这是英语 RST－DT 一致性检验所用的指标（Marcu et al.，1999；Carlson et al.，2003），也是本研究采用的指标。此外，Kappa 类系数最初提出的时候是针对两名标注者一致性检验的，对公式改进后也可以对多名标注者做出一致性检验。笔者在本书中只关注更为一般的两名标注者之间的一致性检验和 Kappa 类系数。

一致性概率。κ 值在［-1,1］之间，值为 1 说明完全一致，值为 0 说明一致性只有随机概率那么高，值为 -1 说明完全不一致。一般认为，Kappa 值越高，标注质量越好；但是文献对 Kappa 的门槛值标准不一：如 Krippendorff（1980）最初提出，如果 $\kappa < 0.67$，只允许暂时的结论；$0.67 < \kappa < 0.8$ 可以得出比较确定的结论；$\kappa > 0.8$，结论可以很确定。但也有人认为，κ 值在［0,0.4］之间，说明有一致性但不高；κ 值在［0.6,1］之间说明一致性很高（Altman，1991：416）。

为保证质量，获取较高的一致性检验值，需要采取一些具体的措施进行质量控制，如标注者培训、标注完成后的树结构合法性自动扫描、标注手册修改后全库的统一修订等等。

2.3 统计分析和机器学习

自然语言是无限的，即使在大数据时代，我们也没有办法得到语言的总体材料，所以需要通过抽样对总体进行调查。这一方面需要在统计理论的指导下系统地选择语料，构建具有代表性的语料库；另一方面需要使用统计工具来获取概率知识，并在统计意义上解释概率现象。因此，语料库方法的实质就是统计抽样和计量分析。

随着计算科学的发展，一些基于语料库的语言研究已逐步转向自然语言工程中的特定任务，参与并利用自动化处理和建模。如拼写检查、词性标注、语义消歧、机器翻译、浅层句法分析、文本分类、文本摘要、指代消解等语言工程中的各个子课题都研发了基于机器学习的处理技术（宗成庆，2008）。所谓机器学习，就是采用合适的算法，通过学习训练样本集的特征，推断出另一个同类样本集（即测试集）各个样本的特征值。为达到良好的学习效果，机器学习的训练样本集也必须在语言学理论的指导下符合统计抽样原则，因此，语言工程中的机器学习也需要使用语料库，也需要应用统计方法。

总之，语料库方法、统计分析和机器学习三者有很多相似之处。本节简单介绍统计分析的两大基本内容（描述性统计和推断性统计）以及当前常用的统计机器学习技术。

2.3.1 描述性统计

对样本的描述统计是与同类事物进行比较的依据，也是对总体进行推断的基础。描述性统计分析总结样本的绝对指标和分布情况，涉及的基本概念有诸如总量、平均数、众数、百分比、方差、正态分布、相关系数[①]等。

---

① 相关分析是指通过统计计算来认识有关联的语言现象所表现的相关形式、密切程度及数量联系的方法。相关关系不一定是因果关系。

语料库语言学的基本任务首先就是要对样本语料进行描述。对语料进行描述的常用术语有：标准频数、类例比（type - token ratio，TTR）、互信息（mutual information，MI）等。比如，MI 值表示某一个词 a 在语料库中出现的频数所能提供的关于另一个词 b 出现的概率信息，或者共现的两个词中一个词对另一个词的影响程度。所以，可以用 MI 值来描述词语间的搭配强度，其计算公式为

$$MI(a,b) = \log_2 \frac{P(a,b)}{P(a)P(b)} \quad \text{（公式 4）}$$

互信息值若接近 0，则说明两个词基本不搭配在一起（即两个事件相互独立）；如果值大于 0 或更高，那就意味着这两个词经常在一起出现，有互相搭配的关系（即两个词的出现与否有一定的关联，一个词的出现是否必然意味着另外一个词的出现）。

2.3.2 推断性统计

由于研究对象的总体无法测量而不可知，所以参数作为总体的描述量，就只能通过样本的描述量来推断。推断性统计就是用来探索总体的结构及其内部关系，涉及的基本概念有：参数估计、假设检验、显著性、置信区间等等。参数估计有点估计（参数的单个估算）和区间估计（给出参数值的一个可能范围）两种。假设检验就是通过一套检验方法来确定某一假设（关于一个参数或多个参数的陈述或猜测）是否与样本数据一致的过程：如果与样本数据一致，原假设（即变量间没有差异或没有关系的假设）就成为具有保留价值的参数被接受；如果不一致，就拒绝原假设，使用备择假设（即变量间有差异或有相关性）。假设检验分参数检验和非参数检验两大类，不仅需要根据不同的数据类型（定类、定序或定距）来选择合适的统计指标，对每一表中数据分布的显著性加以确认，有时还需要一系列参数假定，计算两个或多个变量之间的相关系数等。

语料库语言学常使用假设检验来推断某一语言现象的概貌或总水平，以允许语言学家在一定的置信区间内评估数据结果（如词语搭配等）是否存在显著差异，然后关注和解释存在显著差异的现象。在总体分布已知的情况下（或假设符合正态分布），常用的参数检验有 X^2 检验、T 检验、F 检验等；在总体分布未知的或不适用参数检验的场合，使用非参数检验中的卡方正态性检验、两总体独立性检验、秩和（rank）检验、对数似然性（log - likelihood）检验等①。但是，由

① 卡方检验的主要思想是对比预期频率以及观察频率，若两者差别较大，则拒绝原假设。最简单的卡方检验使用 2 × 2 的联列表，分别列出不同的频率。卡方检验不要求数据的概率分布为正态分布，但检验对于稀疏数据效果有限，因此若 w_1、w_2 在语料库中出现次数很少，通常使用对数似然比检验法。

于很多语言构式在语言使用中并非正态分布，或者在语料库中出现的次数很少，一些常用假设检验所需的参数条件在语言学研究中并不总能满足（比如，基于均值的T检验要求随机样本、正态分布和方差齐性；基于方差的卡方（X^2）检验要求定性分析的样本数量不少于40等），因此需要给出更严格的统计分析（Gries，2003）。

另外，语言现象往往是普遍联系的，影响因素很多，各个变量之间并不相互独立，可能还包括许多非常庞杂的次级变量，它们之间的关系也需要进行统计分析。因此需要使用多因概率性分析法，进行多个变量间的相关性分析，检验交互效应的影响等（Gries，2003）。而前面谈到的互信息（MI）分析，就假设了一个变量的变化总是意味着另一个变量的变化，只考察单个变量而未考虑由其他变量带来的复杂性，因此只是一种将语言现象简单化的做法。相关分析研究现象之间是否相关，以及相关的方向和密切程度，但一般不区别自变量或因变量（即不预先假设两个变量之间谁因谁果）。回归分析则是通过规定因变量和自变量来确定变量之间的因果关系，建立回归模型，并根据实测数据来求解模型的各个参数，然后评价回归模型是否能够很好的拟合实测数据；如果能够很好地拟合，则可以根据自变量作进一步预测。但只有当自变量与因变量确实存在某种关系时，回归分析才有意义。因此，通过相关分析确定变量间的相关性是回归分析的前提。

语料库研究有一些专用的统计分析工具，包括各种关键词索引（concordance）、搭配索引（collocation）、词簇（word clusters）、类联接（colligation）等，可以计算词相关（word association）、词共现（word co-occurrence）等信息，不再停留在简单的字符串检索和频次统计上。比如，类联接（colligation）工具关注词类乃至语法层面语言单位的“结伴关系”，可以分析某形容词是否经常与名词构成更高层次的搭配，从而分析该词的句法作用。

2.3.3 机器学习

学习是人类的一种智能行为，分归纳和演绎两大类。机器学习就是模仿人类的学习能力，识别现有知识并获取新知识，从而自动改善计算机算法的性能。因此机器学习也有归纳和演绎这两大基本策略，前者包括经验归纳学习、联接学习和强化学习等，后者包括类比学习和分析学习等。机器学习还有其他分类方法（表2-1），如按学习过程中是否能获得反馈为标准，分为有指导学习（Supervised Learning）和无指导学习（Unsupervised Learning）两大类，以及介于两者之间的半指导学习方法。

表 2-1 机器学习的类型

分类标准	类别	具体方法举例
学习策略	归纳类	经验归纳学习、联接学习、强化学习
	演绎类	类比学习、分析学习
反馈有无	有指导	自动分类
	无指导	自动聚类
	半指导	自分类学习、协同学习
标记/特征多少	单标记	单标记学习
	多标记、复杂标记	多标记学习、复杂特征学习
任务多少	单任务	单任务学习
	多任务	多任务自分类学习
复杂程度	浅层	单层神经网络
	深度	深度置信网络模型

有指导的机器学习需要依赖样本语料库来学习知识，建立模型、开发算法并测试性能，其运算效果与语料库的规模、代表性、正确性以及加工深度都有密切的关系。基于有指导学习的自动分类①方法一般包括以下步骤：(1) 采集加工数据并制定分类标准，经人工分类后将数据划分为训练集和测试集；(2) 模型构建与特征抽取，将数据内容按照计算机能够理解的形式进行描述；(3) 降维，除噪，生成合理的特征空间；(4) 生成分类器，测试和评价。很多与大规模文本相关的自然语言处理问题，包括话题分类、情感判别、作者归属判定、垃圾邮件过滤等，都可以用自动分类法来寻求解决方案。

无指导学习在学习过程中不需要反馈意见，不依靠人为设定的数据类别，完全依靠聚类（clustering）算法从未标注的数据中学习特征表示，对数据对象的类别进行自动划分。无指导学习一般包括以下步骤：(1) 文本预处理；(2) 语言特征选取；(3) 特征统计与归一化；(4) 相似度计算；(5) 自动聚类；(6) 结果展现和分析。无指导学习可以通过无标注的数据获取其中隐含着的丰富的结构特征，适用于没有先验信息的分类，只需选取基于聚类目的的多个特征项，通过机器运行自动活动较为合理的划分。信息检索、文本聚类和不同语言之间的相似性研究等领域常用无指导的聚类学习方法。

半指导的学习方法处于上述两者之间，当然严格地说也是有指导的学习，只是学习的内容不充分。这往往是因为很难获取大量有标注的语篇样本，但在小样本集上训练出来的分类器又面临泛化能力不强的问题，很难经得起大量样本的考

① 自动分类有基于知识工程的方法和基于统计学习的方法两种。

验，所以需要利用样本间的内在信息关系，通过对未标记样本进行自动标记处理来增加有标记的学习样本的数量，从而提高机器学习的精度。

浅层学习和深度学习是另一种按学习复杂程度做出的划分方法。传统的机器学习，大多利用浅层结构进行建模。而近年来火爆的深度学习，则利用了多层神经网络的深层信息来建模（如戴礼荣、张仕良，2014；奚雪峰、周国栋，2014；等等）。

单标记学习和多标记学习又是一种按学习对象标记的数量做出的划分方法。传统单标记学习是指从一组仅有单个标记的训练样例中学习；但在实际生活中，一条数据可能同时具有多个不同的标记，因此关于该类数据的学习称为多标记学习。

另外，机器学习还可以按任务的数量，分为单任务学习和多任务学习两类。单任务学习一次只处理一个任务，专注于最终的分类结果，并常采用特征选择方法去掉冗余特征，牺牲部分分类准确率以求提高计算效率。多任务学习则通过同时关注多个任务的输出，能在不增加输入信息的情况下从输入端得到更多的信息，这些信息又能够很好地辅助人们所关注的任务，进而使训练出来的模型也具备获取这些信息的能力，提高分类器的泛化性能。

为通过分析样本数据及其产生机制挖掘背后隐藏的信息，机器学习需要结合各种统计模型，如简单贝叶斯法（Naive Bayes）、最大熵（Maximum Entropy，ME）、隐马尔科夫模型（Hidden Markov Model，HMM）、决策树（Decision Tree）、支持向量机（Support Vector Machine，SVM）、神经网络（Neural Network）等，建模并执行自动处理。因此，机器学习与统计建模之间有很多共性。表 2 - 2 列出了一些可以相互对应的术语。

不过，机器学习与统计建模也存在区别：统计建模是数学的分支；而机器学习是计算机科学和人工智能的一个分支。也就是说，统计建模是以数学方程形式表现变量之间关系的程式化表达；而机器学习是一种数据处理法，通过数据学习构建分析系统。此外，统计建模往往基于一系列的假设，如观测样本相互独立、服从正态分布等，但机器学习无需这些假设。

表 2 - 2　机器学习与统计建模的部分对应术语

机器学习	Machine Learning	统计建模	Statistical Modeling
泛化	generalization	测试集合表现	test set performance
学习	learning	拟合	fitting
网络、图	network，graph	模型	model
权重	weights	参数	parameters
有指导学习	supervised learning	回归、分类	regression，classification
无指导学习	unsupervised learning	密度估算、聚类	density estimation，clustering

2.4　小结

语料库研究往往需要依据统计理论对真实语言进行合理的抽样，然后通过分析获得对样本特征的全面描述，从而推断语言总体的使用情况。

对样本语料库进行标注的理论依据是：对语言事实的分析在某种意义上就是标注；语料标注可以显化、固化分析者的分析过程，使原本主观的个人分析变得客观可见；一定规模高质量的语料库标注还可以系统地检验、发展或者推翻原有理论。在语料库开发过程中，标注规范的制定、标注人员的培训和标注结果的一致性检验等质量控制手段必不可少。

在语言学信息标注工作完成之后，接下来就是对各类信息的检索和统计，以便依据概率分布的情况对总体做出推断。与其他基于统计的研究一样，语料库研究常用的统计方法主要有描述性统计和推断性统计两大类，前者是后者的基础，只有在形成推断总体的统计量以后，才可以依据概率分布和抽样分布的原理对总体进行推断。现代语料库研究充分利用了数据库管理手段和统计工具，并逐步转向自然语言工程中的特定任务，利用机器学习算法进行自动化处理和建模。

总之，本章谈到了本书开展系列研究的三个方面理论的基础：（1）语料库相关建库指导原则；（2）对语料库展开标注的理据、原则、基本方法和步骤；（3）介绍了语料库定量分析方法与一般统计思想及机器学习的共通之处。

第三章　构建汉语篇章修辞结构树库

研究篇章内在的连贯关系，除了需要有代表性的篇章语料，还需要一个能系统表示篇章连贯性信息的理论框架（及形式化表达方式），才能通过一定的分析过程和技术手段获取外现的、可检索可量化的篇章连贯信息。这一框架必须能分析篇章中的全部语句，包括不同层次、不同大小的 DU 之间可能存在的连贯关系，还必须有比较好的可操作性。为此，我们选用了修辞结构理论作为指导汉语篇章连贯分析的框架。该理论不仅允许研究者较为自由地定义 EUDA 的大小，判定 DU 间的语义中心以及 DU 内部的组成成分之间的语义语用关系等，而且在英、德、西、葡、日语等语言中都有相当规模的篇章标注实践，有比较成熟的软件技术支持和工程应用开发。在修辞结构理论指导下开发较大规模的汉语篇章修辞结构树库，也将为中文信息处理提供一份重要的基础资源。

根据英语、德语篇章语料库对 DCM 的标注经验，描述 DCM 所在 DU 的连贯功能需要考虑的因素最多也最具挑战性，是各项篇章标注工作中最难的任务（Abeillé，2003；den Ouden，2004）。因此，我们考虑首先完成篇章连贯功能的系统标注，即执行篇章修辞结构树的构造；然后再在同一批语料上展开 DCM 的特征标注，各项标注遵循共同的原则、规范和流程，并利用现有条件实施质量控制；最后进行数据的关联和分析。

本章将介绍修辞结构理论的主要内容和 CJPL 篇章修辞结构树库建设的具体过程，包括 EUDA 的定义和获取、汉语 RR 标记集的确定、在分号句和逗号句颗粒度上进行 RR 标注的一些约定，以及标注所用的工具、流程和质量控制手段的介绍等。有关 RR 标记集的定义、关系优选协议（涉及关系的划分，试图给出不同结构组合的比较统一的处理规范）、树形构造原则（包括交叉枝、层次判定等一些疑难问题的解决原则和方法）等标注操作的细节和样例，因篇幅较长，另在附录中给出。这一项标注工作得到的数据结果将在第五章第一节中一一给出。DCM 的特征标注将在第四章和第五章多个小节做详细的介绍。

3.1　修辞结构理论

修辞结构理论（Rhetorical Structure Theory，RST）（Mann and Thompson，1988）是一种对篇章各个层级的内在连贯关系进行统一分析的理论。该理论在关系定义、核心性思想、形式化表达方面颇具特色，而选择“修辞”一词作为名称，只是为了呼应西方传统的“修辞学”，即说话的学问，并非源自后世的作为文学表达手法的“修辞格”。从专题网站（http://www.sfu.ca/rst）可以看到，该理论已经在很多语言的定量研究、资源建设和工程应用领域取得了丰硕的成果（Taboada and Mann，2006a）。

本节将介绍RST的基本观点、核心内容、争议问题及其在多种语言中的应用情况（语料库标注和自动处理算法开发等），并将其与汉语传统研究成果进行比较。

3.1.1 内容简介

RST的创始人William Mann和Sandra Thompson（1987；1988）对语言的使用持有以下基本观点：（1）话语是用来交际的；（2）作者的意图普遍是有层次的；（3）话语（或语篇、篇章、书面文本）的结构比其他任何事物都更能反映作者的意图和目标；（4）语言形式、语言功能和语篇结构是以一种松散的方式相互制约的，因此并不总有某种词汇或语法形式唯一地标记语篇的结构特征。基于这些观点，RST对篇章结构作了如下一些基本假设：

（一）组织性（organization）：语篇是由功能明显的篇章单元（discourse unit，DU）组成的。

（二）整体性和连贯性（unity and coherence）：作者必须在语篇中创造一个总体统一的意思，每一部分都为此总体意思服务。

（三）功能性（function）：语篇（或其DU）之所以具有整体性和连贯性，是因为它所有的DU都服务于作者的某个目的。

（四）层级性（hierarchy）：语篇由EDU（基本篇章单元，elementary discourse unit）组合成较大的DU，再由较大的DU组合成更大规模的DU，直至形成整个语篇。

（五）层级的同质性（homogeneity of hierarchy）：一个语篇的各级DU之间存在高频复现的修辞连贯关系，这些关系形成的集合可反复用于语篇的各级DU。在语言系统内，这一关系集合的元素数量基本稳定，并不随语料规模的变化而变化；但语篇结构层级的同质性有其概率前提：各个关系的出现频率会随着语篇语类和其他因素的影响而变化。

（六）关系的组合性（relational composition）：多句语篇的主要结构模式是由一些为数不多、反复出现的关系来连接的，语篇各DU之间关系的层次结构就是篇章的修辞结构。

（七）关系的不对称性（asymmetry of relations）：语篇结构中最常见的模式是不对称的，因为在形成一个关系的两个DU之间，一个DU相对比较重要而另一个相对次要。虽然也有一些篇章关系中的各个DU同样重要，形成一种对称结构，但这一模式出现的次数要大大少于不对称模式出现的次数。

为便于计算机自动处理，RST 在关系的定义、核心性思想、形式化表达等方面具有自己鲜明的特色。

3.1.1.1 关系的定义

作为 RST 最核心的概念，修辞关系（rhetorical relation，RR）存在于互不重叠但又有明显联系的 DU 之间，隐含着修辞谓词（rhetorical predicate），即篇章结构中未经陈述但可以引申出来的命题，起着提供信息、帮助实现作者交际目的等作用。关系谓词是概念单元而不是文字单元或句法结构，具有跨语言的普遍性。

DU 有两种用途：一种表述意图性的观点（intentional view），即在一个 DU 中的所有句子都说明某一个共同的篇章目的，这个共同的交际目的激励着说话人说出该 DU 中的每一个句子；另一种表述信息性的观点（informational view），即在一个 DU 中的所有句子都通过某种时间的、因果的或语用的关系相互关联。例如，在叙事文中，在某一 DU 中的所有句子应该结合在一起，共同描写一个连贯的事件或情景。意图性层次的关系倾向于讨论关于故事的交际目的方面更宏观的连贯结构；而信息性关系倾向于描写篇章的细节连贯结构，主要是这些事件是如何在因果和时间上相互关联。因此需要将作者的意图信息与语篇的主题信息分离开来。但这两个定义之间又常有一种紧密的对应关系，两种结构都是形成篇章连贯的主要方式（Mann and Thompson ，1988；Bateman and Rondhuis，1997；Taboada and Mann，2006b）。

3.1.1.2 核心性概念及核心性与篇章连贯的关联

RST 理论的中心是 RR 的核心性，即形成一个 RR 的两个 DU 之间一般都有一个 DU 较另一个 DU 对作者的交际意图而言更为重要，其中重要的那个 DU 是核心（Nucleus，N），次要的 DU 是卫星（Satellite，S）。如果一个 RR 的 DU 之间重要性相等，那么每个 DU 就都是 N，是 N－N 的多核关系图式，有别于语篇中占主导地位的 N－S 的单核关系图式。经典文献（Mann and Thompson，1987，1988）RR 的命名，利用了 S 的特征，从而将核心性和关系挂起钩来（如 Solutionhood 关系的 S 起到了提供解决方案的作用）。

RR 在表达功能上的核心性还与篇章的连贯性有关。语篇根结点 N 的（……N 的）N 就是体现语篇主要思想的综合效果落点（Comprehensive Locus of Effect）。这一点将 RST 与很多连贯理论、衔接理论等区分开来。

3.1.1.3 树作为篇章修辞结构的形式语言

RST 用树（Tree）作为篇章结构的形式化语言，来表示语篇中的信仰、意图、交际行为等的效果。根据树的定义，每一棵篇章树都含有下列四方面的元素：

（一）叶子结点，对应篇章中互不重叠但通篇连续的各个基本篇章分析单元（EUDA）；

（二）树的内部非叶结点，对应存在 RR 的两个或多个连续的 EUDA；

（三）根结点，必须覆盖整篇连续的文章；

（四）结点之间的联结。RR 使用有向弧来标识结点之间的关联，箭尾表示两者间起支持或背景作用的单元（即 S），箭头指向两者间更为重要的单元（即 N）。因此从形式上讲，修辞子树有两种基本类型：单核关系类和多核关系类（如图 3 - 1）。

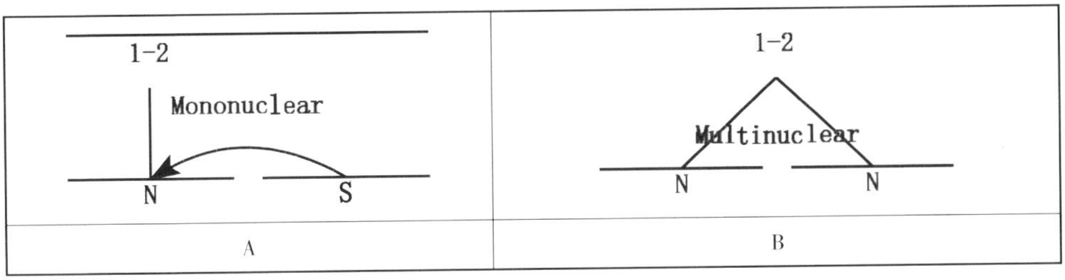

图 3 - 1　修辞结构子树的基本类型：A 单核关系；B 多核关系

作为形式化语言，树需要有基本的良构性（well - formedness）：树上所有的叶子都互不重叠但前后连续，既没有脱落的叶子，也没有交叉的树枝，并且能覆盖整篇文章。虽然篇章结构是否能够用树这一形式充分地表现出来这一问题尚存争议（见 3. 1. 3. 2），但 Marcu（2000：32）用一个强组合性准则（Strong criteria of compositionality），毫无歧义地确定了各个 DU 边界，使修辞结构树严格符合树这一数学形式的基本定义，为篇章自动剖析算法奠定了基础（Marcu，2000）。而对叶子之间前后连续性的强调，也要求修辞结构标注必须对每个 DU 所涉及的 rr 都做出分析，不能仅选择对一部分 DU 的 rr 加以标注，更不仅限于 EDU 之间的 rr 标注。这是修辞结构标注项目区别于其他篇章关系标注项目的一个重要特点①。

递归性（recursiveness）是树的重要属性。RST 从创建之初就强调 RR 在各个层级之间具有同质性（homogeneity of hierarchy），强调一套为数不多的 RR 可以连接从 EUDA 到整个篇章的各个结构层级，而且 N - S 和 N - N 的 RR 结构图式（即修辞结构子树的两大类型）不因结构层级的改变而改变，也不随语料大小的改变而改变。当然，RST 也承认各种关系的概率在篇章各层级之间会有所不同，在不同语体之间、不同语言之间的使用也会有所差异。

① 很多标注篇章关系的项目，如 PDTB，只要求标注篇章语料中明显存在语义连贯的部分单元，并不要求构造完整的篇章树。

3.1.2 应用情况

对篇章修辞关系的描写可以帮助研究者定量地分析语篇（包括独白和对白）的很多细节，比如因果关系标记的特点、课堂上的互动结构、信件的人际、概念和篇章功能差异、论说文的总体结构特点等。通过观察单个读者对多篇文章的标注、多个读者对单篇文章的标注以及多个读者对多篇文章的标注，还可以定量地研究人在阅读理解时的认知规律（如 Marcu，et al.，1999；Knott，et al.，2001等）。因此，除了英语，阿拉伯语、荷兰语、法语、韩语、日语、希伯来语等也都有应用 RST 的研究成果（Taboada and Mann，2006a）。汉语也有不少应用 RST 的例子（如 Cui，1986；Scollon and Scollon，1997；Kong，1998；乐明，2008；王大方，2013；等）。可以说，RST 在理论研究中有巨大的影响力。同时，RST 在应用领域也取得了很多成果。除了自动篇章理解、自动篇章生成（包括生成单语或多语的文本，或生成带有恰当语调的朗读系统等），还有自动翻译、自动问答，以及自动阅卷系统等等（如 Bouayad-Agha et al.，2000；Rösner and Stede，1994；Tu et al.，2013 等等）。据统计，截止到 2015 年 6 月 30 日，在科学网（Web of Science）、Google Scholar、CiteSeer 上对 Mann and Thompson（1988）那篇经典论文的引用分别达到了 137 次、525 次和 167 次，影响力不容置疑。

已有多种语言的篇章标注项目以 RST 为理论框架。第一个公布的是在 Marcu 带领下研发的英语 RST－DT 树库。该库含 385 篇华尔街日报文章，由一批有经验的标注者手工将这些文本切分成 22 000 个小句和短语层级的 EDU，然后各自独立标注完成（Carlson et al.，2003）。德语有个波茨坦评论语料库（Potsdam Commentary Corpus，PCC），含 170 多篇新闻评论，同样经手工切分，也完成了小句层级的篇章修辞结构树构造，以及词性、句法、同指、信息结构和 PDTB 风格的衔接词论元信息等的标注（Stede，2004；Stede and Neumann，2014）。西班牙语（Da Cunha et al.，2012）和巴西葡萄牙语（Pardo et al.，2010）也开发了修辞结构树库，用的是学术摘要类型的语料。从手工标注的篇章语料库出发，研究人员获取了丰富的关于意图、语义、连贯和篇章结构方面的信息。也已有不少人从 RST－DT 标注语料库中提取各种表层特征进行机器统计学习和自动剖析算法开发和测试。

3.1.3 主要争议

对 RST 的争议主要集中在 RR 的分类体系的完备性、树结构对自然语篇的适用性，以及 RR 与 DCM 的对应性这三个问题上。

3.1.3.1 分类体系的完备性

一种观点认为 RR 集在原则上是开放的：由于当前我们对语篇修辞关系的认

识有限，尚未能穷尽所有可能的类型，所以尽管某个语言系统可以用一小套共享的、高频再现的 RR 集来分析其语篇，但在另一语言中还可能存在某种其他未知类型的 RR（如 Mann and Thompson，1988；2002）。RST 创始人坚持这一开放集合的观点，导致很多该理论的研究者和应用者都尝试根据自己的语料设立自己的 RR 集，给出的定义和分类可谓五花八门。另一种观点则假设各个文化共享一个固定的通用的 RR 集合，且该集合原则上不允许扩充。例如，Hovy（1990：133）根据 SFG 的复杂小句扩展类型（Halliday，1985）对最上层的 RR 关系提出的一种分类体系：详述、增强和扩展（Elaboration，Enhancement，and Extension）。Maier and Hovy（1991）又基于 SFG 三个元功能的思想提出了另一种三分法：人际关系、概念关系和文本关系（interpersonal，ideational，and textual relations），以区别各种不同关系之间的交际功能差异。而 Nicholas（1994）做了最为激进的论述，禁止任何人随意扩展 RR 关系集（甚至涵盖一些短语间的关系），使 RR 集变成一个无法控制、没有结构的表单，失去其关键的概括性、组合性和灵活性。他认为 RST 需要一个基于特征的 RR 分类体系，并通过参数来限制 RR 库的开放性，禁止任何人随意扩展 RR 关系集（甚至涵盖一些短语间的关系），使 RR 集变成一个无法控制、没有结构的表单，失去关键的概括性、组合性和灵活性。他提出，一个修辞分类应该满足下面三个标准：（1）全面，能覆盖整个 RR 库；（2）外部独立，分类标准不能从经验中获得的（当然任何分类体系仍要接受实际文本的经验检验）；（3）基于特征，以允许对这些关系进行分类，或在不同的维度下灵活简便地将这些关系公式化。他还进一步提出对关系特征是否符合修辞标准进行测试，将经典论文里已有关系中包括因果关系、环境关系等的各种信息性范畴统统除去，以防 RST 理论陷入时间逻辑等它没有打算进入的真值语义逻辑领域（Nicholas，1995）。

RST 的创建者坚持认为，尽管建立一个完整的、外部独立的 RR 集确实非常理想，但从集合的角度看，RR 似乎与音位组合、词汇组合、句法格等具有相似的特点——还没有哪本词典能够宣称自己收集完了某一语言（领域）所有的词语组合，也没有哪种格理论能保证自己已经穷尽了语言中所有的格类型——同样，RR 也应该是动态的、开放的集合（Mann and Thompson，1988；2002；Mann，2004），在一组基本固定的常见 RR 之外，允许研究者根据所研究语言或体裁的特点进行补充、调整。出于这一想法，他们一方面坚持要求任何有关 RST 的标注研究都必须同时给出各种关系的定义，另一方面只对自己提出的 RR 集作了非常简单的分类和组合。直至目前，也没有哪个学者能够提出一个能被所有人所接受的，能够满足所有目的的 RR 集及分类体系。

虽然从使用角度看，分析者有理由对他们选择的 RR 集进行微调，以便更好地处理他们的语料；但在方法论上，如果每个人都可以任意定义自己的 RR，那么他个人的 RST 分析就无法被别人重复；如果没有某种中间语言（interlanguage）

来翻译每个 RR 库中各种定义，那么使用任何一种 RR 集所做的分析也就无法与使用另一种 RR 集的语篇分析进行比较。实际上，在 CJPL 项目建设完成第一阶段的工作后，我们也曾试图进行汉语财经评论和英语及德语财经评论的对比修辞研究，却发现由于关系集定义上的许多具体差异，只能在大类关系间粗略地进行比较。因此，开放数量和种类的 RR 集是经典 RST 的一个大问题。

3.1.3.2 树结构的适用性

树（tree）作为形式语言，需要满足下列条件：

（一）完整性（Completeness），即有那么一棵子树可以覆盖整个语篇；

（二）联结性（Connectedness），即除了根结点，分析中的每个 DU 要么是一个叶子结点（即 EDU），要么是另一棵子树中的一个非叶结点，没有孤立脱落的结点；

（三）唯一性（Uniqueness），即每一棵子树都涉及到不同的一组 DU；

（四）邻接性（Adjacency），即构成每棵子树的 EDU 都是连续的。

Mann and Thompson（1988；2002）多次表示，树只是篇章修辞结构大致的形式表达，不排除个别篇章或个别 DU 存在不严格遵循树结构条件的情况。但这一说法仍遭到了批评。Martin（1992：251 －264）认为，RST 将篇章连接关系缩减为一个单一连接链的做法，既忽视了连接链的分合现象，也无法解释语篇结尾处出现总结性语义单位的问题。Wolf and Gibson（2005）对 RST 有关篇章树结构的批评最具火力：依据对 135 篇自然文本手工标注的结果，他们发现篇章中存在诸多不能用树结构来表示的交叉依存关系（如图 3 －2 所示）。因此他们提出了篇章连贯结构应该是图（graph）而不是树的观点，并在此基础上开发出了相应的篇章图库（Graphbank）（Wolf and Gibson，2005）。

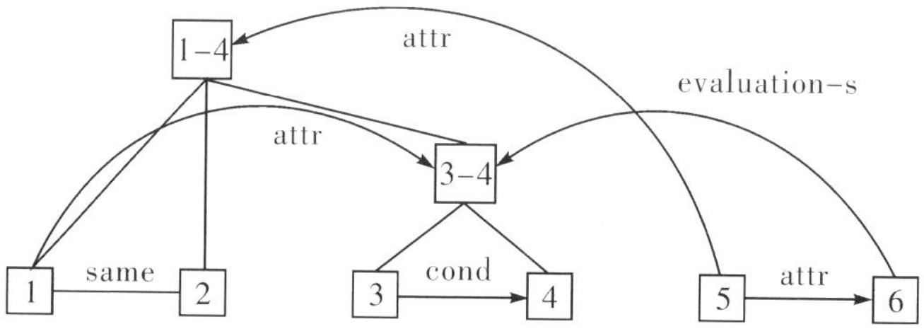

图 3 －2　篇章连贯结构中的交叉依存关系示例（Wolf and Gibson，2005）

图是一种相对树而言更为复杂的形式化语言。最近几年提出了不少基于图的算法，也有了利用图特征来处理篇章的研究（如 Versley，2013），但图作为形式语言一时还难以完全取代树。这是因为用树作为形式语言的历史较长，技术成熟。比如，以树作为形式语言的短语结构语法，既能描述自然语言，也能描述程序设计语言，已经成为形式理论的重要内容（冯志伟，2012）；以树作为形式语言的依存语法，最近几年也取得了很大的成功。因此，尽管树形式的基本要求（尤其是叶子邻接原则和树枝不交叉原则）即使在自然语言的句子层面也并未得到严格意义上的完全满足，但各种基于树的算法仍广泛应用于自然语言处理的诸多领域。而篇章树能便捷地与句法处理工具建立接口，因此仍不失是表达篇章连贯结构的简明有效形式化手段（Marcu，1999）。

3.1.3.3 与 DCM 的对应性

RST 从作者创作的角度来讨论 RR 和 DCM 的联系。因此，RR 依据的是语用功能标准，而不是表层衔接形式（Mann and Thompson，1988）。

大量的篇章语料分析显示：（1）连接词（connectives）在语篇中的密度不高。英语 RR 的有标比例为 28%，西班牙语 RR 的有标比例为 45.9%（Taboada，2004），德语 RR 的有标比例为 39%（Schauer and Hahn，2001），汉语 RR 在分号句及以上层级中的有标比例是 28.5%（乐明，2008）。（2）有的 RR 关系很难列出表层的连接词。如评价、详述、解答、重述、背景和总结等关系，在英语、德语和西班牙语中都很少有连接词作为关系标记（Knott and Dale，1994；Carlson et al.，2003；Taboada and Mann，2006b）。（3）在一定的语境下，DU 之间是否有形式标记，有时会有意义上的差异。这些都说明连接词本身并不是篇章连贯关系的唯一标志（Schauer and Hahn，2001）。实际上，连接词只是诸多 DCM 中的一类，还有指代、重复、省略以及声调起伏等其他类型的篇章衔接手段。

不过，与 RST 的理论阐述相反，一般的话语分析都是从读者阅读接受的角度来判断，往往需要借助一定的表层标记来确认某种 RR；在标注时也试图依据一定的表层文字来重建作者的这些创作意图和所借助的修辞结构。标注者在分析具体的篇章时，往往先考虑表层标记后再考虑功能（Stede et al.，2007）。由于许多标注者都觉得有些 RR 的定义比较抽象，仅凭定义来确定关系的难度很大，容易使之成为一个相当主观的处理过程，所以在标注中，他们总是试图寻找一些表层词语形式的线索，为自己的分析提供理据。而从自动分析的角度看，确定待输入文本中的连接词是否充当篇章连接词角色的这一子任务简单可行：主要就是通过模式（字符串）匹配简单地判定一个字符串是否为篇章连接词，以及归属哪一语义分类。因此，国际上已提出的一些篇章剖析方法，甚至一些利用 RST - DT 库的研究（如 Marcu，2000；Schilder，2002 等等），都假设连接词（或更广义的篇章标记）是自动构造修辞树的主要信息来源。

3.1.4 与汉语传统理论的比较

RST 对篇章性质的那些总结（包括 DU 之间的主次区分、篇章层级间的递归性、树作为篇章连贯结构的形式语言等），中国学者早就有所观察。比如在传统文章学研究中，刘勰《文心雕龙》“章句”篇就有“章总一义，须意穷而成体”；

“然章句在篇，如茧之抽绪，原始要终，体必鳞次”“故能外文绮交，内文脉注，跗萼相衔，首尾一体”等等。这些话，意思大致就是每篇文章得有一个根节点（“章总一义”），具有整体性和连贯性的特征（“原始要终，体必鳞次”“跗萼相衔，首尾一体”）。吴启主（2002：17）归纳了散见于历代文论中的论述，概括出汉语语篇结构的五条规律：统一律（向心律）、连贯律（衔接律、接应律）、层次律、轻重律（侧重律）和变化律。其中，“统一律”是指“语篇结构完整统一的关键是确定中心思想，围绕中心思想来组织语句”；“衔接律”是指“语篇这个整体里的各个组成部分应是互相衔接照应的”；衔接照应的关系、形式和手段就是衔接照应的规律，即“连贯律”；而“层次律”和“轻重律”是说汉语篇章的组织一有层次，二分轻重。汉语研究中出现的各种“句本位”“小句”“句群本位”等主张其实也反映了学者们对篇章关系层级同质性的重视。吴启主还用《现代汉语构件语法》和《汉语构件语篇学》两本著述来论证汉语各级语言单位结构规律的同质性。汉语学家仅对关系的同质性这一点持谨慎的态度，如吕叔湘（1984）认为“篇章段落的分析方法和句子内部的分析方法有较大的差别，语法分析基本上到句子为止，还是有理由的”。汉语篇章结构层级关系之间的“同”和“异”到底哪个更为显著，需要量化考查，这是 RST 理论可以帮助测定的一个课题。

但是，很多汉语相关研究都没有明确地表述 RST 的另一项核心观点，即 DU 在一个给定关系中所扮演的角色有轻有重，且轻重的差异可以说明篇章的连贯性所在，达到说话人的目的并在听话人身上产生效果。比如，尽管汉语复句研究也有用主从关系中从句的特征来命名，但汉语的从句（偏句）要么是语义决定的（比如原因句中原因永远是从句），要么是语序决定的（比如有些人认为偏正关系总是前偏后正，前面的永远是偏句）；也有人指出汉语句群内部存在中心和支撑的结构，即 DU 间存在重要性的区别（吴为章、田小琳，2000），但在为各种句群关系命名的时候，并没有把关系和核心性挂钩（即说明主从关系的名称来自该关系特征性的 S），也并没有利用这种重要性差异来说明篇章的连贯性；汉语篇章研究在确定中心思想方面，有人谈到有时可以在开头、结尾或中间的地方找到（王维贤等，1994：294 -7），但中心思想的总结似乎独立于关系的确定。

另外，汉语虽早有人提到用树来表示篇章结构（如黎锦熙，1924），只可惜没有系统的形式化总结，更没有研发出应用系统。

不过，既然在汉语语篇中也能找到 RST 对英语分析所依据的那些篇章性，就说明 RST 可以很好地应用于汉语的语篇分析中。实际上，RST 最初的创建与汉语篇章分析关系密切（Cui，1986），之后的成功也吸引了不少中国学者的关注（如廖秋忠，1991；王伟，1994；徐赳赳、Webster，1999；乐明，2008 等等）。在工程领域，研究人员尝试应用 RST 指导开发中文自动文摘、语音以及机器翻译（如 T'Sou et al.，1996；刘挺、王开铸，1999；张益民等，2000；郭忠伟等，

2003；杨晓虹、杨玉芳，2009；等等）。笔者相信，通过对大量的汉语语篇进行rr和其他语言学信息的标注，不仅可以在认知科学、话语分析、算法研究等领域取得新的进展，同时也有利于我们继承和发扬传统中文篇章研究的理论成果。

3.2　构建汉语篇章语料库

本节只介绍汉语篇章语料库的文本来源以及预处理过程。对篇章修辞结构树库的各种理论和技术准备，包括基本篇章单元的定义和切分、汉语修辞关系的定义和分类、篇章关系的选择和篇章树的构造，以及标注项目的工具、流程和质量控制等，则在后续的3.3至3.7节分别介绍。

3.2.1　语料选择

为了给中文信息处理提供高质量的修辞结构篇章树库（Rhetorical Discourse Treebank），同时照顾到语言理论研究等其他方面的应用，我们随机整体选取了2005年4月12日在人民网[①]《主要媒体财经评论》栏目转载的全部400篇文章开发了财经评论篇章语料库（以下简称CJPL）。这些文章大多采编自国内外主要媒体，出版的时间跨度大致为2003年中到2005年初两年。

采用财经评论语篇的主要原因有两个：（1）代表性。每篇文章的评论文性质已由该网站的专业编辑认定，无需再对此进行论证。并且，相对于中文其他政论性的文章（如《人民日报》时政评论）而言，财经新闻评论的作者群体大，模式和风格多样。（2）可比性。财经评论语料在体裁和题材上都可以较好地对应英语的华尔街日报语料和德语的波茨坦报刊评论语料（Carlson et al.，2003；Stede，2004），在语料上与RST－DT和PCC这两个最重要的同类修辞结构树库具有良好的可比性。当然，采用这批语料也有一定的缺陷（类似问题在英语语料中也同样存在）：有些评论文章过长，结构复杂；有些文章有明显编辑的痕迹，导致非财经专业的标注者很难完全看懂并为这类评论构造篇章树；有些文章类似采访报道，有较多的对话，书面独白语体和议论文体的特征不够典型；还有个别评论相互有重复或近似的内容。不过这些都是网站实际发布的文章，一定程度上反映了国内媒体大量转载权威观点的事实。我们认为官方媒体中的这一现象客观上反映了汉语书面语的实际使用情况，因此对这些语料全部予以保留。

本书下文提及的CJPL400是经过清洁、分词和分号句层次单人标注的所有400篇评论组成的语料库，一些重点词语的信息标注在此基础上展开。CJPL86是分号句层次多人标注的篇章树库；CJPL20是逗号子句层次两人标注的篇章树库；CJPL150是分号句层次单人标注的篇章树库。此外，CJPL97是第一版（CJPL

① www.people.com.cn. CJPL库收集篇章语料的时间在2004年5月。该栏目现已改版。

V1.0）中由笔者单人多次标注的篇章语料。

3.2.2 语料预处理

为顺利开展本项目的语言研究，同时为机器学习提供高质量、深加工的训练语料，我们对 CJPL400 语料进行了以下的预处理工作：

（一）文档编号。为保持一致，语料库保留了文档最初的编号。

（二）对篇章语料元信息的处理。仅保留标题、正文以及其他一些诸如“编者按”一类的重要信息，删除了文本书档中与篇章 RR 及 DCM 提示作用等分析目的暂时无关的信息（包括作者、出处等）。

（三）编码和格式统一。由于项目进程中需要使用国内外各种文字处理和语料库管理软件，而各个软件能读取的默认文件格式各不相同，我们为此保存了 GB2312、Unicode、UTF8 等多个编码的语料版本。通过 RSTTool 完成的 RS3 格式的修辞结构标注，最后也都转换成 XML 格式保存，以便语料库标注管理软件 MMAX2 读取标注信息。这批语料还有分开保存的白文本和标注记录，既有助于保持各项标注的独立性又能在各项标注之间建立联系，便于各种交叉检索。

（四）文本清洁规整。这里的处理重点是标点符号。中文标点尽可能保证为全角格式，配对符号（如括号和引号）前后对应，变异形式标准统一（如破折号）。另外，统一各篇文章的编辑格式，校对保留自动识别所需要的编辑信息（如换行符等）。对语料中标题部分的空格（如例 4、例 5 中用下划线表示的空格）进行了人工判断，前者替换为逗号，后者替换为切分标记。对语料正文部分的空格执行批量清除。

例 4（标题内空格替换成逗号）

<duan ID = 1 >“乱市”用重典__高管违规必须付出高昂代价</duan >

——CJPL3159753.1

例 5（标题和作者间的空格替换成切分标记）

<duan ID =1 > 北京青年报：套内面积售房能否赢得喝彩__徐曼</duan >

——CJPL2227697.1

（五）分词和分字处理。受当时技术能力的限制，以及标注直观性的考虑等，GJPL V1.0 库的修辞结构标注（CJPL97）是在未分词的语料上直接进行的。但在 GJPL V2.0 的开发阶段出现了多个分词的需求：一来项目所使用的语料库软件（Wordsmith、MMAX2 等）要求首先输入经过分字或分词处理的语料；二来分词软件可以自动标记 DCM 及其前后的词类信息；三是类连接（colligation）信息有助于降低剖析器对词典词汇量的依赖，增加算法的泛化（generalization）性能。不过词性信息不仅涉及汉语语法对词的定义，也涉及词的多义和歧义现象，同时还涉及到软件的分词准确率，这些都是汉语研究和中文信息处理的特点和难点问题。因此，我们在表层 DCM 的提取时为避免遗漏或错误，采用的是未分词文本；但在表层标记多维信息标注和统计学习时利用了 ICTCLAS 的分词技术，再对比人工标注的结果。比如，对于语料库中的字符串“因为”，自动词性标注后的结果与人工标注的结果有较大的出入：人工将全部 403 条“因为”中的 63 条确定地标注为“是因为”的构词成分；而自动分词只给出了 16 条（准确率 P = 100%，召回率 R = 25.4%，F 值 = 0.463）。由于目前我们希望把所有的精力都放在 rr 的标注和特征学习上，就将如何提高分词和词性标注准确率的问题留待以后考虑。

（六）添加了各类编号（ID）。CJPL 库第一阶段仅特别添加了段落序号，后续由 RSTTool 对 EUDA 进行自动切分和编号。第二阶段则在分词和分字处理之后，由 MMAX2 软件自动为文章中的每一个字（及标点）按其出现的顺序给予一个唯一的序号，便于确定篇章分析单元的边界，也便于后续在字、词、句及其他任何选定的颗粒度上的深入分析和标注。这样，语料库按“未分词”“分字”“分词”“逗号子句单元”和“分号句单元”等切分颗粒度的不同版本将所有文档分别保存入库。库中的每一个汉字（或标点）、单词、基本篇章分析单元、段落都有了唯一的编号。

简而言之，在预处理阶段我们力求全面解决语料在存取内容、格式、标点符号、文字以及可标注单位（markable）定位等方面的问题，为后续的标注工作准备高质量的素材。不过，预处理阶段对语料的理解是有限的，有些地方很难一下子发现错误。随着后续各阶段标注工作的展开和对篇章语料更深入的理解，我们还陆续在十分有把握的地方补充修正了白文本存在中的一些零星错误。今后还将继续改善文本的质量。

3.3　汉语篇章基本单元切分

切分是标注的基础。本节讨论两大基础问题及一些相关的小问题：（1）该如何合理地确定汉语篇章语料库的基本处理单元？（2）如何合理、快捷、高效地获取这些基本处理单元？

3.3.1　篇章基本单元的定义

篇章语料标注首先需要获取在篇章中有修辞意义的，同时又是覆盖全文的、互不重叠的基本篇章分析单元（elementary unit of discourse analysis，EUDA）①。一个好的切分模型对后续的篇章标注很有影响，因为它将引出两个重要的问题：(1) 各个 EUDA 之间是怎样相互联系的，这影响到 RR 的设立；(2) 在分析各 EUDA 以及由它们组成的各级 UDA（unit of discourse analysis）的左右边界和组合关系时需 要哪些技术。因此，如何定义 EUDA 就成了项目遇到的第一个基础问题。

在 RST 理论框架下，很多面向普通读者的分析采用大众所理解的句子作为 EUDA。但是篇章中有些句子往往比较长，内部结构复杂，句内会包含一些对篇章分析十分重要的信息单元。对汉语而言，这一问题尤其突出：由于汉语使用标点符号的历史短，很多人写文章喜欢一“逗”到底，造成句尾点号（句号、问号和叹号）间隔的句子非常长。这样的句子不仅内部含有众多的分句，而且难免会有句子的头部和尾部分别与上下文不同的句子发生修辞关系，造成一个句子有两个父节点的可能，给下一步篇章结构的标注工作带来困难。

另一种观点认为，采用小句②为 EUDA 可以使篇章结构分析更为精细准确。这一标准对于英语、德语等有明确小句结构的语言，比较容易执行。但“小句”在汉语研究中一直是个充满争议的概念，且很难直接借用形式标记来判断小句结构：由于汉语缺乏屈折形态变化，较难确定动词或者其他做谓语的成分（如形容词、主谓结构等）；另外有几种相对复杂的句式，如连动句、兼语句、主谓谓语句等，按动词切分后所得 UDA 句法成分不完整的现象十分突出，很大一部分难以成为独立的篇章基本单元。因此，如果汉语篇章结构标注也试图达到小句层级的颗粒度，目前容易在理论界定和具体切分操作上陷入困境。

---

① 基本篇章分析单位（EUDA）是个操作概念，需要通过切分获得，继而作为连贯关系标注的基本单元，自然可以根据不同的分析目的有所调整，只要它们具有独立的功能整体性、容易被识别、没有争议，就可以作为分析的起点（Mann and Thompson 1988）。而语篇基本单位（elementary discourse unit，EDU）则是个理论概念。两者在严格意义上并不相同。不过不同的理论对什么是语篇的 EDU 有不同的见解，似乎没有哪种 EDU 的定义能被所有人接受（Mann and Thompson 1988；Taboada and Mann，2006b）。同时，不少语言工程的文献都将基本分析单元 EUDA 直接称为语篇基本单位 EDU，有将两者混为一谈的趋势。因本文主要讨论语料库标注，笔者偏好使用 EUDA 这一术语，但为与前人的术语保持一致，在引用个别文献时并不做严格做区分，特别说明的除外。与 EUDA 相关的术语还有 UDA（Unit of Discourse Analysis，UDA），即篇章分析单元。UDA 可以由单个 EUDA 或多个有关联的 EUDA 组合而成。在本书中与 EUDA/EDU、UDA/DU 相关的术语对，还有“最小语段”/“语段”以及“叶子结点”/“非叶结点”等，是从文本字符串或者树作为形式化语言等的不同角度来陈述的相同概念。

② 为便于区分，笔者对下列概念做如下的分类：(1) 小句，仅从主谓结构的完整性来讨论。(2) 子句，作为一个自然句的一部分，一般仅是做句子成分的小句，如传统意义中的定语从句、宾语从句，主语从句等。(3) 分句，作为复合句的一部分，即多个分句组成一个复合句，每个分句都有完整的主谓结构。(4) 句子，以句尾点号为标准界定，包括句号、问号和叹号，个别情况下也包括那些取代了句末点号的冒号、破折号、换行符等。(5) 单句：相对于复合句而言，只有一个主谓结构，且以句末点号结束的句子。单句里没有分句，目前暂时不区分兼语句等复杂结构。(6) 整句：处于两个句末点号之间的句子单位，不区分单句或复合句。

总之，句子和小句这两种切分单元都存在各自的问题。不过，我们注意到，前人在选择汉语篇章的基本分析单元时还有其他多种方法：有从语法结构体系上来考虑的（邢福义，2001；吴启主，2002 等），从信息单元角度来考虑的（沈开木，1987），从言语停顿的角度来考虑的（马建忠，1898；王力，1954），或者从话语表达单位来考虑的（曹逢甫、谢天蔚，1995；吴为章、田小琳，2000）等。而面向机器的工程领域也各自采用了对分析目的（如自动文摘、机器翻译、人机对话等）有利的 EUDA 定义：有选择自然句的，选择话轮的，选择小句的，还有选择短语的，或者选择跳过一些细节来处理更长的语篇单元的。那我们就有理由根据 CJPL 语料的特点，在工程中选择既能避免理论问题，又能与英语、德语及其他语言修辞结构树库的切分颗粒度尽可能接近的切分标准。

3.3.2　切分的方法

项目的第二个基础问题是，如何切分获取目标颗粒度上的 EUDA？或者说，该采用怎样的措施，高效准确地获取 EUDA？

从语言工程的角度，最理想当然是自动、合理地完成全部切分，标准一致、速度快、代价小。但自然语料丰富多样，利用某种固定的形式或结构标记进行自动切分则往往比较死板，得到的切分结果不一定都合理，有时会产生部分 EUDA 过粗或过细的情况。大量过粗的 EUDA 会导致篇章信息流失，而大量过细的 EUDA 又需要大量的后期人工干预，给标注工作带来新的问题。因此，用于精确分析目的的项目和作为大规模统计机器学习基础的语料库标注项目，如英语 RST－DT 树库和德语 PCC 库，都是人工切分的（Carlson et al.，2003；Stede，2004）。人工切分的优点是准确率高，灵活性强；缺点是代价高（需要经过专门培训的人员）、速度慢（人员培训的时间长），还会遇到一些边缘性个案导致切分标准前后不一致的情况。

这几年英语、德语等开发出多种自动切分器，据称已十分接近人工准确率（Rino et al.，2013）。中文也有团队在研究篇章 EUDA 自动切分的可能性，尝试将 EUDA 定义为包含传统单句和复句中的分句在内的子句，并同时满足三个条件：结构上，至少包含一个谓语部分，至少表达一个命题；功能上，对外不作为其他子句结构的语法成分，子句和子句间发生命题关系；形式上，子句间一定有标点分割，通常是逗号、分号和句号等（李艳翠等，2012）。不过，我们注意到，即使采用这样的定义，实际语料处理中仍需要人工排除一些与典型子句在结构、功能、形式上类似但实际上篇章功能并不完整的短语结构，总的来说还存在准确率差强人意的问题。

很多现有的语料库项目（如北语汉语语料库、中研院汉语树库、宾州中文树库等）都考虑到语言学中对 EDU 定义的困难，以及计算机处理汉语的实际能力，采用了以标点符号作为切分标记，自动获取 EUDA 的折中策略（宋柔，2008；

Huang et al.，2000；Zhou and Xue，2012；Zhou and Xue，2015）。也有团队尝试通过语法（如谓语的判定）和语义（如命题的判定）分析来自动判定逗号子句的类型，批量排除一些不需要考虑的逗号，留下可能间隔 DU 的逗号，从而降低自动切分的颗粒度（如 Yang and Xue，2012；谷晶晶，周国栋，2015）。我们也将利用标点符号进行切分。

3.3.3 自动切分的形式标记

在选择自动切分方法以后，接下来的一个小问题是，选择哪些标点符号来获取目标颗粒度的 EUDA？

我们曾在语料库预处理后期对 CJPL 语料库中的各类标点进行过频次统计，分布情况如图 3－3。其中数量最多的标点型是逗号，有 29572 例，占 53.7%；其次是句号和顿号，另外两个常见句末点号（问号和叹号）的频次较低。CJPL 语料库若完全按照句末点号进行切分，平均每个自然句有 51.8 个汉字，总体颗粒度太大。

图 3－3　各类标点符号在 CJPL400 中的使用比例

另外，汉语句末在使用省略号和破折号的时候，一般不再使用句末点号，因此会出现某些该有句末点号但已经被这些标号“覆盖”导致切分不到的情况。省略号和破折号作为标号，还有大量用于句内的情况，好在它们在 CJPL 中的频次并不高。其他一些使用频次略高的标点，如分号、冒号等，倒很可能是 UDA 左右边界。而频次较高的顿号则属于仅用于句内的点号，间隔并列的名词性短语，因此与 UDA 分析无关。

但是，逗号作为中文使用频次最高的标点，其用法十分复杂，据说有 20 多种不同的使用方法（黄建传，2008）：有些仅表示语气停顿而不表示结构层次，有些则用于间隔同一语法小句内的主语和谓语等等。我们曾随机抽取过 CJPL 语料库中的 200 个逗号进行分析，发现有 55 个逗号不在完整的语法小句之间，即逗号的小句内用法占 27.5%。如若添加逗号作为切分标记后，虽然能获取更多有篇章功能的逗号子句[①]，却仍不能保证切分到汉语的语法小句，同时还增加了许多被切分出来的非小句成分需要后期修正处理。

由于我们在切分阶段不做深入的语法和语义分析，只为获取 EUDA 供后续处理，同时保证后期标注较少的干预（如 same - unit - m 关系的添加等），因此，我们将 EUDA 的颗粒度把握在句子和小句之间尽可能小的形式单元：在第一阶段选定了句号、问号、叹号、冒号、分号、破折号、省略号以及段落起止标记等这些标点符号，获得“分号句”颗粒度的 EUDA；第二阶段添加了逗号，获得“逗号子句”颗粒度的 EUDA。

本书将在第 3.5.1 和 3.5.2 节对这两种颗粒度上 rr 的标注原则和处理方案做更多的讨论。其他细节（如括号和引号的去留问题）留待今后研究。

3.3.4 自动切分的处理结果

经验证，按上述切分标记所得的绝大多数文字串，在分号句颗粒度上（不采用逗号作为切分标记之一）基本都能获取具有交际功能整体性的 EUDA，仅少数情况会出现一个 EDU 结构被强制分割的情况（如例 6 中的单元 1 和单元 3 合起来才是一句“最有可能确定这样一种政策的……经济学家、政治家和经理们使之成了一项永远无须讨论的政策”）；在逗号子句颗粒度上（采用逗号作为切分标记之一时），则会得到比较多的单字（词）或没有完整小句结构的词串等（如例 6 中的单元 1a、例 7 中的单元 1a 和 1c）。这就产生了一个新的小问题。

为了补救这类单元，我们设计了一种多核心的 same - unit - m 伪关系（SU，同一单元 - m 关系），在关系标注阶段用它来粘合两个（或多个）已经被自动切开但本应该是一个 EDU 的字符串（如例 6 中的单元 1 和 3，例 7 中的单元 1a 和 1c）。虽然这样做给将来语言学研究阶段的统计工作带来一定的困难，但有效地维持了统一的切分标准，目前看来是有效并且有用的手段。

由于一个单核的 RR 大多涉及前后两个 DU，下文把这两个 DU 分别叫作“前部/P”单元和“后部/Q”单元。另外还可能有外部单元（External）“Ex”和内嵌单元（Embedded）“Em”。因多核关系中的组成单元可以不止两个，因此还可能有中间单元（Middle）“Mi”（如一些多个序列单元并列的情况，“首先……其次……最后……”中由“其次”引导的中间单元）。如例 6 中的单元 2 是内嵌单

---

① 本书用“逗号子句”来表示由切分程序根据逗号等标点符号切分出来的 EUDA，是个字符串的概念；用“小句”来表示句法上完整的主谓结构。

元 Em，且已通过两边的破折号被切分。在例 7 这句话里，只有在逗号子句的颗粒度上切分出来的单元 1b“由于深度套牢或其它原因”属于内嵌单元 Em；相对地，单元［1a + 1c］“很多原先活跃的交易账户纷纷转入休眠状态”就是外部单元 Ex。

例 6

［1a**结果**，］［1b人们发现，］［1c最有可能确定这样一种政策——］［2**如果**确实存在的话——］［3的经济学家、政治家和经理们使之成了一项永远无须讨论的政策。］

——CJPL1989727. 5

例 7

［1a很多原先的交易账户，］［1b**由于**深度套牢或其它其他原因，］［1c纷纷转入休眠状态。］

——CJPL2089266. 3

切分完毕后，篇章语料库工程的后期标注和理论研究都假设前期的这一工作已经执行得很完美，不再就 EUDA 的切分问题进行讨论。

3.4 汉语篇章修辞关系集的设定

RST 的关系集从来没有固定过，这种开放性让我们失去了绝对的依靠，但同时也给我们设立汉语修辞关系标记集一个很大的自由空间。在设计中文 CJPL 语料库的标记集之前，笔者研读了经典 RST 文献对各种 RR 的定义（Mann and Thompson，1987；1988）、英语 RST - DT 库的关系集及定义（Carlson and Marcu，2001）、德语等其他语言在理论研究及工程标注中的分类（Reitter，2003①；Stede，2004）、汉语传统语言学研究的总结（如黎锦熙，1924；王维贤等，1994；吴为章、田小琳，2000；邢福义，2001；吴启主，2002）、中文信息处理中一些相关项目中对汉语句间语义语用关系的分类（如周强，2004），等等。在具体修订中文 RR 集时，笔者还坚持了以下这些原则：

（一）分类体系设计的逻辑性。类别的设定涉及一个系统整体，某类别定义的改变往往会引起系统内其他类别的定义变化，牵一发而动全身。因此，关系分类体系需要有一定的逻辑性。最好的解决办法就是将各种关系按其特征属性做出

① 我们将在标注衔接标记多维信息时（第 4.4.1 节）用到各类单元的线性位置关系。同一单元或内嵌单元的距离为 0。

全面的分类，这样可以覆盖各种可能的关系，并得到不同特征维度和不同精密度（delicacy）的修辞关系大类、大组、次类、小组或小类等，以服务于不同的统计目的。

（二）心理现实性。分类体系的设定在追求描写充分性的大目标下，必须满足心理现实性这条原则（Sanders et al.，1992）。既要能充分描写语言事实（即为各种已经出现和未来可能出现的连贯现象确定关系名称），又要符合人的认知规律，在一般人的记忆能力范围内设定关系的数量和定义的详略，便于用户理解、记忆和应用操作。

（三）通用性。坚持自然语言处理的目的，尽可能与其它语言的连贯关系标注体系有最大的可比性，以方便数据交换。使用英语标记，另附注中文译名，以方便汉语读者与一些传统复句概念进行对比①。

（四）传承性。注重汉语研究的传承，最大可能地与汉语篇章、句群、句法的分析等保持一致，能不改动的尽量不做改动，以便公众对相关研究中提出的概念进行联想或比较。

3.4.1　基于特征的定义方法

Mann and Thompson（1988；2002）曾强调自己提出的 RR 集是个开放的集合，允许为某一特定的语言、语类或文化风格作扩展和修改。笔者注意到，一些汉语研究对 DU 间关系的数量也同样持开放的态度，如在说明句群内部关系的时候，列出了 12 种“只能说是句群常见的结构类型”（吴为章、田小琳，2000）。笔者追随这些学者的立场，相信在丰富多样的人类自然语言中还存在很多当前可能未知的关系。但是，笔者也认真考虑了其他学者提出的建议（Maier and Hovy，1991；Nicholas，1995），同意最好将人类可能的 RR 类型放在一个封闭的集合里，以满足分类体系的描写充分性。笔者认为，这并非不可实现：因为如果有某个描述 RR 的特征 Xi，那么所有的 RR 都可以用［＋Xi/－Xi］的形式来描述；如果有｛X1，X2……，Xn｝个特征，就可以把已知的 RR 放入一个特征矩阵里；如果还不放心是否会有另类的 RR 被发现，可以再设一类“其它”，把各种可能的罕见的 RR 都放进去，待以后进一步归类。这样，人类的 RR 集就可以像国际

---

① 中文 RR 定义（见附录9.1）以汉语译文的拼音顺序排列，每个关系后面都注有该名称的英文原名。本书在行文中尽可能中英文名称同时使用，但可能存在部分叙述和图表（尤其是原始篇章树的截图）采用英语标记的现象。读者可以参考本书附录的中英文关系名称表。为便于与他人研究中的类别做出区分，本书下文凡引用相关著作中的英文关系名称，一律采用斜体，中文名称一律外加双引号；凡使用笔者设定的汉语 RR 集的英文关系名，大组的统称用全大写字母表示（如 CONTRAST 转折关系），关系小组用首字母大写表示（如 Concession），具体关系用英文小写字母或中文来表示（如 concession－s）。不过，因 RSTTool 软件本身设置的关系，树图中的关系名都是首字母大写。笔者有时为行文方便，也会在没有歧义的地方也将－s 或－m 略去。

音标表那样，用各种区别性特征来描述关系之间的差异；每种语言只选用自己的一组 RR 集合，都有自己类似音位表的 RR 表来体现各自文化的差异；不同语言之间可能有相同或相似的 RR 归并方式；必要时还可以根据区别性特征对已知的 RR 类型进行适当的合并归类或区分，便于跨语言的比较。

实际上，RST 经典文献（Mann and Thompson，1987；1988）就按每个 RR 只含两个 DU 的一般情况，为所有的 RR 设立了五个条件定义（如图 3－4，转引自 Mann and Thompson，1987：10）：（一）对 N 的限制（constraints on N）；（二）对 S 的限制（constraints on S）；（三）对 N＋S 组合的限制（constraints on the N＋S combination）；（四）效果（the effect）；（五）效果落点（locus of the effect）。从特征描述的角度看，实际上这里的条件（一）给出了 N 的特征；（二）给出了 S 的特征；（三）刻画 N＋S 组合效果的特征；（四）特别定义了语用效果；（五）是核心性特征，即 N 与 S 对于外部语境而言的相对重要性。这些条件特征都可以辅助读者理解，以猜测作者的交际意图。

3.1.1 Evidence

==

relation name: EVIDENCE
constraints on N: R might not believe N to a degree satisfactory to W[6]
constraints on S: The reader believes S or will find it credible.
constraints on the N + S combination:
R's comprehending S increases R's belief of N
the effect: R's belief of N is increased
locus of the effect: N

==

图 3－4　经典 RST 文献对修辞关系的定义格式（Mann and Thompson，1987）

如果对上述五个条件各自设立封闭的特征集，再通过数字赋值加点号间隔的方式，就可以为每个 RR 确定特征代码：用第一、二位数字表示 N（或 N1）和 S（或 N2）的特征；第三、四位数字表示 DU 间（N－S 或 N1－N2）的相关性特征；最后一位数字表示 DU 间的相对重要性关系。如有必要，还可以通过扩大代码数位的方式将 DU 自身的特征或 DU 间相关性的特征进一步细化，得到更为详细精密的分类体系以及更灵活的大类合并方式。

根据笔者分析汉语 CJPL 语料的经验，N 和 S 作为 DU 的特征可以有很多，包括小句类别属性、DU 的主客观属性、时间属性、极性属性、情感属性等。其中，DU 的主客观属性对于判定 rr 尤其重要，因为 DU 主客观属性的不同会导致不同的 rr 关系①。主观表述类 DU 是作者（W）表达主观意图的语句，包括以言行事的动作性语句（perlocutionary utterances），即 W 直接向读者（R）提出的某种要求的语句，如提议、采纳、命令、执行、承诺、拒绝、反对、提问、回答、激励、希望、喜爱、担心、承认等，以及含有言外之意的语句（utterances with illocutionary meaning），即 W 为 R 做出对信息进行主观判断的服务，如提供有关是非对错、价值大小、相对重要性或相关性的解释或论证，以及表达自己态度或立场等。客观信息类 DU 不涉及 W 的言语行动或言外之意（即不提供或要求某种主观的信息或服务），仅提供言内之意（即语句本身的命题意义）。简单地说，主观类 DU 就是 W 意图影响 R 的意见或动作，客观类 DU 就是事实。而语篇分析中的小句类别属性，则可按照语气分为四大类（陈述句、疑问句、感叹句和祈使句），或者根据 Halliday（1994，Table 4（1）），分提供、命令、陈述和提问（offer、command、statement 和 question）四大类。DU 的时间属性很复杂，包括很多次类特征，如在英语等语言中有定式小句，其本身就带有复杂的时体态来表达命题的时间属性，非定式小句则没有这些时间属性；汉语句子的时体态区分虽不如英语严格，较难区分，但也有“着、了、过”和一些时间副词作为标记。DU 的极性属性是指命题语义的肯定或否定，大多数语言的大多数句子都是肯定句，仅少数是带标记的否定句和不定的疑问句。DU 的情感属性也可以两分（“中立”和“有态度”；后者可以进一步分为“积极”和“消极”）或三分（“积极”“中立”“消极”）等。除了上述特征属性，DU 还可能有一些其他带标记的特征属性，如确然性（肯定 vs 不肯定）、真实性（真实条件 vs 虚拟条件）、作者视角（起点 vs 终点②）等。

DU 之间的相关性，也可以有很多种。根据笔者的经验，DU 间的关系包括语义极性变化关系、情感属性变化关系、时间关系，以及 DU 之间的推理相关性（inference correlation）。DU 间的语义极性和情感属性一般变化不会很大，因此 DU 之间的这两种关系可以简化为“变”和“不变”（或“同”与“不同”）两种。而 DU 间的时间关系，也可以分为两大类，即有先后次序或同时发生的“有

---

① 虽然 RR 为 DU 间的关系，但 DU 主客观属性的不同会导致不同的 RR 类型。比如，虽然两种关系的 N 都是主观意见，但 Justify 与 Evidence 关系的区别在于前者的 S 也是主观意见而后者的 S 是客观事实；Interpretation 关系和 Background 关系的区别在于前者的 N 有主观性而后者没有；Volitional - cause/result 与 nonvolitional - cause/result 的区别，就在于表达原因/结果的 S 是否带有人物（非作者）的主观意图性。Attribution 关系的特点，在于其引述 DU 往往是客观 DU 而其引述的内容既可能是主观意见也可能是客观信息。不过，在汉语的实际语言运用中，事实与意见之间的区别比较模糊，很多时候作者是在陈述事实的同时夹杂了自己的主观评价。这就需要读者分析作者在其间的主要目的，是为了陈述信息，还是为了表述自己的观点。比如，elaboration 关系的 N 基本（但不一定全部）是客观信息型 DU；而 evaluation 的 S 则以主观表述为主。我们对此做了区分，将 elaboration 定义为双客观 DU 间的复杂相关关系，evaluation 定义为主客观 DU 之间的复杂相关关系。

② DU 有关起点和终点的属性，可以用来区分诸如目的关系（purpose - s）与动机（motivation - s）关系。这个特征目前仅用于区分上述两个关系，为次要特征，并不直接体现在本文马上要谈到的关系代码上。

关”以及永恒或瞬间的“无关”。不过，DU 间最重要的关系是推理相关性（inference correlation），可以分 4 种：条件相关、复杂相关、简单相关和不相关。“条件相关”可以是严格符合逻辑的因果关系，也可以是作者主观展示的不一定符合逻辑的因果推理。“复杂相关”有弱相关性，具有间接的或不明确的关联，包括整体—局部、具体—抽象、普遍—特殊、现象—本质、引述—内容等性质的相关，以及背景、环境、伴随方式等时空上的模糊相关。“简单相关”可以是相同、等立（并列、串联）、相斥（互补）或相反，是语义语用上“同”或“不同”的判定。在连贯的语篇中较少出现“不相关”的例子，但偶尔也有一些勉强的拼合，可以单列到“其他”类中。“简单相关”虽然有强相关性，但这种相关性不言而喻，不需要作者特别提醒读者注意；而“条件相关”则是交际中的关联作用（relevance，或者 correlation），因此代表了作者要传递的话语连贯的最关键的内容。

DU 间的相对重要性，说明了某 RR 所涉及的特征性 DU 在上下文中所占据的核心性地位。按照经典理论，有 3 种特征值，“特征性 DU 为 S 的 NS 型（-s）”“特征性 DU 为 N 的 NS 型（-n）”和“特征性 DU 为多核的 N1N2 型（-m）”。

将上述 DU 及 DU 间关系的特征属性作为分类维度，可以得到［N 特征数×S 特征数×（推理相关性类型数-1）×时间变化类型数×极性变化类型数×核心性类型数+1］种篇章修辞关系，至少有 2×2×（4-1）×2×2×3+1=145 种①。表面上关系类型数量庞大，但实际上只用到了六个简单的区别维度。且这些特征还可以根据语言或者文体的特征进行一些 RR 之间的归并重组，以便标注者记忆，也便于将标注结果与跟其他分类体系得到的数据进行比较。下一节就将介绍我们对汉语 RR 集按不同特征进行组合或简化分类的做法，该做法可以将所有汉语 RR 按需合并为 2、3、4、5、6、7、8、9、10、12、13、14、15、24 或 25 大组②。

3.4.2 汉语修辞关系集的简化分类

根据笔者的标注经验，汉语 RR 关系可以仅按 DU（即 N 和 S）是否仅含有客观性信息分为两大类。所得的结果，与经典 RST 文献（Mann and Thompson，1987；1988）对 RR 所做的客观信息类（Informational/Subject Matter）和主观表述类（Presentational）区分基本一致，即含有主观信息性 DU 的关系对应主观表

---

① “-1”和“+1”用于处理语篇中为数较少的 DU 间“不相关”关系，即“其他”类。不过“其他类”也可以细化为若干次类，如按核心性关系分为 N-S 和 N-N 类，按 DU 属性区分出“假 DU”特征值的关系，包括 same-unit-m 关系等。RST-DT 使用了 178 种关系，其中就包括一些小句内非篇章单元之间的类型。

② 因不同关系体系对于“不相关/其他”类是否计算在内以及如何计算在内的处理方法不同，因此具体的组数可能会有上下一到两组的浮动。

述类 RR。因为主观表述类的效果旨在影响读者 R（非文本中的人物），包括：接受作者的感叹、疑问或要求；接受 W 对信息相对重要性的判断；接受 W 对事件间相关性的引申判断；认同 W 对信息的理解；接受 W 要求的合理性；接受 W 的服务；采取 W 期望的行动等。因此，主观表述类不仅包含了疑问、祈使和感叹等语气的句子（这些都是明显的以言行事的句子），也包括一些隐晦地陈述主观意见的句子（这些是 W 试图通过扭曲的信息来改变 R 的观点，也有行事的意图）。

由于汉语否定句总体上要远远少于肯定句，且极性变化往往都有标记，所以也可以将极性变化当做特殊的一类“反转相关”（即不再区分 DU 间其他相关性特征），合并入前面的推理相关性类型。又由于推理相关性只有 4 个特征值，时间相关性只有 2 个特征值，因此可以进一步合并。最后可由一位代码来标示 DU 间的总体相关性：逆转相关（即存在极性变化关系，不再区分 DU 间其他相关性特征）、因果相关（有已然时间先后的因果和无已然时间先后的条件）、简单相关（无时间维度的平行相关、有时间维度的并联和串联相关）和复杂相关（有时间维度的时空相关和无时间维度的总分相关）。

采用上述简化的特征分类法，笔者将目前已知的汉语修辞关系放入了以推理相关性为主要参数的特征矩阵（表 3－1），并据此将所有关系分为 16 个大组（表 3－2）。笔者也沿袭 RST 经典文献（Mann and Thompson，1988）基于五项条件的格式，为全部的汉语 RR 设计了定义，以 CJPL 语料库中实际出现的语料为例做了说明，详见附录 9.2。

笔者在定义过程中，发现通过特征矩阵的排列，尤其是根据三类特征单元的核心性地位对已知的单核心 RR 进行扩展后，理论上会产生三大组 DU 间关系相同但特征性 DU 核心性地位不同的关系类型。而实际情况比较复杂，至少存在四种现象：

（一）潜在一些特征值组合的关系，在汉语（甚至英语）语篇中尚未被发现，或一直处于被忽略的状态。比如，根据定义，因果关系是有时间维度的“条件相关”，且因和果都可以作 N；而无时间维度的“条件相关”却只有特征性条件 DU 为 S 的条件关系（rr＝condition－s）实例，尚未发现对应的以特征性条件 DU 为 N 的关系实例（rr＝condition－n/－m）。同样，以特征性证据 DU 为 S 的关系实例（rr＝evidence－s）很常见，但很少有对应的以特征性证据 DU 为 N 的关系实例（rr＝evidence－n/－m）。

（二）存在一些多核关系小类，比如 solution－m、evaluation－m 和 cause－result－m 等，与汉语相关复句和句群研究中早就记录的一类不常被提及的等立关系，即黎锦熙（1924）等立复句中的“推证的承接句”、王力（1954）的等立句中的“按断式”（即论据在前，结论在后的句子）和“申说式”（即陈述在前，解释在后的一种句子）、汉语联合类句群中的“解说”关系等，则十分接近。而正是因为这些多核心的关系在语义上和同一丛的单核关系相同，造成了汉语复句和句群研究中一部分人拒绝对各种关系做出联合/偏正或等立/主从的区分。按RST核心性地位则可以比较好地做出区分，充分显示了这一特征维度的重要性。

（三）有些常见的关系，相互间也可能仅仅是特征性DU的核心性地位差异，比如根据定义，elaboration－s关系可以有多个子类，包括（1）集合—元素；（2）抽象—具体；（3）整体—部分；（4）过程—步骤；（5）物体—属性；（6）一般—特殊等。而evaluation－s可以是作者的观点或语篇中的其他人对一个情景的鉴赏、估计、打分、解释或衡量，包括抽象的性质、地位、意义、作用、价值等。因此，elaboration－s中的“抽象—具体”及“物体—属性”与evaluation－s的“抽象性质”；elaboration－s中的“整体—部分”及“一般—特殊”与evaluation－s的“地位和意义”；以及“部分—整体”与summary－s等，在特定的语境中可能有对应关系。此外，elaboration－s中部分—整体的子类，与summary－s也可能存在对应关系。

（四）传统关系集中有很多不按照特征维度进行严格区分的分类，但是比较经济。比如，经典RST文献中的单核关系concession对应的多核关系是contrast①；单核关系antithesis对应的多核关系也是contrast，就是多对一而不是一对一的关系。我们将antithesis－s对应的多核关系定义为contrast－m2；concession－s对应的多核关系定义为contrast－m1，目的是为了尽可能与经典理论保持一致，以便将来和其它利用RST进行的分析做比较。另外，经典文献中没有对Elaboration、Sequence等关系的N或S主客观属性特征做出明确的限定，有些甚至被定义为“没有限制（no constraint）”。是否要彻底按照本文提出的多特征维度进行严格地细分，以及如何进行系统的命名并让标注者快速地理解、记忆和应用，将会是个不小的挑战。目前笔者在汉语修辞关系集的定义中，只尝试对大部分关系的主客观属性做出了限定，还剩余一些关系的主客观属性有待进一步区分。未来需要做出更系统的命名。

① 传统关系集中有很多不完全按照上述维度进行严格区分的分类，但是比较经济，因此符合人的认知。

表 3－1　汉语 RR 特征矩阵表

推理	时间	N 主观（展示/行为）		N 客观（信息陈述）		N1N2
		S 主观	S 客观	S 主观	S 客观	混合型
条件相关	+T		concession－n evidence－s	concession－s	NVC NVR motivation－s purpose－s VC VR	contrast－m1 NCR－m VCR－m
条件相关	－T	justify－s otherwise－s2 unless－s2	justify－n solution－s	enablement－s otherwise－s1 solution－n unless－s1	condition－s unconditional－s	justify－m solution－m
复杂相关	+T		interpretation－n	interpretation－s	attribution－s background－s circumstance－s means－s	attribution－m
复杂相关	－T	elaboration－s1 summary－s1	evaluation－n	evaluation－s	elaboration－s2 summary－s2	evaluation－m
简单相关	+T	preparation－s1 question－s/n	preparation－s2			question－m sequence－m1/2
简单相关	－T	Antithesis－s1	addition－n	addition－s antithesis－s2	restatement－s	conjunction－m1/2 contrast－m2 disjunction－m list－m
不相关	NA		???	???	???	joint－m SU－m TC－m

* 关系名称后面带有数字的表示有多种亚型。

表 3－2　汉语 RR 分组表

关系大组		关系名
1.0	反转相关 CONTRAST	antithesis－n；antithesis－s；concession－n； concession－s；contrast－m1
1.1	因果相关＋T EVIDENCE	evidence－s
1.2.1	条件相关－T JUSTIFY	justify－m；justify－n；justify－s
1.2.2	条件相关－T SOLUTION	enablement－s； solution－m；solution－n；solution－s
1.3	复杂相关＋T INTERPRETATION	interpretation－n；interpretation－s
1.4	复杂相关－T EVALUATION	evaluation－m；evaluation－n；evaluation－s
1.5	简单相关＋T QUESTION	preparation－s；sequence－m1； question－m；question－n；question－s
1.6	简单相关－T ADDITION	addition－n；addition－s； conjunction－m1
2.0	反转相关 DISJUNCTION	constast－m2；disjunction－m otherwise－s；unless－s
2.1	因果相关＋T CAUSE－RESULT	NCR－m；NVC；NVR；VC；VCR－m；VR； motivation－s；purpose－s
2.2	条件相关－T CONDITION	condition－s；unconditional－s
2.3	复杂相关＋T BACKGROUND	attribution－m；attribution－s； background－s；circumstance－s；means－s
2.4	复杂相关－T ELABORATION	elaboration－s； summary－s
2.5	简单相关＋T SEQUENCE2	sequence－m2
2.6	简单相关－T LIST	conjunction－m2；list－m； restatement－s
3.7	其他 OTHER	joint－m；SU；TC； ???

＊关系名称后面的数字表示有其他亚类归属另一类别。

3.4.3 一些说明

汉语修辞关系集对经典 RR 集所作的改动，总的来说主要有以下五个：

（一）在每个 RR 后面都添加了一个字母后缀（-n、-s、-m；省略默认为-s），用来区分那些 DU 间的关系相同但特征性 DU 在 RR 组合中核心性地位不同的各种关系类型。我们注意到，有一些仅特征性 DU 核心地位不同的关系小类，在经典 RST 文献（Mann and Thompson，1987；1988）中已被赋予了不同的名称：如 volitional-cause 和 volitional-result 之间的区别就只在特征性 DU 的核心性地位不同，前者是特征性 DU 做 S，后者是特征性 DU 做 N。我们目前没有修改这些名称，但不排除未来可能会做出更系统的命名。

（二）修改了经典文献（Mann and Thompson，1987；1988）中对 Background 与 Interpretation 的定义。将属于表述类的 Background 划归客观信息类，与新增加的 circumstance-s 在 N-S 的时间相关性上有所区分（background-s 为前于，circumstance-s 为同时）；将 Interpretation 定义改为给出客观事件之间的相关性解释，从而增加 R 理解（相关但不一定是逻辑因果关系）的效果，与 evidence-s 关系（提出主观意见的客观推理证据）在推理相关性上有所区分。

（三）通过区分“困难—解决方案（problem-solution）”和“提问—回答（question-answer、request-response）”，分解了 Solutionhood 关系[①]。“困难—解决方案”一组定名为 Solution，包括：（1）对于智力问题、知识鸿沟的一些描写或需要的其他表达；（2）带有负值的条件，可以是明确说明的消极因素或文化价值观上的负面因素，比如灾难和烦恼等。Solution 单元之间往往有一定的推理相关性，但常属于未实现的情况，与 means-s（已解决的工具手段）有区别。“提问—问答”一组定名为 Question，包括：（1）提问；（2）请求，包括要求提供信息等，一般都是作者向读者提问，接着自己给出回答或借用他人的回答来论述。Question 单元间不一定存在逻辑上的推理相关性，但多为主观语用类关系。

（四）经典 RST 文献中有 NVC、NVR、VC、VR、Purpose 等五种涉及因果陈述的客观信息性关系，还有一组 Enablement 和 Motivation 关系，提供能增强读者采取某种行动的能力和意愿的信息，属于主观展示类关系。Mann and Thompson（1987；1988）认为，区分那些由某一行为意图产生的情况和那些涉及物理原因而并非意图原因而产生的情况很有必要。因此他们首先将这些关系分为意图性的和非意图性的因果，然后根据表原因的 DU 是否为 N 区分原因关系和结果关系；Purpose 被定义为中性，即包括意图性和非意图性的事例间的关系。笔者对汉语 CJPL 语料的分析发现，多核心的因果关系组合（cause-result-m）较多，因此

① Solution 不仅是未然的推理相关关系，还要有困难的语义前提（该前提特征不在 DU 的主客观属性大类里）；means-s 被定义为已然事件的进行方式和工具，与 circumstance 同属时空关系大组。

本文分设了 NCR – m 和 VCR – m 两种多核心关系，但有时为叙述方便会使用“原因关系”、“结果关系”和“因果关系”来区分核心性差异。为进一步区分 Purpose，又将 Motivation 重新定义，使 purpose – s 与 motivation – s 相对，一个强调最终的目的，一个强调初始的动机，并且两者都是尚未实现的意图性原因，从而在时间维度上与 VC 和 VR 有所区分。

（五）采纳了 RSTTool 软件中内置的“???”[①] 关系，英语 RST – DT 树库采用的三种关系“attribution/引述”“same – unit/同一单元”“sequence/序列”，以及在逗号子句颗粒度标注中的“topic – comment/话题评论”关系（详见第 3.5.2 节讨论）。Attribution 关系虽然明确被经典文献排除，但我们认为，首先，DU 的主客观属性差异会导致 RR 不同；其次，引述句往往有“示据性（evidentiality）”，表明说话人如何表达信息、观点的来源及可靠程度，因此也是论证的手段之一；再者，在汉语新闻评论中，以及在 RST – DT 库中，有时候说话人的身份信息也可能与其他 DU 发生关系，甚至作为相对比较重要的 DU 出现在修辞树中。因此这一关系不可忽略。故将 Attribution 归类到信息性的有时间关联的复杂相关性组（2.5），部分有明显语用论证作用的关系实例则优先标注为 Justify。（参见附录 9.3 的优选协议）。

3.5 修辞关系标注及篇章修辞结构树的构造

根据 Mann and Thompson（1988），用 RST 进行篇章分析的任务可以被分解为六个较小的可分别判断的子任务：（1）将语篇分解为一个一个能实现某种交际功能的 UDA，即基本篇章分析单元（EUDA）；（2）聚合 EUDA 为较大的篇章分析单元（UDA）；（3）判断作者的各种目的；（4）决定哪一个 UDA 对作者的局部目的而言更具中心性；（5）判断哪些关系定义适用于一对 UDA 之间；（6）利用修辞关系和新闻篇章构件元素，将所有的篇章单元聚合连接成一棵完整的篇章树[②]。

因为已经根据标点符号统一切分了 EDUA，完成了子任务一，所以笔者在修订标注手册时，规定了三大内容：核心性判定（涉及子任务二、三和四）、关系的判定和优选（涉及子任务五）、树形的选择以及 UDA 组合顺序（涉及子任务二和六）。在核心性判定时，沿用 Marcu（2000）给出的两项操作测试，帮助标注人员区分文本 UDA 的核心、卫星两种角色。这两项测试涉及篇章树形式要求（尤其是相邻原则和不交叉原则）以及关系的组合：

---

① RSTTool 软件内置的标记方式，用以标注个别难以确定的 DU 间关系，一般为单核关系。

② 新闻评论的篇章构件元素（如标题、来源、作者等）比较好理解，也不是本书关注的重点，在此不再介绍相关标记集的定义。

A. 删除测试：如果一个 rr 中的其他 UDA 被删除后，留下的那个 UDA 仍能在文本中执行相同的功能（尽管作用可能变弱），那么它就是 N。如果删除其他 UDA 后，留下的那个 UDA 在上下文中不那么连贯了，那么这个 UDA 就是 S。

B. 替换测试：一个 S 能用不同的信息来替代而不改变该 UDA 的功能；N 则无可替代。

在关系判定时，要求标注者遵循优选协议（见附录 9.3）给出唯一的 rr 标签。该优选协议规定，对同一个篇章子树 rr 的标注优先选择语用表达类的 RR。这样，标注者就会努力分析作者的各种意图，并根据自己对汉语文化的理解、对国内新闻评论的创作及发表过程、对汉语语篇的一般模式等的理解，来检查语篇某一部分是否有作者表达某种意图的可能性。另外，优选协议还建议标注者在两可的情况下优选更为具体的关系类型。比如，当两个 UDA 之间同时存在时间序列关系和因果关系时，应优选“因果关系”作为标签。这样，可以保证各个关系之间有一定的区分度，不会出现某一 RR（如时间序列关系）被反复用于大量 DU 间关系的情况。

在树形确定时，因为二叉树和多叉树之间可以转换（Soricut and Marcu，2003；Reitter，2003a；Le Thanh et al.，2004）在标注时为使标注更为直观，采用“单核关系二叉树，多核关系多叉树”的原则，将三个或以上多核关系的子树用多叉结构表示。不要求标注者严格按照自左向右或自底向上的顺序构造篇章子树。相反，允许标注者先确定最有把握的子树，再逐步完成整棵篇章树的构造。这一做法与 RST－DT 库（由软件控制，要求标注者自左向右进行标注）的做法不同，但似乎更符合情理。我们的理由是，既然作者写作可以反复修改来取得他最理想的表达方式和交际效果，那么也应该允许读者（以及标注者）反复阅读，以充分理解文章信息、内部结构和作者的交际意图。

下面两小节具体谈谈本项目在分号句颗粒度上以及在逗号句颗粒度上展开 rr 标注的一些处理规定。

3.5.1　分号句层级及以上的修辞结构标注

分号句层级及以上的修辞结构标注，原则上不再对分号句颗粒度上的自动切分结果进行人工干预。

不可否认，分号句层级的标注颗粒度比较粗，经常会出现一个 EDUA 内部结构复杂，表达很多内容，同时与上下文有密切相关性的情况。这其中，最典型的就是过渡。过渡作为汉语篇章中比较重要的一种衔接手段，涉及的语言单位可能是：关联词语、句子，甚至段落。过渡句（段）的特点是承上启下，因此往往同时与上文和下文都有关联，或者说，很有可能有两个父结点。过渡句的存在，也是一些人否认篇章树结构的一个主要理由。

我们认为，在简化构造篇章树的过程中，可以通过一些约定来系统地解决这一问题。

在树库的标注过程中，我们对过渡句（段）的处理做了如下两个约定：（一）如果单个 EUDA 为过渡句（段），在篇章中同时承上又启下的，应以启下的部分为该 EUDA 内部的核心，代表整个 EUDA 与其他 UDA 发生连贯关联；（二）对于多个 EUDA 组成一个过渡句（段）的，可将只承上或只启下的 EDUA 分别纳入相应的段落，各做相应段落的 S 单元，具体关系视上下文而定。如图 3-5 例 8 中［4］为承上句，总结前段［2-3］的内容；［5］起转入另一层意思；将［4］归入前段的理由是它在语意上与上段关系更为密切，但不是［1-4］的核心所在。

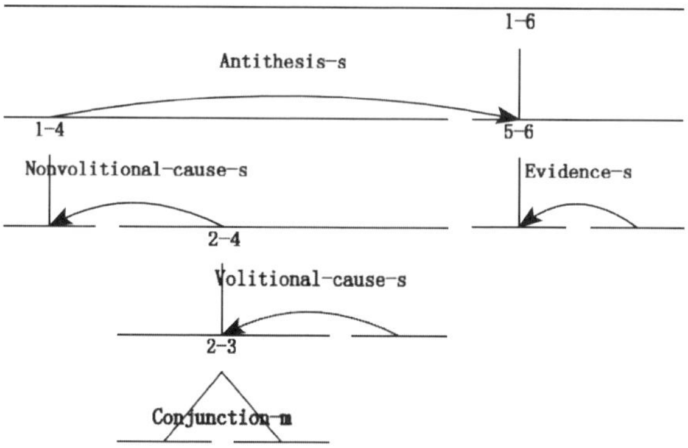

图 3-5　CJPL3145038-14.25 承上单元处理示例

例 8

［1 <Duan ID=5> 我们在看到改革开放 20 多年来城乡都发生了巨大变化的同时，也应该看到，相对城市的迅速发展，城乡的差距在相对拉大。{……}］［2 我国工业的迅速发展带动了东部沿海地区和一些中心城市的改变，但与一些发达国家相比，我国工业化的进程并没有有效带动城市化的整体跟进。{……}］［3 在现代产业体系中，农业明显处于弱势地位，凭自身发展难以扭转农民收益偏低的局面。{……} </Duan>］

［4 <Duan ID=6> 影响农业发展的问题可能还不仅限于这些。］［5 令人欣慰的是，党中央、国务院对农业发展问题的重视程度在不断提高。］［6 {……} 中央已明确提出，我国总体上已进入以工促农、以城带乡的发展阶段。{……} </Duan>］

——3145038-14.25

在 CJPL 语料中还常见一类“让步—转折”的复句或句群，如例 11 中的

"当然 A。不过 B。"结构。在例 11 中，[2] 除了和 [3-4] 有转折-s 关系外，还和 [1] 存在一种让步-n 关系。但我们认为"当然"和后面的"不过"关系更紧密些，因此先给它们标注关系，然后再标注它们的结合体 [2-4] 与 [1] 的关系。我们认为，这样的树形结构，虽然牺牲了 [1] 和 [2] 之间的 rr，但正确并且较好地反映了这几个单元之间的总体连贯性质。

在 CJPL 库中，"当然"这个词不仅是比较常用的句间 DCM（6 次），同时也是常用的分句间 DCM（7 次），如例 9 和例 10。我们在判断这两例的句间关系时，都以后面的"但……"分句为准：前者的单元 1 和 2 之间标注为多核型的 conjunction-m，后者的单元 1 和 2 之间标注为单核型的 solution-s，单元 2 为这一 rr 的 S。

例 9

[1 除全球第二大经济体日本以外，亚洲地区经济增长率达到 6%-8%。] [2A **当然**，日本曾陷入通货紧缩，2B **但**最近的数字表明，日本的资本项目支出正在恢复。]

——CJPL1989398-21.22

例 10

[1 "慈善国宴"的"流产"也提醒我们的政府和社会管理者：对一些所谓"国际惯例"不宜简单移植。{……} 尊重国情比按"国际惯例"办事显然更重要。] [2A **当然**，咱得承认，既然是"国际惯例"，肯定有其先进和合理的一面，2B **但**在"拿来"的同时，应该进行一番完善和归整，不能简单照搬。]

——CJPL3161629-23

例 11

[1 李青原这番貌似打太极拳的话，在我听来是另有弦外之音：二板市场就要开了。{……}] [2 **当然**，消息强调，这是李青原"个人认为"。] [3 **不过**，李青原以中国证监会规划委主任这样一个身份，在"资本论坛"这样一个场合，回答"二板市场何时推出"这样一个问题，说出"应持积极的期待态度"这样一番话，其中还有多少个人色彩并不难于判断。{……}] [4 另外能够给这种判断提供重要依据的，是李青原这番话的深远背景。{……}]

——CJPL2089327-12.17

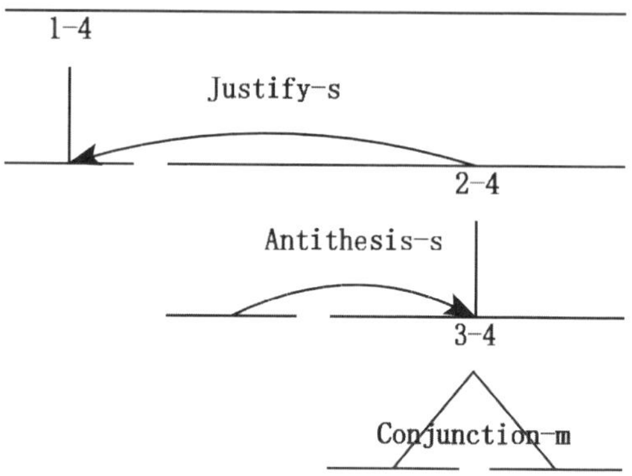

图 3-6　CJPL2089327-12.17“当然”句式的处理图示

确实，在分号句颗粒度上构造修辞结构树，会遗失不少重要的篇章结构信息。好在我们在分号句的标注中已经考虑到下一层的核心性落点，实际上已将不少小句的语义蕴含在上层子树中。比如，例 12 中的两句都是复句，第一句还是个带三重连词的复句，分句层级的篇章结构树只显示为分句间的结构（图 3-7）。但为了得到这一结果，实际的分析需要进入下一层单元，分析过程如图 3-8 所示。

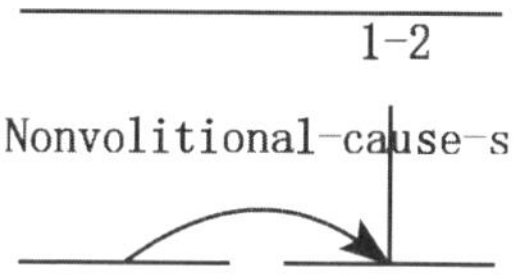

图 3-7　反映在分号句层次的篇章结构树图（CJPL2184103.12）

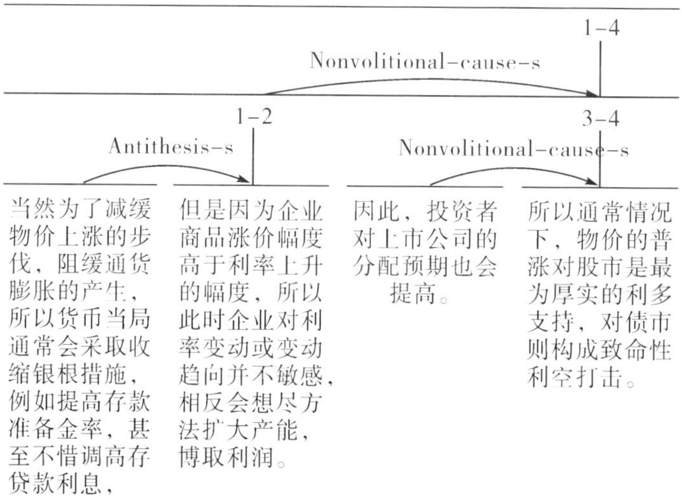

图 3-8　句内顶层分析得到的结构（CJPL2184103.12）

例 12

[[1] **当然**为了减缓物价上涨的步伐，阻缓通货膨胀的产生，所以货币当局通常会采取收缩银根措施，例如提高存款准备金率，甚至不惜调高存贷款利息，**但是**因为企业商品涨价幅度高于利率上升的幅度，所以此时企业对利率变动或变动趋向并不敏感，相反会想尽方法扩大产能，博取利润。] [[2] **因此**，投资者对上市公司的分配预期也会提高，所以通常情况下，物价的普涨对股市是最为厚实的利多支持，对债市则构成致命性利空打击。]

——CJPL2184103. 12

总之，分号层级及以上的修辞结构标注规范在早期工作（乐明，2008）的基础上已经比较成熟。后阶段的工作主要是按照标注语料库构建的一般原则，招募多人对（部分）语篇进行平行标注。在具体标注过程中，要求标注者严格遵守关系的定义、关系的选择（优选顺序等）、N 的确定和篇章树的形式要求（尤其是相邻原则和不交叉原则）以及关系的组合原则（Marcu，2000）等，力争提高标注质量，尽可能增加标注篇目。

3.5.2 逗号子句层级的修辞结构标注

将逗号列入切分标记后，不仅 EUDA 数目增长了不止 1 倍，而且随着标注的颗粒度降低，标注复杂度也大大增加。比如，在逗号子句颗粒度上对例 12 的标注则需要进一步深入，直到确定每个逗号子句的修辞作用，然后再根据这一中心来一层一层地确定它们与上下文之间的语义关系，最后在逗号句层次上分析得到的篇章子树比分号句层次上得到的篇章子树要复杂得多（图 3－9）。

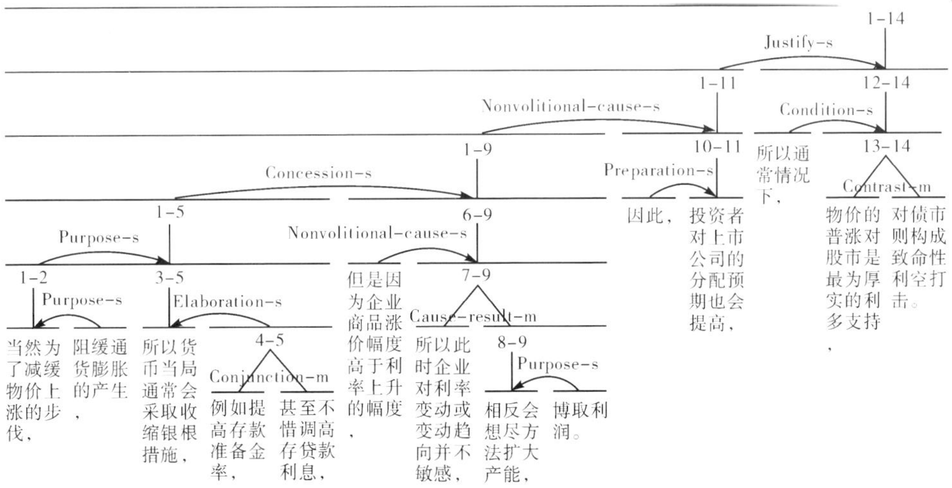

图 3－9 逗号子句层次的修辞结构子树（CJPL2184103. 12）

很明显，在逗号子句颗粒度上标注 RR 将会出现很多新的问题：首先，需要分析逗号子句是否可以直接作为 EDUA，相互间可能有哪些关联类型。一个句子内部的逗号可能有零个、一个或多个的情况；被逗号切分出来的逗号子句，可能是单个句法成分，可能是多个没有直接句法关系的句法成分组合（如“所以在通常情况下”“我头几年啊”），也可能是完整的小句或分句。如果一个句子内部只有一个逗号的情况，两个先后被同一个逗号间隔开的逗号子句有可能都是结构完整的小句，存在简单的分句间关联；也有可能有一个（或两个都）不是语法结构完整的小句，相互间关联就复杂一点。如果一个句子有多个逗号，逗号子句间的关联就更为复杂：有单层并列关系的（并列的主语、修饰语或谓语）；有单层句法依存关系的（如间隔同一个中心语名词的多个定语，或间隔同一个谓语的多个宾语，或间隔同一个谓语的多个补语等）；也有多层次组合（并列或依存）关系的（如间隔共同主语及其多个动宾短语做谓语，或间隔一个动词及其多个宾语等）。这些都需要仔细分析后再做出判断。

其次，需要在 RST 框架下确定逗号子句间的具体关系类型，进行统一处理。工程界有将逗号连接的两个子句关系分为两大类七小类的做法：首先排除一类被逗号切分出来后不存在 UDA 关系的那些字符串，然后自底向上做出判断，按“没有主语”“有单个主语”“有多个主语”，以及逗号是否在主语和定语或者谓语之间停顿等六类情况，将那些字符串之间的关系分为从属和并列两大类（李艳翠等，2012）。这种做法可以充分利用句内词语的词性和句法关系，便于计算机操作。但缺点是完全是从句法结构的角度来讨论 UDA 的功能，并未考虑到有些被逗号隔开的字符串，即使结构不完整，也可能在语篇中被用作信息单位，承担重要的篇章修辞功能。笔者认为，书面语中的逗号，反映的是作者在创作时明显的心理语音停顿，间隔的也是一个个相对独立的韵律单位，同样也影响着读者大脑处理信息的过程。那些在句首的逗号小句，哪怕不构成命题的基本语义要素（即，既不是主词也不是谓词），也往往充当句子的篇章主位，有引出其后内容，提示读者注意后面命题信息的功能，所以也承载一定的的信息容量和信息状态，具有明显的语用修辞意义。这些逗号小句（如“所以，”“其实啊，”）都可以当作小颗粒的 EUDA。因此，制定规则的标准应该是逗号子句是否有独立的交际作用，是否可以直接作为一个 EUDA 进行关系的标注，还是必须先通过 Same – Unit 关系与其他 EUDA 结合在一起构成一个相对更为合理的 EUDA。当然，如果多个逗号间隔的多个字符串都是句法结构完整的小句或分句，那就可以直接当作小颗粒的 EUDA 进行分析了。

最后，要为具体的切分合并和标注制定比较统一的规则。

在充分考虑 EUDA 本身的结构、意义等的基础上，我们结合标注经验，并参考了英语 RST 标注、北语汉语语料库（宋柔，2013）、清华句库的处理原则（周强，2004），暂时对逗号子句的切分和标注提出了如下处理原则：

（一）在复句内部的分句间，正常标注。

（二）逗号间隔状语的，视语义标注逗号子句为 background－s、circumstance－s、condition－s、means－s 等关系的 S 单元。如例 13 中的单元 1 “目前，”是被逗号隔开的时间状语，与后面的［2－4］发生关系，标注为“circumstance－s”关系的 S；单元 2 “可能除了……”与单元 3 发生关系，标记为“condition－s”关系的 S（图 3－10）。

（三）句内单个逗号间隔主语和谓语（或话题和述题）的，视整体为单句，用 topic－comment－m 关系进行合并（如例 14 的［1,2］和［3,4］，以及例 15 的［2,3］）。另见附录 9. 2. 4. 4 中对这一关系的定义及举例。

例 13

［1 目前，］［2 可能除了四大商业银行以外，］［3 其他金融机构资金都不充裕，］［4 因此回购利率较高。］

——CJPL2097529. 5

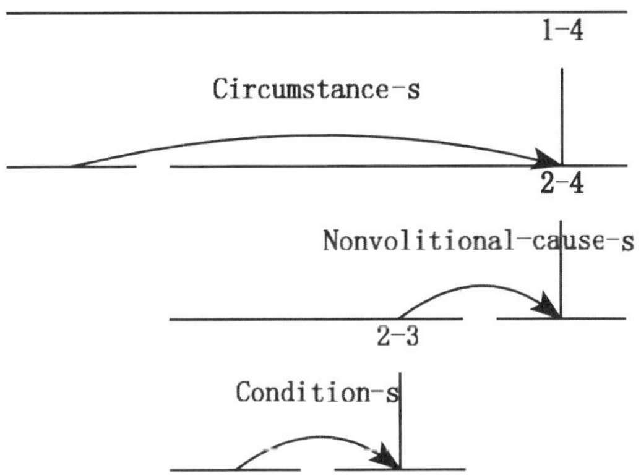

图 3－10　逗号子句作状语时的修辞结构子树示例

例 14

［1 央行方面，］［2 是想将通过建立邮政储蓄银行减轻邮储给央行带来巨大的负担。］［3 而邮政方面，］［4 意见却并不明朗。］

——CJPL3148368. 3－4

例 15

［1 但是，］［2 我们听到最多的，］［3 显然还是关于中小企业融资如何难的说法，］［4 并且同样有相应的数据为证。］

——CJPL2236207. 4－5

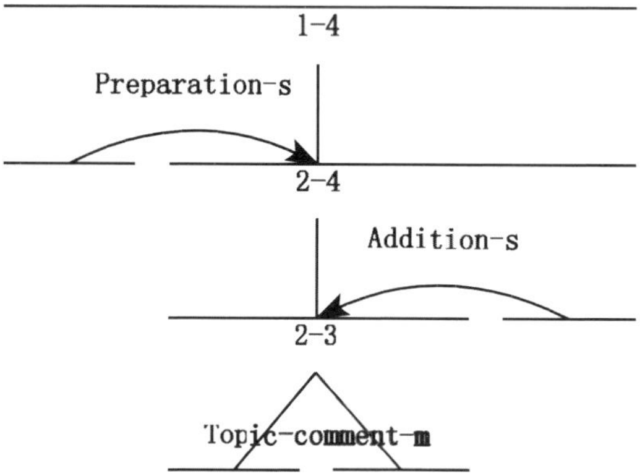

图 3－11　逗号子句层级的 preparation－s 和 topic－comment－m 关系示例

（四）如果主语被逗号单独隔开，且后续有多个谓语分别用作多个逗号子句，那主语所在的 EUDA 就作为话题主语，标 topic － comment － m 关系。如例 16。

（五）如果间隔了主语从句和谓语部分，也用 topic－comment－m 关系标注。

（六）用在单个的呼语词、语气词、次序语（如“第一，”“最后，”等）、数词（如“一，”“二，”等①）、关联词语（如“但是，”“不过，”）等后，前一 EUDA 与后面 UDA 之间的关系暂定为 preparation－s，如例 15。此外，图 3－9 处理方法也是把“因此，”暂归为“preparation”，而不用“same－unit”与后续部分合并。这一处理与英文 RST－DT 的切分标准一致（Carlson and Marcu，2001：41）。

（七）逗号用在表示作者主观性的引述（言说、认知）类主谓小句后面，且宾语为完整语法小句的，一般情况下确认为独立的 EUDA，标为 Attribution 关系的 S（如例 16、例 18）。

我们注意到，这一处理方式与汉语传统语法理论以及汉语句库的一般处理方式不同。如清华句法树库就将例 17 中的言说动词“指出”分析为普通动词（周强，2004）。我们认为引述（言说、认知）小句都是重要的传信单元，可以传递消息的来源、信息的可靠性以及作者对后续内容的判断等，在评论性文章中具有重要的作用。因此，我们的处理方式与英语 RST－DT 库的一致（Carlson and Marcu，2001）。

例 16

［1 而这一切，］［2 无疑会对提高审核质量，］［3 进而提高上市公司质量产生积极影响。］

——CJPL2240353. 7

① 有些“一”“二”之后用括号或顿号隔开的，不属于被自动切分的文字，则不做处理。

例 17

[1 刘江**指出**，[2 农村的改革与发展促进了整个国民经济的改革与发展]]。

（周强，2004）

例 18

[1 此间人士**认为**,] [2 该通知在中国房地产市场局部过热、房地产贷款大量增加、房地产结构不尽合理、个别地方上演“圈地运动”的时候适时出台,] [3 对中国房地产的健康发展必将起到重要作用。]

——CJPL2066838

（八）被逗号隔开的“总而言之”等没有主谓小句结构的插入成分，虽然从语法角度讲不是必须停顿的，但使用逗号隔开就往往表示了作者一定的修辞需要。因此，也需要为这些插入语及其后续 UDA 之间标注关系：一般是插入语先与前面的 EUDA 发生关系，然后根据后面 EUDA 与前面的 EUDA 的关系，合并或标注其他关系。如果插入语表示强调，可以先标注 preparation - s 关系，其中后续 UDA 为 N。

（九）同一词语重复时使用逗号进行间隔的，相互间标注 Restatement 关系，以最前面的那个 EUDA 为 N。

（十）参考英语 RST - DT 的做法（Carlson and Marcu，2001），被逗号切开后的介宾短语做状语都算做完整的 EDUA，与其他单元发生连贯关联，标注具体的 rr 名称。

总之，以逗号子句为 EUDA 进行修辞结构标注，在降低颗粒度的同时也带来了复杂的句内结构关系。由于汉语很大一部分被逗号切分出来的 EUDA 不具有基本的篇章功能，而是句内成分之间的关系，这样就直接进入了汉语句法分析领域。想要系统地将这些新出现的句内单元间关系纳入 rr 标注的形式框架，必然会牵涉到 RR 集的改动。同时，一个处于长句子头部（或尾部）的 EUDA，可能会跨过句末标点，先与前面（或后面）的句子中的 EUDA 发生连贯关系，并导致局部上层的篇章树树形的改变（如图 3 - 9 与图 3 - 8 的区别）。这里可能会涉及许多问题，需要认真分析，统筹考虑。

当然，由于汉语句法分析多是以句子作为基本单位，而一个复句中常包含了多个由逗号分隔开的分句（子句），有些分句间的关系其实也就是 UDA 间的关系，与修辞结构分析有一定的重合。因此，如何利用已有的句库标注经验和成果，也是一个值得研究的课题。

句子和语篇长期以来被语言学家看作是两个相互独立的研究对象，由不同领域的专家来讨论，这里肯定有其必然的原因（吕叔湘，1984）。本项目只是利用了新的理论和技术条件，在打破这一隔阂方面做了一些尝试。当前的处理方案和具体标注今后可能会做调整。

3.6 工具和流程

我们采用混合标注方法对 CJPL 篇章语料进行切分和标注处理。表 3－3 是我们对 CJPL 语言学信息标注的工作分配；图 3－12 是项目标注系统的主要构件。

表 3－3　CJPL 标注工作分配示意

工作方式	自动	人工
工作内容	切分各级语言单位编号	修辞树构造 关键词①词性
	分词及词性标注	关键词语义
	同现词提取	回指信息
	……	……

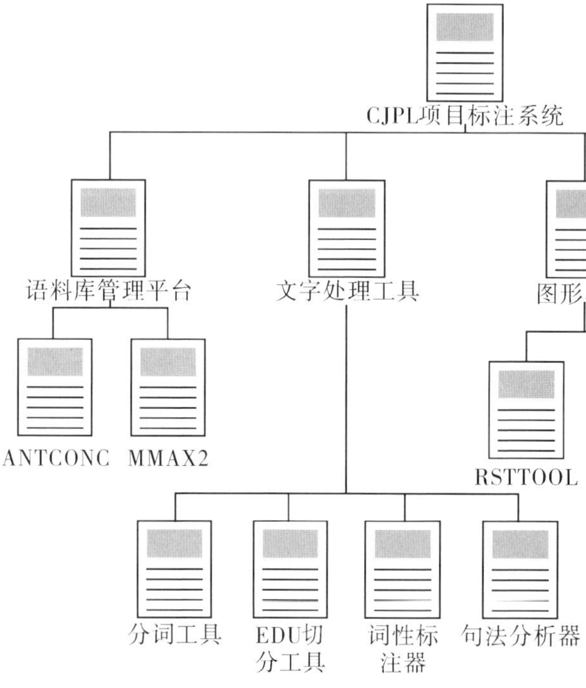

图 3－12　CJPL 多层次语言学信息标注系统的主要构件

① 这里的“关键词”也就是本书所关注的篇章衔接标记，或表层字符串形式，前者主要是语料库软件检索时的术语，后者主要用与篇章内在的结构和意义相对。本书不做严格的区分。

篇章修辞结构树构建的人工标注采用了以下工作流程：手册拟定；人员培训；标注——检验——再标注；验收入库。首先，笔者先后寻找了多位英语、汉语、新闻和财经专业的本科生或研究生参与修辞结构标注的培训、讨论和标注。培训过程中，标注者学习了标注手册、标记集定义以及 RSTTool 软件的使用方法，并开始逐步熟悉语料。练习标注完成后，笔者与标注者就练习材料和标注过程进行讨论，以便让他们掌握 RST 理论以及各汉语 RR 标记的定义，同时也了解标注者在一些标注细节上选择的理据，在纠正错误的前提下尽可能允许他们有自己的理解。根据培训及标注过程中与多位标注者的讨论结果，后期还修订了汉语 RR 集及个别关系的定义（乐明，2008）；重新拟定了关系优选协议，使其更符合人对篇章单元间相关性的认知。培训结束后，由笔者将统一切分好的语料直接交给标注者标注，以避免在 EUDA 切分过程中产生分歧。

另外，放宽了一些限制，保证标注者能准确地理解语篇，使标注能顺利进行：

（一）允许标注者自底向上先构建比较有把握的局部子树，再连接把握较小的子树，直至完成整个树结构。

（二）允许标注者利用形式标记来判定语义及篇章关系。

（三）允许标注者向各方咨询，尽最大努力保证标注的合理性。

在标注工作中还采取了一些措施来保证标注的质量：

（一）要求标注者通过较为全面的训练，积累软件操作和形式化分析的经验，掌握各种 RR 定义间微妙的差别。

（二）要求标注者在对所标注的文本有了充分的理解后，再确认标注的结果。

（三）要求依据标注手册和 RR 集定义开展标注，降低标注中可能出现的随意性。对应用各项标记定义和标注规则时出现的难题及解决方案、以及每次修改和选择定夺，需做书面的记录备查。

（四）要求标注者分批标注语料，同一批次内的语料在标注完成后再统一核查，尽可能保证不出现前后标准的变化。核查包括篇章树在语法和语义上的有效性：语法上保证每一棵树都仅有一个根节点，没有遗漏的 UDA；语义上核查核心性指派，对关系的选择和在树中的连接层级等。

（五）标注者完成每一批次的标注后，由笔者亲自进行验收，并与标注者讨论标注过程的中遇到的问题和困难，不断对标注手册和标注结果做出补充修正。

先后有 4 名母语为汉语的本科生或研究生参与了 CJPL 篇章语料的标注，每人至少在分号句层级标注了 20 篇，其中 10 篇为交叉标注，即每篇各由 2～3 人标注。

此外还有笔者根据一期项目（乐明，2008）中完成的 97 篇语料标注按最新标注手册做出修订的标注。

最后，由笔者再执行一遍总体核查后，从 86 篇语料由两个或多个标注者构建的多棵篇章树中，选择确定其中一棵收入 CJPL v2.0 树库作为最终的版本供后期使用。个人标注的版本也予以保留。

3.7 质量控制和检验

语料库加工涉及两个基本步骤（切分和标注），因此加工结果的质量也涉及两个方面：（1）切分一致性，即在保持语义同一性的前提下，一个结构体在语料库中的分合是否始终一致（是否始终保持一个整体，或者始终分开），与其他相同结构类型的结构体在语料库中的分合是否始终一致；（2）标注一致性，即对同一个标注对象是否标注了同样的属性标签。对 CJPL 篇章修辞结构树库的开发而言，由于项目是统一做出 EUDA 切分的，所以只对 rr 的标注质量（单元的合并、关系标签和核心性）进行了控制和评估。

具体的控制方法，除了前面提到的对标注者的培训，要求他们按标注手册进行规范操作，以及在标注完成后要求标注者自检以外，还有笔者利用检索工具和数据提取工具，统一对整个树库提取出来的标注结果进行扫描，检查出不完整的树或明显错误的标注后，再由标注者回到标注界面分析每棵树的合理性。另外，我们也在标注的不同阶段选用 Holsti 系数（Holsti，1969：140）和 Kappa 系数（Siegel and Castellan，1988；Marcu et al.，1999）作为检验指标，量化地评估了多名标注者间一致性。

本早期，笔者沿用一期项目的做法（乐明，2008），用 Holsti 系数按篇在 16 个关系大组上测试两名不同标注者之间的一致性①，获得总体关系标签一致性的值为 72.3%。每一篇的系数及 EUDA 数如图 3－13 所示：图的左纵坐标是每篇正文的 EUDA 数，右纵坐标是 Holsti 值，横坐标是按语料按大小做出的自动排序。可以看到，大部分的 Holsti 值落在［0.6，0.8］之间；但随着 EUDA 数目的增长，两名标注者间的一致性并没有显著降低。经检验，Holsti 系数与 EUDA 的数目无关：（$X^2=1565.149a$，df＝1495，双侧 sig＝0.101）。

项目中后期，笔者参考了 RST－DT 做法，利用程序提取两名标注者对每个语篇所做的处理（包括 EUDA 组合选择、rr 标签选择和 N 选择三项），建立数据表（如表 3－4）来计算 Kappa。对比发现，Holsti 系数值高的，Kappa 值也高；Holsti 系数值低于 0.7 的，Kappa 值也低于 0.6 甚至 0.4。这证明了如果 CR 值不够高，Kappa 系数值也不会高，就需要进一步修改标注规范和 RR 标签的定义，然后重新标注。

表中的数据说明，CJPL v2.0 目前的标注结果，其（个别语篇除外，如 CJPL3148638）一致性基本都接近或超过了 0.8。按照标注语料库开发的标准，

① CJPL 一期项目仅用 Holsti 系数检测了同一标注者不同版本间的标注一致性（2008）。

标注质量可以接受，可以在此基础上得出比较确定的结论（Krippendorff，1980；Altman，1991：416）。

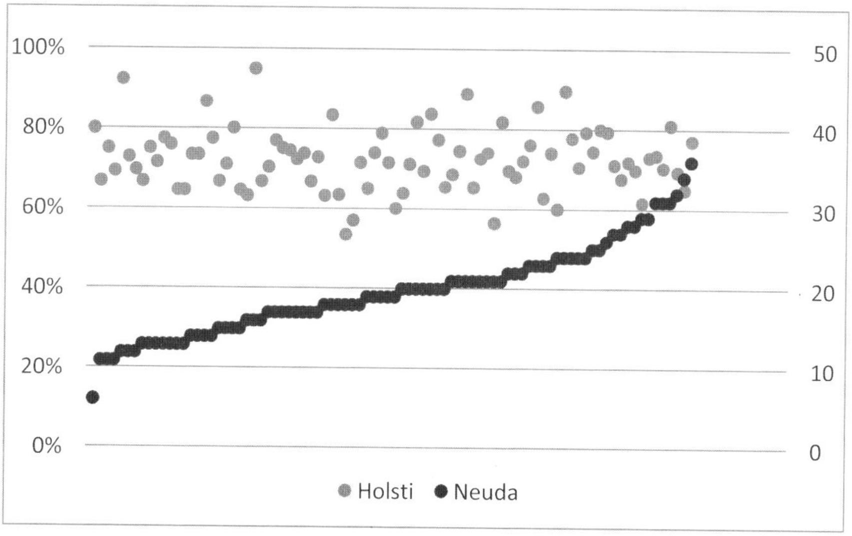

图 3－13　CJPL 树库开发中期两名标注者间的一致性结果（Holsti 系数）

表 3－4　CJPL 树库两名标注者间一致性检验数据提取表（Kappa 系数）

EUDA1	EUDA2	S1 R1	RR1	S2 R2	RR2
3	3	T ELABORATION	ELABORATION	T ELABORATION	
3	4	E NONE	NONE	E NONE	NONE
3	5	E NONE	NONE	E NONE	NONE
3	6	E NONE	NONE	E NONE	NONE
3	7	N NONE	NONE	N NONE	NONE
4	4	N CONJUNCTION	CONJUNCTION	N CONJUNCTION	
4	5	E NONE	NONE	E NONE	NONE
4	6	E NONE	NONE	E NONE	NONE
4	7	S ELABORATION	ELABORATION	S ELABORATION	
5	5	N CONJUNCTION	CONJUNCTION	N CONJUNCTION	
5	6	E NONE	NONE	E NONE	NONE
5	7	N CONJUNCTION	CONJUNCTION	N CONJUNCTION	
6	6	N CONJUNCTION	CONJUNCTION	N CONJUNCTION	
6	7	E NONE	NONE	E NONE	NONE
7	7	N CONJUNCTION	CONJUNCTION	N CONJUNCTION	

表 3-5 CJPL 修辞结构树库最终两名标注者间一致性检验结果（Kappa 系数）

编号	文档	标注者	EUDA	KNuc	KRel *	KRelgroup	备注 * *
1	2010403	A、B	5	1	1	1	二次标注
2	2242615	A、B	6	1	0.722	1	一次标注
3	2240332	A、C	12	0.882	0.882	0.882	一次标注
4	2207479	A、B	29	0.873	0.788	0.873	一次标注
5	2103210	A、B	24	0.813	0.755	0.803	一次标注
6	2269994	A、B	11	0.811	0.701	0.760	一次标注
7	3148638	A、B	18	0.629	0.454	0.503	一次标注
	–	A、C	18	0.732	0.595	0.685	二次标注
	–	B、C	18	0.684	0.723	0.804	二次标注
8	2187579	A、B	36	0.971	0.810	0.864	二次标注
9	2079598	A、B	34	0.843	0.742	0.801	二次标注
10	3148156	A、B	21	0.823	0.679	0.737	一次标注
	–	A、C	21	0.867	0.723	0.781	二次标注
	–	B、C	21	0.956	0.956	0.956	二次标注

说明：* KRel 是在 49 种关系的基础上计算得出的 Kappa 系数，KRelgroup 则做了 16 大类的合并。* * 二次标注是在一次标注的基础上进行的，做了局部的修改，其中包括根据新的关系定义所做的对应调整。

3.8 小结

本章介绍了汉语篇章语料库 CJPL 的基本构造以及修辞结构树库开发的具体方法和过程：

首先，使用随机整体抽样的方法，选用了财经评论语篇作为现代汉语的代表性语料，建立汉语篇章语料库 CJPL，一方面与英、德同类篇章语料库保持一定的可比性，另一方面也便于从篇章的各个层次研究特定语言形式与其功能之间的关联。

接着，简单介绍了 RST 的基本内容、应用情况和存在的争议，并将 RST 与传统研究有关汉语篇章结构的各项假设和结论进行比较，在理论上论证了 RST 理论在汉语篇章分析中的可移用性。

然后，把任务拆解成基本篇章分析单元（EUDA）的切分、单元间 RR 标注以及整体篇章树构造这三个子任务，逐个进行处理：

为完成第一个子任务，根据语料库实际情况，总结出一套基于标点符号的汉语 UDA 切分和合并规则。该规则能够对经过预处理的汉语篇章自动地完成指定标点句（分号句或逗号子句）一级的基本篇章分析单元边界标记符的添加。借助 RSTTool 图形界面标注工具（O'Donnell，2000），依据选定的标点符号，完成篇章基本分析单元的自动切分。

为完成第二个子任务，根据 RST 以及汉语新闻篇章语料的实际情况，提出了一个基于多特征的汉语篇章 RR 标记集，它能以（分号）句间的关系描述为基础，覆盖了从（分号）句到语篇的各个层次的篇章组合单位，可以对真实新闻语料篇章结构中的绝大部分单元间 rr 进行很好的标注处理。期间我们制定了一个可操作性强的工作手册，对一些歧义关系和多叉树结构现象做了规定，保证优先选用语用表述性关系。

通过坚持 RST 用树来表示篇章修辞结构的实用简化原则，我们参考 RST 及汉语 RR 集，自底向上，局部子树优先，为 CJPL 语料库中的绝大多数语料合理地构建了分号句颗粒度上的篇章结构树，较好地完成了第三个子任务，为后续的 DCM 的篇章连贯用法研究打下了基础。为与其它语言的 RST 库有相似的颗粒度和更高的可比性，本项目还对一部分篇章语料进行了逗号子句间 rr 的探索性标注。针对多人标注的结果，我们用 Holsti 系数和 Kappa 系数进行了一致性检验，结果显示我们的标注目前已经取得了较高的一致性，可以作为后续分析和加工的基础。

第四章　标注篇章衔接标记特征

本章介绍对 CJPL400 篇章语料库进行 DCM 多维度标注的一般方法、总体流程和统计手段。这部分工作对于下一阶段的 DCM 分布特征分析和篇章关系自动判定十分重要：一来任何语料标注均需要遵循明确的方法论，以保证标注的系统性和一致性；二来使用者需要了解标注过程和标注结果的可信度，以及如何正确地解读标注数据；三要保证标注所得的数据有助于自动剖析程序的开发，甚至还能有助于基础的理论研究。

就方法论而言，首先涉及到研究对象的确立。文献中给出的具有篇章衔接作用的表层形式很多，需要限定一个合理的范围展开研究。其次涉及标注的理论框架。本项标注工作的实质是在同一批篇章语料上围绕篇章连贯用法开展多特征信息标注（包括书写、句法、语义、语用等），但除了前面少数几个多层次篇章语料库涉及多类 DCM 的用法标注外，国内外可以借鉴的标注经验并不多。由于我们尚不清楚到底哪些 DCM 的哪些特征与其篇章连贯作用有比较强的相关性并能有效地支持机器学习用于篇章剖析，因此有必要在条件允许的前提下尽可能详尽地探索各种可能。我们的思路是在标注过程中逐步摸索，包括标什么（哪些表层对象、哪些属性特征），怎么标（制定怎样的标注方案、采用何种工具、如何提高标注质量）等等。我们将在尊重语言事实的前提下不断总结、补充和修订，逐渐形成一套比较完善的标注规范，并尽可能便于人机交互执行，保证标注的效率和质量。

关于标注总体流程，包括三大部分：先导研究、语料标注、质量控制。DCM 的类型多，个体差异大，有些用法非常复杂，因此先导研究需要针对各个具体词语分别展开，然后在各个标注方案中相互参照，反复修订，最后取得通用的标注方案。语料标注部分也是各个词语分别展开，采取人工标注和自动标注相结合的方法，最后将所有数据汇总到一个数据表中，用于探索 DCM 的各种位置特征及句法语义特征与篇章连贯之间的相关性。质量控制则始终贯穿于每次标注方案的修订、执行和完成后的核查，是个反复渐进的过程。

关于统计手段，这里用到的主要是相关性分析和主成分分析等，供后续的机器学习算法进行学习和测试（第六章）。

根据上述任务，本章各小节的主要内容安排如下：第一节先讨论标注对象；第二节综述前人的相关方案和本项目的选择；第三、第四节介绍自动标注和人工标注流程；第五节介绍统计手段；最后是小结。

4.1　标注对象

根据 Halliday and Hasan（1976）对英语语篇的研究，衔接（cohesion）手段有结构性衔接（如主位结构、信息结构、及物性结构、语气结构以及语音和语调等）和非结构性衔接（如连接、照应①、省略、替代、词汇衔接等）。笔者总结了散落在研究文献中的汉语 DCM，基本有以下几大类：

（一）连词、篇章副词：基本对应一般理解的关联词语，属于连接衔接；

（二）代词和指示词：涉及人称代词（如“她”“他们”等）和指示词（如“这”“那”等），属于人称照应和指示照应；

（三）常见的管领词：包括引述（言说、认知）类的谓语动词（如“提出”“认为”）和类话题短语（如“在……方面”“昨日”等句首的时间地点状语）等，不仅有提示读者注意的功用，也有辅助确定 UDA 边界的作用（廖秋忠，1988），更多地属于词汇衔接；

（四）形容词、副词：包括各种表示否定或比较的词语（如“最”“极”“第”“更”“较”等），属于比较照应；

（五）动词的时态、语态标记：如“着”“了”“过”等可以标记事件的先后顺序和因果关系的词语，也有比较和指示的作用，属于照应用法；

（六）一些语气词和话语标记：多属于词汇衔接；

（七）广义标点符号：包括问号、叹号、破折号等常见标点和某些容易被忽略的编辑符号（如段落标记、斜体、下划线、空格等）②。前一个句子末尾的标点符号（如问号、冒号和引号等），对后一个句子的语义语用常常有一定的限制作用（徐赳赳，2010：465）；而由段落结束标记区分出的段落层次，与文本的组织层次以及修辞树的结构之间也存在很强的相关性（Soricut and Marcu，2003；Reitter，2003b：65）。

从机器学习的角度考虑，本项目仅对某些使用频率较高的 DCM（100 例以

---

① 照应（phoricity）作为五大衔接手段之一，包括比较照应、人称照应和指示照应三大类（Halliday and Hasan 1976）。还有用“回指（anaphora）”等词来表达同一个事物被不同形式所替代的现象。被用来指代的词或事物叫“先行词”或“回指对象”、“所指对象”，有具体的实物也有抽象的句子；指代回指对象所用的语言形式叫“回指形式”，有零指代（零形指代）、代词指代、名词指代几种形式。

② 段落（起止）标记虽然不是一般所指的标点，但在书面语篇中尤其重要，因为它们往往将语篇分割成容易分辨的语篇块，而这种段落的分割不仅反映了作者心理对话时的停顿，还常常标识着段落内部的较高的连贯性。另外，汉语文本中的一些空格符也能：（1）代替冒号、破折号或段落结束符分隔段首小标题和正文；（2）代替括号来分隔新闻电头和正文，分隔标题和作者等；（3）作为独立词语的分界，比如两位作者姓名之间代替顿号的空格；（4）分隔标题内对仗或并列的语句，凸现标题内部的结构。因此，如果“在该加标点的地方加了空格”，那么该空格就是另一种形式的标点（林穗芳 2000）。

上）进行量化分析，不做穷尽式的 DCM 研究。笔者采用了词形一致的方法，即以词形来做检索和标注的关键词，以最大字符串匹配为原则来自动提取选定的高频标记及其上下文，从而绕过“词”的定义（如“之所以”算不算词的问题等）和词类的定义（如“因为”算连词还是介词的问题等），以及衔接类型（连接或指代）的定义等。

4.2 理论框架

确定了研究对象后，完成 DCM 的标注工作还面临两大挑战：确立理论框架，以及设立相关特征变量。

各类汉语 DCM 一直很受学者的关注，理论方法和研究视角众多，成果迭出，但 DCM 之间的差异性很大，在同一体系下对各类 DCM 的篇章用法进行定量研究的不多。加上项目还需要兼顾人工标注、机器自动标注和信息提取的要求，因此需要通过广泛的文献阅读和反复的标注摸索，逐步制定可操作性强的通用标注框架，以保证整个语料库各项标注方案及标注结果的独立性和兼容性。

考虑到相关文献大多按词类进行研究，所以我们在设立标注特征时重点分析了连接词、指代词和语气词这三大词类，并关注了标点符号这一类特殊的标记。标点符号在本项目中有突出的重要性。首先，项目是依据标点符号对 CJPL 篇章语料进行切分的，因此 EUDA 的边界都由选定的标点符号来担当①。其次，标点符号可以界定连贯性话语的各级语言单位（林穗芳，2000：18），与 RST 对篇章各级语言单位的适用性十分契合。第三，也是最重要的一点，左右边界符号的确定，特别是左边前一个句子的标点符号的提取，可以增加 UDA 间的表层 DCM 数。由于汉语常见关联词语多用于句子内部（约 93%），且大约 70% 的句内连词都单独使用（而不是一般印象中的成对使用）（Chan et al.，2000），因此尤其需要挖掘句子间的 DCM 及其特征。如果把每个 $EUDA_i$ 前面单元 $EUDA_{i-1}$ 的那个结束标点 Rf_{i-1}（包括自动添加的文章和段落开始标记）当作该 $EUDA_i$ 的左边界起始符 Ls_i；把每个 $EUDA_i$ 的那个结束标点（包括自动添加的文章和段落结尾标记）当作该 $EUDA_i$ 的右边界结束符 Rf_i，那么每个 $EUDA_i$ 就都至少有两个表层标记（即首尾标点符号），有标率可以达到 100%。再加上不少 EUDA 还有其他表层词汇或句法标记，多重标记间的作用就可以相互限制，从而达到辅助确定 rr 的

① 一般来说，个修辞结构子树涉及两个 DU，其边界总共四个，但根据连接律（即两个有 RR 的单元之间必须相互邻接），可以认为两个存在 RR 的 DU 的管界实际上是（S，M，M+1，F），其中（S）=前一个单元的开始，（M）=前一个单元的结束；（M+1）=后一个单元的开始，（F）=后一个单元的结束。前一个 EDU 的右边界可以被认为是后一个 EDU 的左边界，因此可以用一个（S，M，F）三元组来表示一棵篇章子树的四个特征位置。如果采用标点符号来表示一个 EDU 的边界，那么就可以用两个 EDU 切分标点来界定：（P0，P1）。这样可以大大简化 EDU 的信息结构。

目的。

从工程处理的角度看，上述每一个表层标记都可以从三种功能来分类，即它是否在连续的字符串中标识：（1）一个 UDA 的终止；（2）一个新 UDA 的开始；或（3）一个 UDA 的延续。联系篇章连贯的作用，我们认为，大部分表层 DCM 的作用也可以有以下三个方面的一个或多个：（1）标识相关 EUDA 的右边界，即机器自动识别时认为这是一个 UDA 的结束；（2）标识相关 EUDA 的左边界，即机器自动识别时认为这是一个新 UDA 的开始；（3）标识 EUDA 间的语义语用关系，即机器自动识别时认为需要执行一个标注动作。实际上，除了篇章的第一个和最后一个 EUDA，篇章中间的每个 EUDA 的结束标点都意味着下一个 EUDA 的开始。因此，前两类的 DCM，主要就是 EUDA 的左右边界标点，即我们所选定的自动切分符号。另外也包括那些经常处于 UDA 开始或结尾位置的文字，如可以辅助标记某个 EUDA 的结束和下一个 EUDA 的开始的句末语气词和句首连接词等。而第三类能标识 EUDA 间语义语用关系的 DCM 不仅可以包括左右边界标点、句首连接词和句末语气词，还可以包括出现在 EUDA 中间位置的其他多类词语。如果两个或以上的 DCM 同时标识某 UDA 与上下文之间的 rr，即使它们之间的作用可能不同——有时可能相互确认强调彼此的连贯作用；有时可能相互限制各自的连贯作用；有时则分辖不同的上下文，相当于两者处于不同的层次——都能为机器提供更多的信息来确定篇章内在的连贯关系。

本节介绍我们参考过的上述四类 DCM 的主要标注方法，重点关注其特征的设置。

4.2.1　连接词

连接词是最常见的一类 DCM，涉及句内连词、句间连词和篇章副词等，已有不少指导标注的实用框架。如国外有研究人员将英语 PDTB 的连接词标注框架（Prasad et al.，2007）做了变通，应用于大规模汉语篇章语料库 CDTB 的标注实践（Zhou and Xue，2015）；国内北大—郑大的汉语虚词知识库项目同时面向语言的理论研究和工程应用，也有自己系统的连接词的标注体系（张坤丽，2015）。

汉语 CDTB 项目基本沿用了英语 PDTB 的标注体系。PDTB 体系以词汇为基础，将有显性连接词标记的句间关系称为显式篇章关系；将 UDA 之间未标有显式连接词，但在语义层面确实存在的某种连接关系称为隐式篇章关系（如例 3 所示），重点标注了四类连接词[①]（从属连词、并列连词、副词连接词和替代连接词/Altlex[②]、隐式连接词）及其篇章语义和论元范围。PDTB 库所用的篇章关系

① 对指代词的标注计划由另一相关项目全面完成，对标点符号等其他类型的衔接标记不予关注。

② 替代连接词（Altlex）就是有衔接作用但不算传统连接词的词语。

分三级四大类25小类[①]：Temporal/“时间关系”、Expansion/“扩展关系”、Comparison/“比较关系”和Contingency/“条件关系”。在开发过程中，PDTB的研发人员强调将篇章语义关系标注控制在“底层”：每个篇章关系的标注独立于其他关系的标注，其他关系的标注不对其产生影响，即不讨论关系间的相互依存。CDTB在标注语篇的连词及其篇章用法时也同样仅标注相互间有衔接关系的那一部分UDA，不标注完整的篇章结构。不过，CDTB根据汉语的特点对PDTB的标注方案做了不少改造，主要包括：（1）标注包括逗号子句间关系在内的句内UDA间关系，但不标注实体关系；（2）一次性标注显性和隐性关系，但不再标注隐性连接词；（3）依据语义而不是句法关系或语序来标注关系的论元；（4）将英语PDTB的三级四大类25小类的体系改为11大类不分层级的体系。

现代汉语虚词知识库项目中的连词用法子项目，共涉及37类属性信息，分四组：（1）标志性属性信息（ID、词语、释义、例句、拼音等）；（2）句法修饰功能描述属性信息（粘着、连体、连谓、连主谓、连句、连句群等）；（3）语法意义描述属性信息（连词小类、文体等）；（4）用法描述属性信息：用法描述、句首、左搭配、左紧邻、右紧邻、右搭配、句末、单句使用等（昝红英等，2007；张坤丽等，2015）。

经先导研究后笔者认为，汉语虚词库项目连词子项目后三类中的大部分属性变量对分析连词的篇章用法都有帮助。而PDTB、CDTB为显式连接词标注论元范围的做法也有很大的可取性，因此在后期标注中也添加了这一项。具体标注示例见第5.2节对“但、但是”的标注以及第6.2节对“因为”的标注。

4.2.2 指代词

指代词是代词、指示词、疑问词等的统称，是重要的人称照应或指示照应手段。指代可以是外指或内指（外指需要外部世界的语境知识；内指则可以在语篇内部找到被指代的对象），内指又可根据指代语出现在被指代对象的前后分为预指和回指，其中回指又比预指要多得多。因此“回指”一词也常在工程中被用来统称各类照应。

根据指代词与回指对象之间是否存在明显的同指关系，回指还可以分为直接回指和间接回指两大类。篇章中的各个人物、实体和事件通过指代形成错综复杂的同指链，包含着篇章结构、信息流程等在内的许多重要信息。其中，指代消解（reference resolution），即确定指代词所指的先行词，一直是自然语言处理的热点问题之一（Jurafsky and Martin，2008；宋洋，王厚峰，2015）；而同指链标注（coreference chain）也在篇章结构标注中受到了重视（Sereţan and Cristea，

---

① 这四大类关系，虽然是语料库开发人员根据实际语料的情况总结出来的，但与系统功能语法有关英语语篇的四大篇章关系（Martin 1992）十分相似。

2002）。

标注指代关系的语料库以英语的为多（如 Garside et al.，1997；Krasavina and Chiarcos，2007；Poesio et al.，2004；Sereţan and Cristea，2002 等）。荷兰语、德语、俄语、波兰语、意大利语等也有同类标注项目（Zeldes，2016b）。由于汉语对人称代词没有英语那种强制性的句法格区分的要求，且还有排斥代词尤其是第三人称代词的倾向①，工程界对汉语指代词的标注，多集中于零形代词、人称代词和名词，并主要用于指代消解分析（史树敏，2008）。

据观察，工程上的标注一般首先会为每个命名实体都标注唯一 ID，然后标注它的相关物理属性，包括在下文中回指它的其他词语 <REF> 的属性；参与同指的 NP；该同指 NP 的同指类型、回指对象、最短同指形式等等一些特征属性（Hirschman et al.，1998；van Deemter and Kibble，2000）。再加上利用知识库获取的一些语义信息，工程研究中所涉及的指代词特征可以多达 53 种（Ng and Cardie，2002）。而理论研究关注 的语言学特征更多，有 66 种（Aone and Benett，1995），主要涉及指代词及其先行语的词性、句法角色、语义类、回指距离等：

（一）语法功能、语法形式（数/Number、性/Gender、格/Case）；

（二）语义类、语义性（Semantic Gender）、生命度（Animacy）；

（三）语用：有定性（Definiteness）、话题性（Topicality）、提及的次数和小句类别（Clause Type）；

（四）回指距离：线性间隔距离、句法树距离、修辞树距离等。线性距离一般的理解是某个回指词与它的先行词之间的间隔，但判断距离的单位可以是词、句子、段落或情节（episode）（Ariel，2001）。句法树距离和修辞树距离则都是在树结构上的距离，即沿着树枝向左达到先行词计算所需要的步数，只不过前者用的是句法单元，后者用的是 UDA。对于同一个回指，其线性距离值和树结构上的距离值可以相同也可以不同，如例 19 中的“这”回指的线性距离 =（7 - 5 = 2），修辞子树距离 = 4（即［6 - 8］、［4 - 8］、［4 - 5］、［4］）（参见图 4 - 1）。我们结合信息处理用指代词的一般标注内容，将指代词标注分为三大部分内容：

（一）关键词（即指代词）的属性，主要包括该词自身的语法功能；所指代概念的语法属性；所在语句的划分以及从句的类型。

（二）最近一个先行词的属性，主要包括该词自身的语法功能；所指代概念的语法属性；所在语句的划分以及从句的类型。

（三）回指信息，包括名词短语之间的回指关系以及回指语义类型（时空、

① 在英语实用第三人称代词的场合，汉语要么省略（即使用零形主语），要么重复名词，要么用其他词来替换。汉语零形主语使用频率的很高，其回指消解研究是中文信息处理和汉英机器翻译研究中的主要难点之一。因我们目前只研究表层形式标记，故暂不考虑零形回指。汉语第一、第二人称代词的篇章修辞作用有待进一步研究。

心理、现实性、熟悉度、有定性)；线性距离①等；名词短语的语义特征。

具体标注示例见第 5.4 节对“这”的标注。

例 19（“这”回指距离）

[4 <Duan ID = 2> 去年夏天，一位越南女记者曾在柏林向笔者抱怨说:] [5 “中国货太便宜啦，把越南的市场几乎都占了，到处都是‘中国制造’!”] [6 笔者当时回敬她:] [7 “**这**有什么不好吗?] [8 世界在享受‘中国制造’带来的便宜时，应想到中国如何辛苦才对啊!” </Duan>]

——CJPL1995119. 2

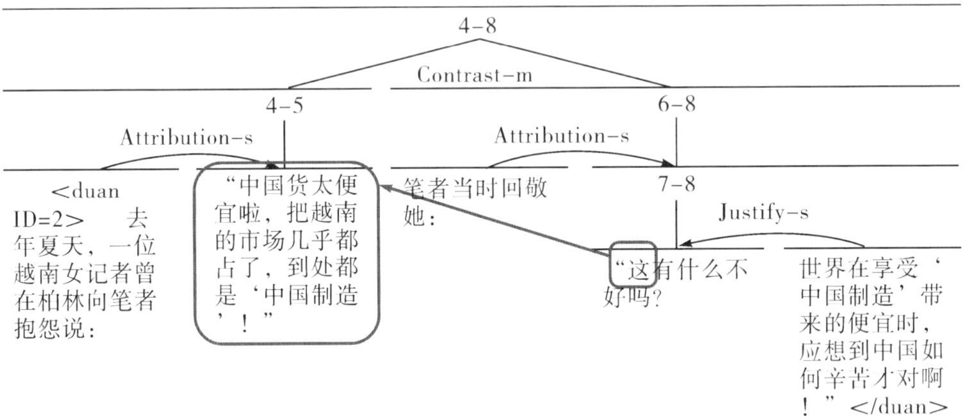

图 4-1　修辞距离示例（CJPL1995119. 2）

4.2.3　语气词

与英语不同，汉语有不少句末语气词，如“吧、吗、呢、啊、呀”等。这些词常与特定的语气相关联，能起到提示篇章结构或人际语用关系的作用，在语篇组织上均具有增强关联性的功能（如屈承熹，2008；齐沪扬，2002；邵敬敏，2012② 等）。

北大—郑大的虚词知识库项目有语气词的标注（昝红英等，2007），主要包括：句法修饰功能描述属性（粘着位置、句末、主后、状后、述后、前语、后语

① 我们只统计 EUDA 层次上的线性距离，避免在后期出现使用基于 rr 的修辞距离来判断 rr 这种循环论证的做法。

② 对第 i 个 $EUDA_i$ 而言，前一个 $EUDA_{i-1}$ 的最右结束标点 Rf_{i-1}，就是这个 $EUDA_i$ 的最左起始标点 Ls_i。

等）和用法描述属性（前合用、后合用、前连用、后连用、句首、句末等用法等）。

我们结合 DCM 的一般标注内容和上述项目关注的属性信息，再加上语气词在 UDA 中的线性位置（首、中、尾）和语气词所在语句的划分以及从句的类型等，对 CJPL 语料库中的语气词展开标注。标注示例见第 5.4 节对“吗”的个案分析。

4.2.4 标点符号

标点符号是书面篇章中不可或缺的元素，对句子有界定、间隔及消歧的功能，是作者表达情感、实现交际意图的有力工具（Geoffrey，1990；吴碧宇，2006）。计算语言学界注意到了标点的句法语义功能，借此来解决自动切分、否定辖域计算以及长句句法分析等问题（如 Dale，1991；Jones，1994；1996；Say and Akman，1998；T'Sou et al.，2000；黄建传，2008；等等）。不过，基于语料库标注的中文标点符号研究比较少见（黄建传，2008），标注内容包括标点句内词组功能、句法结构以及标点句之间的成分共享关系等，研究的重点也不在篇章关系。

本项目把选定的 EUDA 切分标点符号也作为连接词来考虑，参考连接词的一般标注方案，具体操作是在标注其他类关键词时同时标注其所在 EUDA 的起止标点（左边起始标点 Ls、关键词 KW、右边结束标点 Rf）。

4.3 自动标注

为提高效率，本项目对 DCM 的信息标注分人工标注和自动标注两部分，自动标注部分为统一处理。文献讨论过的可以自动提取的有助于 UDA 判断的特征，主要有以下几大类（Chan，2004；Duverle and Prendinger，2009；Lin et al.，2012；Ng and Cardie，2002；Pitler and Nenkova，2009；Reitter，2003b；刘挺、王开铸，1999；蒋玉茹、宋柔，2014；等等）：

（一）篇章提示语的特征：构式类型（如插入语的句式）、离句首的距离、到句末的距离、两个提示语之间的距离等；

（二）连接词的相关特征：在句子中的位置、词长、自身范畴（如词性）、父范畴等句法特征、连接词的上下文信息、搭配词以及与搭配词的搭配距离和互信息、从连接词到根节点的路径等；

（三）篇章和段落层的特征词密度；

（四）EUDA 特征：EUDA 所含的词数[1]、UDA 的句子数；EUDA 与上下语境

① 我们发现，EUDA 词数与某些 RR 之间存在相关性，如 CONTRAST 组关系的 S 一般比其 N 要短。

的句式关系（如平行句式）；

（五）EUDA 及上下语境的极性：否定词、疑问词、极性含义明显的情感词汇（包括部分名词、形容词、副词和少量心理动词）、同现的同义词和反义词等等。受技术和资源的限制，我们的提取软件重点关注了关键词语（Keyword，KW，即要标注的词语或符号）及其 EUDA 的边界标点符号，可以获得以下信息：

（一）KW 信息：其所在的段落序号、句子序号、词序号和字序号。

（二）由分词软件 ICTCLAS 自动给出的 KW 词性（POS）。

（三）紧挨着 KW 的前 1 个词 L1 及词性 L1POS（ICTCLAS 的自动词性判定结果）、紧挨着 KW 的后 1 个词 R1 及词性 R1POS（ICTCLAS 的自动词性判定结果）。

（四）KW 前后两个 EUDA 的信息：包括句子内容、句长、前 3 个词的自动词性标记 POS①、LScom 和 RFcom 这两个 EUDA 左右边界标点符号。

根据上述自动获取的信息，理论上还可以计算出两个 EUDA 或两个表层形式是否“属于同一个段落”“属于同一个句子”“谁先谁后”“中间隔几个字符”，以及关键词到句末的距离等属性。

4.4 人工标注

人工标注用于获取目前难以用软件自动获取的特征。本项目的人工标注都是一个个 DCM 分别展开，独立在已进行 EUDA 切分的白语料上进行②，互不干扰。

不过，各个标注方案之间也有通用部分。通用部分实际上是展开一个新的 DCM 标注的基础，而每个 DCM 个性部分的改进也可能促进通用部分的修改，两者之间的关系如图 4－2。同时，通用部分也是保证整个语料库标注数据可以交叉检索的基础。本小节将对此作出介绍。个性部分的内容在第 5 章讨论具体词语时再做叙述。

---

① 我们发现，当 n>3 时，使用词头或者后缀的 POS 不能对 RR 标注有显著的帮助。

② 这一标注处理顺序与德语 PCC 语料库的方式一致（Stede and Neumann，2014）。

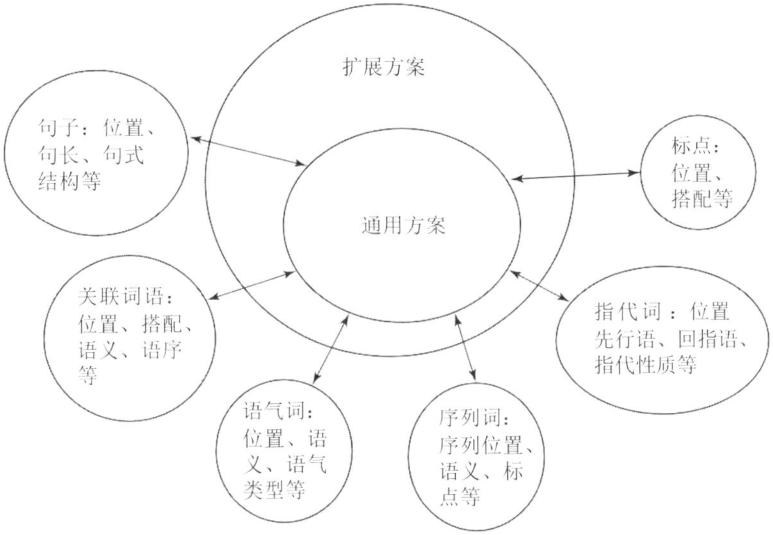

图 4－2　CJPL 多层次语言学信息标注方案相互关系

4.4.1　标注内容（通用部分）

根据标注经验，现阶段我们认为，从分析篇章连贯作用的角度考虑对 DCM 的标注，至少需要统一考虑以下特征变量：

（1）DCM 与否：（是/否）。

（2）在上下文中的大类归属：（连接词/指代词/语气词/标点等）。如“那”可能被用作指代词或连接词，需要根据语料库中的用法标注不同的特征值。

（3）在 EUDA 在 rr 中的位置：（P/Q/M/Em/Ex/In）。

（4）左边的同现标记：出现在同一 EUDA 中 KW 左边的其他衔接词语。

（5）右边的同现标记：出现在同一 EUDA 中 KW 右边的其他衔接词语。

（6）连接词所标识 rr 的前后 UDA 辖域：（－n/0/n）（n 为具体单元数[①]）。

（7）DCM 所在 UDA 的极性：（肯定/否定/疑问/不定）。

（8）DCM 所在 UDA 的 rr。

（9）DCM 所在 rr 子树的辖域（或以 EUDA 数目来计算的修辞距离）。

（10）DCM 所在 UDA 的 rr 地位：（N/S/M）。

（11）如果有的话，DCM 所在 rr 子树的上层关系及核心性地位。

（12）如果有的话，DCM 所在 rr 子树的下层关系及核心性地位[②]。

---

①　这里可以考虑用具体的 ID 来表示，然后通过计算得到所辖论元的域范围。

②　因 CJPL 库还有部分语料没有完成整体的篇章树构造，在涉及衔接标记的修辞用法是，我们为这些标记所在的段落了构造局部篇章子树，以补充标注衔接标记所在的 rr 以及逗号子句间的下层 rr。

（13）备注：各种可能需要特别说明的情况。这些主要都是难以自动获取的上下文语境、句法、语义和修辞用法特征。比如就篇章树的线性结构而言，DCM的语境特征包括位置属性，有可能是位于前部P单元，做“前标记”；位于后部Q单元，做“后标记”；位于中部M单元，做“中间标记”；或位于内嵌单元Em，做“内嵌标记”。在逗号子句颗粒度上，DCM还有“在UDA外部/Ex”和“在UDA内部/In”的区别，也就是说DCM事实上被逗号切分符隔离在UDA的外部，并不归属于其衔接的某个单元（如例6［1a］中的“结果”），或保留在某个UDA内部（如例6［2］的“如果”、例7［1b］的“由于”）（参见第3.3.3节）。语境特征还包括那些与KW同现的其他衔接词语以及它们相对于KW的线性位置。

人工标注句法特征主要是为了解决目前词性标注软件还难以精确区分或概括的现象。比如，“而”可以连接小句或者连接几个并列的词语，但后一种用法不是本书所关注的篇章功能。因此需要人工做出确认。此外，“而”在不同的语境中会有完全不同的语用意义，因此也需要人工标注其语义特征。这些都是自动标注软件目前还完成不了的任务。

以上设立的这些标注内容，基本上是标注者凭借自己为母语者的直觉做出的判断，还没有在一些具体词语的处理上寻求到理论上的支持，因此完全是探索性的。我们希望借此抛砖引玉，引起更多学者的关注。

4.4.2 软件工具

我们用语料库提取工具将DCM及其左右100字窗口内的上下文导出；用MMAX2导出修辞结构树信息和同指关系；用自主开发的工具提取DCM其他自动标注的特征；所有标注数据在Excel上进行整合和后续的格式转换。

关键词上下文提取这一功能很多语料库软件（如Antconc、CCRL、Wordsmith等）都能实现，EXCEL软件大家也都比较熟悉，这里就只介绍MMAX2软件。

MMAX2是一个创建多层次语言结构的标注界面，提供了基本的即时及可视化标注结果功能，让用户在标注过程中手工或半自动的界面中选择各类提示信息。它可以读入TXT文件或XML格式的语料，对每一个被定义的“可标注单元（Markable）”进行自动编号，用此编号与未来在该可标注单元上进行的标注结果一一对应起来。MMAX2将每一类标注都单独存放在同一个数据库的单个文件里，避免了相同或不同标注类型的标注结果出现层级重叠的问题。这样，就实现了“标注信息与数据分离（stand - off/stand - alone）”。这意味着任何一项标注任务都不会影响白文本，不再需要修改原始数据；各个标注任务之间也不会相互影响；而各层标注的结果都独立保存在同一数据库里，则可以进行交叉检索和统计分析，有助于探索不同层次信息之间的相关性。

MMAX2 还是个可扩展的工具，允许用户通过自定义的样式表生成和输出结果，允许用户发掘和操作位于不同层面的语言信息，必要时也允许用户对原始文本进行修改。该软件支持多层次非树状分层结构的存储，允许交叉（overlapping）、内嵌（embedding）和非连续性（non-continuous）的文本标注，支持对词性、同指和句法关系的标注，也支持基于修辞关系的篇章结构的标注。虽然这款软件对部分标注结果的显示不够直观，但因其能根据语料中出现的新情况不断地调整标注方案，所以是适合本项目的语料库标注和管理平台。

为了满足 MMAX2 对输入文本的格式要求，我们首先对篇章语料的文本按字进行自动切分[①]，导入 MMAX2 后由程序自动将每一个字标注保存为最小的“可标注单元（markable）”，然后在 MMAX2 的平台上进行其他层次的独立标注。我们又通过自主开发的接口程序，将 CJPL 篇章树库从 . rs3 文件转换为 MMAX2 可读的 XML 格式，其“可标注成分”为树库中的每一个 EUDA。

除了 MMAX2，我们也采用了 EXCEL 工作表进行补充标注。这一格式中的“段落编号”“句子编号”“词编号”“字编号”等可以与 MMAX2 的信息对应。利用自动提取程序得到的 TXT 数据格式，也可以很方便地导入到 EXCEL 表格中。在 EXCEL 表格进行的人工标注最后可以保存为 CSV、TXT 等通用格式，方便地转为 SPSS、SVM 程序包所要求的格式。后期一致性检查也在数据准备阶段使用了 EXCEL。

总之，通过各种软件工具，各项目的标注既相互独立，又有可以转换和交叉检索的平台，基本满足了我们目前对语料处理和语料库管理的需求。

4. 4. 3　标注流程和质量控制

每一项人工标注按照先导研究、制定初步标注方案、批量标注、修改标注方案、大批量标注修改、质量检查等步骤进行。具体流程如图 4 - 3。

① 我们也有分词的版本。但是由于 ICTCLAS 免费版对 CJPL 语料自动分词的准确率并不高，所以在实际工作中并未采用。

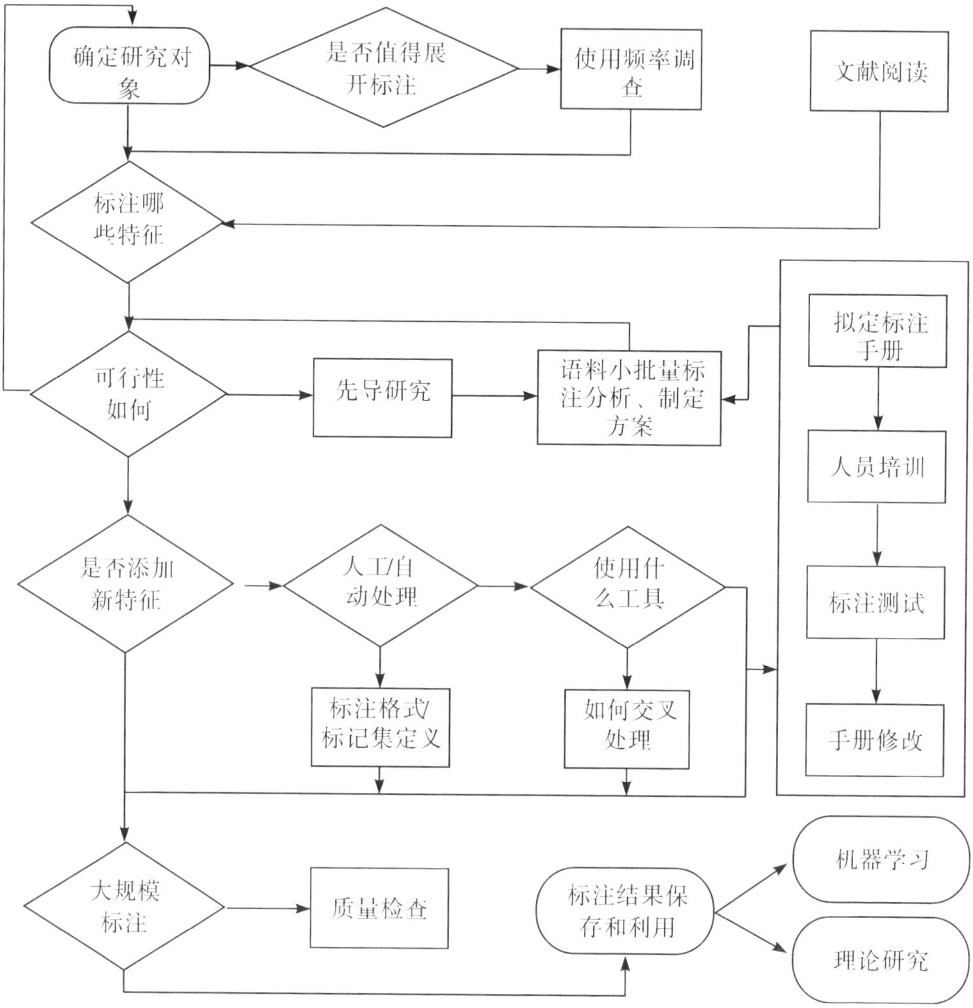

图 4－3　CJPL 多层次语言学信息人工标注流程图

限于语义分析的深度，目前仅部分子项目（如 KW 左右词及其词性、同现词等）有两人标注的版本，而其他大部分涉及 RR 的子项目仅由笔者一人进行二次标注。笔者的两次标注有一定时间的间隔，相互不参考，尽可能保证各次标注间的独立性。对两次标注结果不一致的类例以及个别有难度的类例，笔者请教了一些语言学专业的老师和同学，针对一些疑难个案修改了标注方案的细则。每项标注结束后都进行了总体核对，最后确定本书后续分析中所采用的各项数据。

总之，我们在这一阶段的标注工作也严格遵循了“定义明确，操作一致，备注详细，修改谨慎”的原则。只是由于标注内容和规范都还处于摸索阶段，所以目前只进行了 Holsti 系数的计算（要求超过 0.9）。计划将在标注规范确定不再修改后，一次性执行 Kappa 一致性检验。

4.5 统计分析和参数选择

我们在先导研究和人工标注阶段参考了很多前人的论著和方案，并在条件允许的前提下标注了尽可能多的属性特征。这一方面是为理论研究提供尽可能多的数据，另一方面也是为工程开发提供各类候选特征。

不过，特征并不是越多就越好。一方面，研究自动处理的最基本目的就是提出一个最小的特征集，快速高效地实现目标。盲目地扩大特征规模不仅需要付出处理的代价，而且可能损害算法的性能。另一方面，语料规模决定了可训练实例的规模：当前者受限时，后者也受限，这时特征越多将导致各种参数训练越不充分，严重的数据稀疏问题将导致训练得到的预测模型偏误较大，影响学习效果。所以算法开发阶段，都需要对特征进行筛选。比如，有些研究列出了高达上百个有利于他们的算法的特征，但也同时提出需要使用 n 重验证来评定一些特征在总体性能上的影响，以去除多余的特征。简化特征并选择显著相关的特征在很大程度上提高了篇章剖析器的效率和精度（Duverleand Prendinger，2009）。

工程上有很多筛选特征的方法；本项目作为基础的理论研究，只对 DCM 特征与修辞单元连贯作用间的相关性①做测试。以“但”为例，对其 20 个已经标注的特征在 SPSS 软件中进行了交叉表分析，不对称相关性系数 Lambda② 显示有 L1 字符、R1 词性、Q 事实性、直接对立性、文本性以及对立的性质等 6 个特征与应变量 RR 有弱相关性；L1 字符、直接对立性、对立的性质等 3 个特征与应变量 NUC（核心性地位）有弱相关性；由于各个“但”样本在 R1 的词性、文本性和篇章地位这三特征上完全一致，无法计算与因变量 NUC（核心性地位）的相关性（见表 4－1）。此表的数据也同时说明，我们对“但”标注的属性特征存在冗余，需要通过主成分分析法等手段进一步简化。后期还需要对这 6 个特征的学习效果和与使用全部特征的效果进行对比，以检验抽取出的这些特征是否有效。

表 4－1 与其篇章用法相关的“但”的特征

		L1 字符	R1 词性	Q 事实性	直接对立	文本性	对立性
RR	Lambda	0.110	0.016	0.089	0.416	0.041	0.039
	Sig.	0.048 *	0.037 *	0.004 * *	0.000 * *	0.000 * *	0.000 * *
NUC	Lambda	0.001	0	0.081	0.02	0	0.136
	Sig.	0.005 * *	na	0.052	0.000 * *	na	0.000 * *

说明：* 表示 Sig. <0.05；* * 表示 Sig. <0.01；na 表示因渐进标准错误为零无法计算。

Lambda 系数和显著性都是以 RR 或 NUC 为因变量的不对称相关性分析结果。

---

① 两个现象相关，并不说明两者之间存在因果关系。

② 因涉及定类变量，所以选用了 Lambda 系数。

4.6 小结

本章介绍了对 DCM 展开的标注工作。作为汉语篇章语料库多级加工过程中的一项重要任务，DCM 分析和标注的子任务包括：（1）标注对象的界定，包括同形结构（如多义词、跨词连续的字符串）的处理等方面；（2）特征变量的选定，以及如何定义特征标记集内的标签及其意义；（3）相关软件的整合和开发；（4）大规模标注和质量检验；（5）使用统计方法筛选相关特征。

标注分自动和人工两部分完成。自动标注部分批量执行，主要是根据 DCM 的表层特征添加标注项（包括在文本中的线性字序号、分词信息、上下文词类信息等），以降低成本，提高效率，确保一致性等。人工标注的方案既有通用的部分也有个性的部分。这些标注相互独立，同时也不受传统结论的影响（如“因为”一定表示因果关系，或“但是”一定表示转折关系，等等）。最后还利用软件从 CJPL 树库中自动提取了 DCM 所在单元的修辞结构信息（RR、修辞地位、上下层的 RR），作为后续研究的基础数据之一。

我们试验性地标注了一些常见的词语，涉及几大类 DCM（连词、指代词、标点符号等）。下一章将分个案介绍项目对 DCM 的标注工作，以及在此基础上得到的各 DCM 的分布概率及其篇章连贯功能。

第五章　数据分析

前面第三章和第四章分别报告了 CJPL 修辞结构树库的建设情况，以及 DCM 的标注和信息提取的一般方法。本章将分两部分报告这两章的数据结果和分析讨论：第一节对 CJPL 篇章语料库所含修辞结构的特点进行总结；第二节至第五节介绍三对高频 DCM 在 CJPL 语料库中的标注方案、分布情况以及具体的连贯用法，按“前人成果、标注方案、数据分析、讨论和小结”的结构来进行，并各有侧重。

后面第六章将在这几章的基础上讨论具体的学习算法，同时对“因为”这一常见关联词的个性标注做补充说明。

5.1　财经评论语料库篇章结构特点

本节根据第三章 CJPL 修辞结构树库的标注结果，从篇章连贯的角度总结汉语财经评论文体的计量特点。

5.1.1　修辞结构树特征

在遵循标注协议的条件下，CJPL 语料库中的语篇在分号句颗粒度上基本都能完成篇章结构树的构造。据标注记录，标注者在标注过程中感觉因连贯性差而难以构造篇章修辞结构树的文章占 6.3% （6/95）；试标注记录中标注者感觉文中有网状结构，需要忽略次要关系来构造树结构的文章占 28.4% （27/95）。这些数据说明汉语 UDA 也存在交叉依存、非邻接单元依存、多个父结点的问题，但总体上基本都能用树这一形式语言来表示其连贯结构。或者说，与英语评论文一样（Marcu，1999），树也只是汉语评论语篇一个近似的结构模型。

标注结果还揭示了一种螺旋形的段落结构方式：一个 UDA 总是与一个离其较远的单元发生 rr，而不是与其直接邻居发生 rr（如图 3－5、图 3－6 和图 5－1 的 A、B 等）。例 20 中［2－4］所含的“不是……。而是……”结构在“当然，这种干预”的管辖之内，整体与［1］形成一种修正性的让步－n 关系。这里［2－3］之间的分号标识的不是并列关系而是目的关系。但即使我们将例 21 单元［2－3］视作同一个单元，这里子树（1←［2－3］）和（［1－3］→4）上的弧还是有个来回的转向变化。这种“螺旋型”的局部篇章结构在较长的评论文中频繁出现，也许就是所谓的汉语篇章“圆周型”结构（Kaplan，1966）。

例 20

[[1] 金融作为一个国家的命脉，为维护国家经济安全，政府采取积极的措施予以干预，这是对国民负责任的表现，也是对市场负责任的态度。] [[2] 当然，这种干预，决不是搞“政策市”，下设一个“政策底”，上封一个“政策顶”；] [[3] 上去就“打”，下来就“托”。] [[4] 而是根据中国的国情，根据宏观经济的发展状况和微观经济的发展态势，采取积极的政策予以协调、配合和支持。]

——CJPL2247936. 6 -7

例 21

[[1] 北京孟宪生律师认为，倒卖车票的行为实际上是违反市场管理秩序的行为，严重者构成犯罪。] [[2] 根据《刑法》第二百二十七条第二款规定：] [[3] “倒卖车票、船票，情节严重的，处三年以下有期徒刑、拘役或者管制，并处或者单处票证价额一倍以上五倍以下罚金。”] [[4] 尽管如此，盗卖车票的行为为什么屡禁不止？]

——CJPL3150879. 3

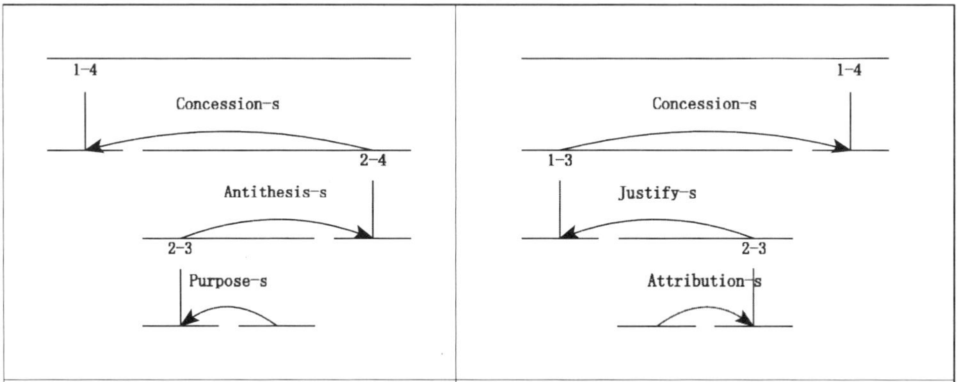

A 螺旋型篇章子树（CJPL2247936） | B 螺旋型篇章子树（CJPL3150879）

图 5 -1　两种螺旋型篇章子树图示

5.1.2　分号句层级上的 RR 概率分布

CJPL86 分号句层级上的标注结果显示，单核子树和多核子树不仅可以出现在汉语篇章的各个层级，也可以从 RR 集中选择合适的关系进行各层级单元间的组合。图 5－2 给出了 CJPL86 分号句颗粒度标注中根节点（A）、叶节点（B）和总体（C）修辞关系的 16 大类 rr 的分布频次和各修辞关系占其所有出现频次的比例（D）。

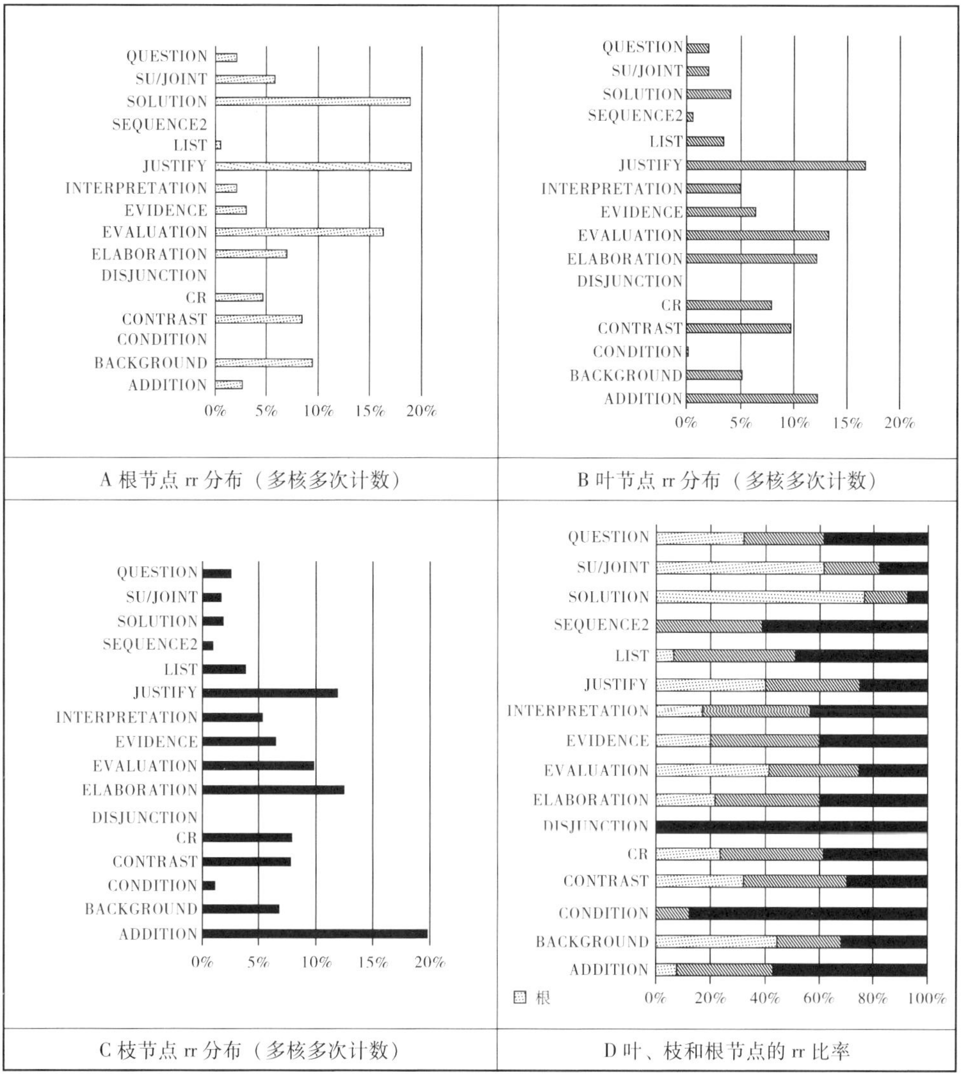

A 根节点 rr 分布（多核多次计数）　B 叶节点 rr 分布（多核多次计数）

C 枝节点 rr 分布（多核多次计数）　D 叶、枝和根节点的 rr 比率

图 5－2　CJPL rr 分布图（16 大类，三层结构）

可以看到，确实有些关系，比如条件（CONDITION）、并列（CONJUNCTION）、准备（PREPARATION）、序列（SEQUENCE）关系、同一单元（SAME－UNIT）等，在最上层根节点没有出现。但除了 SAME－UNIT 伪关系基本上都

在叶子节点外，其他所有关系都能出现在叶子节点和中间节点上。论证（JUSTIFY）、评价（EVALUATION）和解答（SOLUTION）等大类关系在 CJPL 篇章最上层的根节点频繁出现，可能与财经评论特殊的议论问题有关。而目前我们只有一处用到未知关系（???）来标注语料，说明现有 RR 能较好地应对语料的多样性。因此，可以说，汉语篇章作为话语单位，其结构类型和组合手段都具有较好的层级同质性。

对 20 个随机抽样的 CJPL 文本的分析显示，由同一名标注者标注所得的 DU 间 rr 与修正的右截尾 Zipf – Alekseev 分布拟合得很好，与右截尾 Zeta、Zipf – Mandelbrot 和 Polya 概率分布等也拟合得很好（Yue and Liu，2011）（表 5 – 1、图 5 – 3）。这就证明语言单位的分布即使在篇章层面也符合齐夫定律（Zipf's Law），[①] 再次显示了齐夫定律对 NLP 各项技术，尤其是对建立基于统计的计算语言模型所具有的重要意义（刘海涛，黄伟，2012）。

表 5 – 1　CJPL rr 与修正右截尾 Zipf – Alekseev 分布的拟合

（Yue and Liu，2011）

X [i]	F [i]	NP [i]	rr
1	12	12.0000	conjunction – s
2	5	4.5118	elaboration – s
3	4	3.4327	evaluation – s
4	2	2.7583	background – s
5	2	2.2952	cause – result
6	2	1.9571	evaluation – m
7	2	1.6994	sequence – s
8	1	1.4966	concession – s
9	1	1.3330	interpretation – n
10	1	1.1984	justify – s
11	1	1.0857	justify – n
12	1	0.9903	nonvolitional – cause
13	1	0.9083	preparation – s
14	1	0.8373	purpose – s
15	1	0.7753	volitional – cause
16	1	0.7207	volitional – result
* a = 0.452，b = 0.124，n = 16，α = 0.316，df = 8，X^2 = 0.9376，P（X^2）= 0.9986，C = 0.0247			

说明：* X [i] 为观察到的类型；F [i] 为观察到的频率；NP [i] 为根据修正右截尾 Zipf – Alekseev 分布计算出的拟合值；a、b、n 及 α 都是分布的参数；X^2 为卡方值；df 为自由度；P 为卡方值概率。

① 齐夫定律最初是一个反映英文单词词频分布情况的统计规律：每个单词（w1，w2，…，wn）出现的频率（f1，f2，…，fn）与它名次（r1，r2，…，rn）的常数次幂存在简单的反比关系，用公式表示，就是 r × f = C，C 表示常数（Zipf，1935）。自齐夫定律发现以来，许多语言的字、词、二元对、语句等不同的结构单位都被发现在频度和频级的关系上近似地遵循这一定律，只需简单的参数调整。

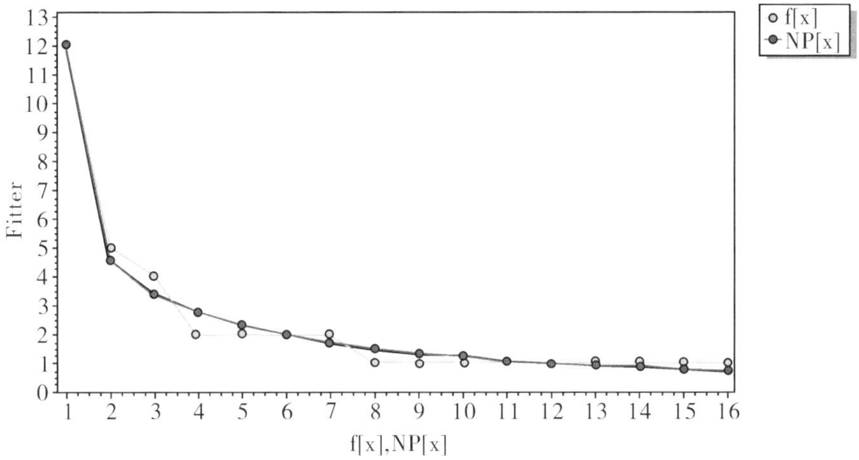

图 5－3　CJPL 修辞关系分布的右截尾 Zipf－Alekseev 拟合图（Yue and Liu，2011）

5.1.3　小结

修辞结构树库帮助我们量化地考察了汉语篇章整体连贯结构以及具体关系的概率分布，用概率数据证明了篇章结构层级的递归性总体上“同”大于“异”；确认了汉语篇章中典型的“螺旋形结构”；并证明了修辞关系在 CJPL 语料库的总体分布上符合齐夫定律的预测。

5.2　但、但是

“但”和“但是”是现代汉语中使用频率非常高的两个词，一般都出现在 UDA 的后面一半。仅根据我们对 CJPL 语料库中“但”和“但是”的分布的初步考察，就可知它们的用法相当复杂。本节以这两个词的标注及对比为主要内容，考察两词在实际篇章中能起到怎样的连贯作用；哪些篇章语境特征与连贯用法有相关性；以及两词在篇章中的分布和用法是否存在显著差异。这三点也是本节的研究问题。

下面分前人成果、标注方案、数据结果、讨论和小结五个小节来汇报我们的工作。

5.2.1　前人成果

《说文》考证，“但”的本义为袒露，用作虚词是假借义。有研究认为，从“袒露”义引申出“空”义是虚化的关键，然后发展出“只、仅、止、只管”等副词义。此时“但”有两个经常出现的位置：一个位于句中；另一个位于句

（或小句）首。后者经高频使用后成为转折连词，并逐渐代替了古汉语中表示重转的“然”“然而”，到《红楼梦》时期已经成为汉语最典型的转折关系连词（史金生，孙慧妍，2010）。而直至1900年左右，“但是”仍是一个词组（限制副词“但”+判断词“是”，后跟名词性宾语），意思是“只要是”（石毓智2005）。“但是”经高频使用后被重新分析为转折连词的时间要晚于“但”。

一般认为，“但”和“但是”这一对词在现代汉语中用法基本一致，如都可以位于句首或出现在主语的前后，都可单独连接句子或与“虽然”等让步连词搭配表示转折关系，两者的转折语气相对于“可、可是、只是、不过”等都更为正式，具有书面语色彩（Wang and Tsai，2007）。由于“但”和“但是”常常可以互相替换并保持句子的意思基本不变，因此两词在词典中常被交叉定义，在一些语言学研究中也不做详细区分。《现代汉语八百词》对“但是”与“但”的用法及区别表述如下（吕叔湘，1980：147－148）：

> 【但是】，连词，表示转折，引出与上文对立的意思，或限制补充上文的意思，连接小句或句子，也连接词、短语、段。连接词、短语时，所连接的多为修饰语。
>
> 【但】，用法基本上同“但是”，有以下几点不同：“但是”后可以停顿，“但”后不能；“但”还有副词的用法，表示“只、仅仅”，用于书面，如“但愿如此”“不求有功，但求无过”等。

笔者认为，“但”“但是”两个词形成的时间有先后，在现代汉语中使用的位置、辖域等有交叉但也有不同，两者的共时用法很可能存在一些重要的差异。比如，在CJPL语料库紧跟“但”“但是”的前12个高频词中（表5－2），紧跟在“但”后面的单音节词比例较高（型数为8，例数占总数的17.34%），而紧跟在“但是”后面的单音节词的比例较低（型数为4，例数占占总数的11.50%）；紧跟在“但”后面的多是副词（占总数的5.33%），名词或代词的比例较低（占总数的7.24%），而紧跟在“但是”后面的名词或代词的比例较高（占总数的12.84%），副词不多（占总数的1.34%）。这些都说明两个词所处的上下文语音和句法环境有很大的不同。因此笔者猜测，两词的句法、语义和篇章语用法也可能存在显著的差异。这一假设需要验证。“但”“但是”两词在CJPL400中的例数分别有1 049和374，样本量够大，可以利用CJPL语料库对这两个词的篇章用法展开定量分析和统计检验。

表 5-2 CJPI400 中“但”“但是”与紧跟其后的词语

RANK	KW	R1	R1POS	频次	%	KW	R1	R1POS	频次	%
1	但	在	PREP	42	4.00%	但是	在	PREP	15	4.01%
2	但	这	PRON	32	3.05%	但是	这	PRON	13	3.48%
3	但	也	ADV	29	2.76%	但是	我们	PRON	10	2.67%
4	但	从	PREP	26	2.48%	但是	从	PREP	10	2.67%
5	但	由于	CONJ	18	1.72%	但是	如果	CONJ	9	2.41%
6	但	中国	N	17	1.62%	但是	这种	PRON	9	2.41%
7	但	却	ADV	14	1.33%	但是	由于	CONJ	8	2.14%
8	但	这种	PRON	14	1.33%	但是	中国	N	6	1.60%
9	但	不	ADV	13	1.24%	但是	也	ADV	5	1.34%
10	但	对	PREP	13	1.24%	但是	他们	PRON	5	1.34%
11	但	其	PRON	13	1.24%	但是	这些	PRON	5	1.34%
12	但	如果	CONJ	11	1.05%	但是	对于	PREP	5	1.34%
	SUM	-		242	23.06%	SUM	-		100	26.75%

5.2.2 标注方案

我们使用了以下特征变量来研究“但”和“但是”的用法[①]，包括：

（一）上下文：

（1）KW 字形属性，指待处理关键词本身，属性值取字面形式；

（2）KW 上下文特征，包括左边第一个字符（L1）和右边第一个字符（R1）的字形和类别，L1 实际上多为前一（分）句的句末标点；

（二）句法信息：

（3）KW 右侧紧邻的主要成分；

（4）KW 在后段 Q 中的位置；

（5）Q 的句法形式；

（三）语义信息：

（6）P-Q 比较的对象（是否直接对立）；

（7）P、Q 中的其他转折词；其他插入性成分；其他情态副词；

（8）P、Q 的极性（是否有否定义）；事实性（命题是否虚构）；

（9）P-Q 的对立性质（是否转折类关系）；

① 项目后期，我们又添加了关键词所在 EDU 的上层 RRabove 和下层 RRbelow 及各自核心性等 4 项标注内容，与其他词语的标注保持一致。

（10）Q是否为修辞性反问句；
（四）语用信息：
（11）Q的衔接用法（是/否）；
（12）P－Q的篇章地位（叶子节点/非叶节点）；
（13）P、Q的核心性地位（多核/单核）。

5.2.3 数据结果

从表5－3可以看到，“但”和“但是”在标注的20个特征中有13个特征有显著的区别（图5－4，标注结果经量化赋值处理，纵坐标表示观测得到的平均值），涵盖书写、句法、语义和语用的多个方面。这说明如果要进行准确的计算机处理，对“但”和“但是”建立判断规则，至少要有13个动态概率参数才能较为准确地区分两个词的用法。

表5－3　“但”“但是”在CJPL语料库中的分布

特征	观察值#	但 频次	但 %	但是 频次	但是 %	Sig
1a）L1字符 ***						0.000
	字0	8	0.8	0	0	
	逗号0.33	776	74.0	203	54.2	
	句号0.67	218	20.8	124	33.2	
	段落符号1	47	4.5	47	12.6	
	小计	1049	100	374	100.0	
1b）R1字符 ***						0.000
	字0	1049	100.0%	227	60.7	
	逗号1	0	0.0%	147	39.3	
	小计	1049	100%	374	100.0	
2a）右侧主要成分 ***						0.000
	谓语0	247	24.2	46	12.6	
	状语0.33	134	13.1	53	14.5	
	主语0.67	511	50.0	200	54.6	
	话语标记1	130	12.7	67	18.3	
	小计	1022	100.0	372	100.0	

（续上表）

特征	但			但是		
	观察值 #	频次	%	频次	%	Sig
2b）Q 的句法形式 ＊＊＊						0.000
	动词短语 0	228	22.1	43	11.5	
	完整小句 0.5	724	70.3	280	75.1	
	复杂小句体 1	78	7.6	50	13.4	
2c）在 Q 中的位置 ＊＊＊	小计	1030	100%	372	100.0	0.000
	（隐含）主语后 0	256	24.4%	47	12.6%	
	（隐含）主语前 1	793	75.6%	327	87.4%	
	小计	1049	100%	374	100.0%	
3a）P&Q 比较 对象一致＊＊＊						0.001
	否 0	694	66.6	281	75.9	
	是 1	348	33.4	89	24.1	
	小计	1042	100.0	370	100.0	
3b）P 为否定义						0.964
	否 0	850	81.3	303	81.2	
	是 1	195	18.7	70	18.8	
	小计	1045	100.0	373	100.0	
3c）Q 为否定义						0.710
	否 0	772	74.1	280	75.1	
	是 1	270	25.9	93	24.9	
	小计	1042	100.0	373	100.0	
3d）P & Q 的极性一致						0.371
	否 0	655	63.1	225	60.5	
	是 1	383	36.9	147	39.5	
	小计	1038	100.0	372	100.0	
3e）P 的事实性						0.099
	否 0	379	38.2	154	43.1	
	是 1	614	61.8	203	56.9	
	小计	993	100.0	357	100.0	

（续上表）

特征	但			但是		
	观察值 #	频次	%	频次	%	Sig
3f）Q 的事实性 *						0.029
	否 0	494	49.6	197	56.4	
	是 1	501	50.4	152	43.6	
	小计	995	100.0	349	100.0	
3g）PQ 是否直接对立 *						0.023
	否 0	425	40.6	177	47.3	
	是 1	623	59.4	197	52.7	
	小计	1048	100.0	374	100.0	
3h）篇章衔接用法 * * *						0.004
	否 0	982	93.6	331	89.0	
	是 1	67	6.4	41	11.0	
	小计	1049	100.0	372	100.0	
3i）是否转折类关系						0.440
	否 0	158	17.0	57	15.2	
	是 1	871	83.0	317	84.8	
	小计	1049	100.0	374	100.0	
3j）P&Q 核心性地位						0.688
	多核 0	467	44.5	162	43.3	
	单核 1	582	55.5	212	56.7	
	小计	1049	100.0	374	100.0	
3k）P&Q 的篇章子树地位 * * *						0.000
	叶节点 0	765	72.9	212	56.7	
	非叶节点 1	284	27.1	162	44.3	
	小计	1049	100.0	374	100.0	
3l）P 中有其他转折词 * * *						0.008
	否 0	750	71.5	294	78.6	
	是 1	299	28.5	80	21.4	
	小计	1049	100.0	374	100.0	

（续上表）

特征	观察值 #	但 频次	但 %	但是 频次	但是 %	Sig
3m）Q 中有其他转折词						0. 171
	否 0	964	91. 9	335	89. 6	
	是 1	85	8. 1	39	10. 4	
	小计	1049	100. 0	374	100. 0	
3n）P 中有插入语 *						0. 030
	否 0	999	95. 2	345	92. 2	
	是 1	50	4. 8	29	7. 8	
	小计	1049	100. 0	374	100. 0	
3o）Q 中有插入语						0. 710
	否 0	933	88. 9	330	88. 2	
	是 1	116	11. 1	44	11. 8	
	小计	1049	100. 0	374	100. 0	
3p）P 中有情态副词 * * *						0. 000
	否 0	713	68. 0	204	54. 5	
	是 1	336	32. 0	170	45. 5	
	小计	1049	100. 0	374	100. 0	
3q）Q 中有情态副词						0. 802
	否 0	462	44. 2	168	44 9	
	是 1	584	55. 8	206	5. 1	
	小计	1046	100. 0	374	100. 0	
3r）Q 为修辞性反问句						0. 448
	否 0	1032	98. 4	370	98. 9	
	是 1	17	1. 6	4	1. 1	
	小计	1049	100. 0	374	100. 0	

说明：P 表示前句；Q 表示后句；L1 表示关键词左边第一个词，R1 表示关键词右边第一个词。* 表示 SIG <0. 05；* * * 表示 SIG <0. 01。#观察值是标注所得的标签的赋值，两个标签选项的依次赋值为（0；1）；多个标签选项的依次赋值为（0；0. 5；1）或（0；0. 33；0. 67；1）。部分小计值小于总例数，说明标注者发现个别用例难于判断，故观察值空缺。

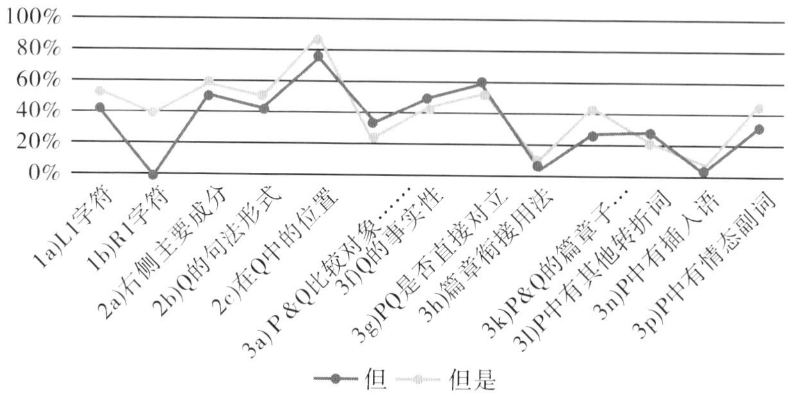

图 5 - 4　“但”和”但是”的显著差异特征

5. 2. 4　讨论

既然“但”“但是”的用法有至少 13 种显著的差异特征，那么，影响因子可能有哪些？是否有助于对其篇章连贯作用的判断？本小节就这两个问题展开讨论。

5. 2. 4. 1　影响因子

将表 5 - 4 中存在显著差异的这 13 种特征做主成分分析①，可以提取出 4 个主要因子，这些因子能帮助预测到作者对“但”“但是”60% 的选择：因子 1 与两词的句法功能有关，涉及其在 Q 中的位置、补足成分、右侧主要成分以及比较对象是否一致；因子 2 与两词的篇章功能有关，涉及左右字符的特征、Q 的篇章衔接用法、篇章地位以及 P 中的其他转折词；因子 3 与两词的语义有关（对立性、事实性）；因子 4 与（交互）主观性有关，涉及 P 中的其他插入语和情态副词。图 5 - 5 也显示，有四种潜在的因子（特征值/Eigen value > 1）区分这两个词。

① 主成分分析的主要功能之一，便是将许多变量中关系密切的变量组合成较少数的几个因子，来描述所有变量的变异量，以达到以简化繁的效果。特征值（eigenvalue）可以看作是因子的影响力指标，代表引入该因子后可以解释平均多少原始变量的信息。因此，选择因子个数的原则是：因子个数愈少愈好，但因子对各变量的变异量的解释力则要愈大愈好。在此原则下，每一变量经过标准化后，其变异数均为 1，因此若经因子分析取出的因子，所能解释的变异量小于 1，则此因子的解释力即小于单一变量，所以应该保留特征值大于 1 的因子。本研究得出 4 个大于 1 的特征。

表 5-4　CJPL 语料库“但”“但是”经正交旋转后的因子载荷矩阵

旋转负荷矩阵[a]				
	因子 1	因子 2	因子 3	因子 4
L1 字符		0.784		
R1 字符		0.558		
右侧主要成分	0.870			
在 Q 中的位置	0.906			
Q 的句法形式	0.818			
比较对象	-0.598			
Q 事实性			0.635	
是否直接对立			0.648	
是否衔接用法		0.633		
篇章地位		0.446		
P 中其他转折词		-0.540		
P 中有插入语				0.513
P 中有情态词				0.760

荟萃方法：主成分分析法。

旋转方法：Kaiser 标准差最大方差法。

[a] 六次迭代后收敛。

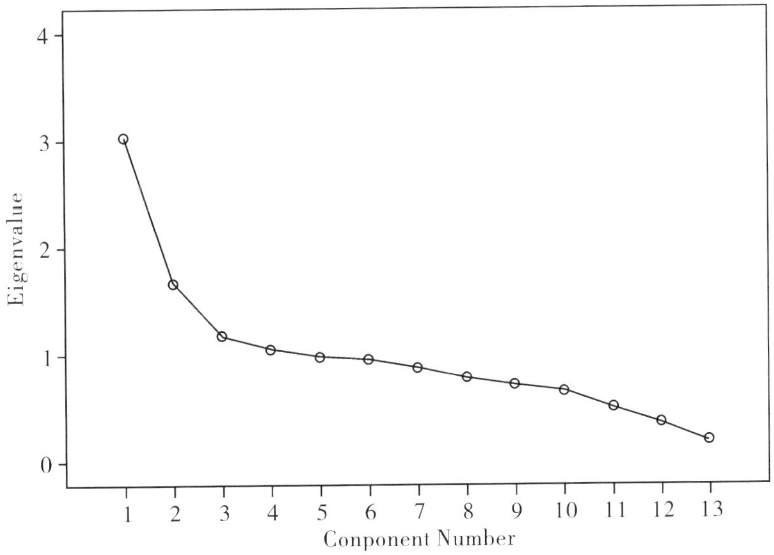

图 5-5　决定“但”“但是”用法的主要成分分析结果（碎石图）

5.2.4.2 属性特征与连贯作用

虽然“但”“但是”都被认为是现代汉语最典型的转折连词，但从两词的属性信息来看，两者的转折语义都有弱化的趋势，至少呈现出三方面的迹象：首先，表示转折关系时频繁地与转折副词“却”搭配（如例22中的“但$_3$”）：

在20个字的窗口内，“但……却”同现的比例为53/1049 = 0.051；“但是……却”同现的比例为16/374 = 0.043。同时，两词也频繁地与并列副词“也”搭配，此时标示并列关系：20个字的窗口内“但……也”同现的比例为74/1049 = 0.071；“但是……也”同现的比例为18/374 = 0.048。当“但”与“却也”同时出现时（如例22“但$_1$”），表示CONTRAST - m关系，实质是两个对立的单元的并列。这说明“但”“但是”的转折语义常需要有其他转折词来补充确认，否则容易转化为并列语义。

例22

[1 < Duan ID = 6 > 中国人“好吃”一点不假，否则餐饮业也不会成为“我国年增长幅度最快的行业”之一；] [2 **但**$_1$ 中国人**却也**并不“懒做”，相反，中国的美味佳肴简直不胜枚举，否则中餐也不会风靡世界。] [3 **但**$_2$ 中餐为什么在与西式快餐的竞争中全面落于下风了呢？] [4 这个问题也许并不像曾经讨论过的“烧饼油条为什么干不过汉堡包”那样一目了然，**但**$_3$却的 确值得被中国人引以为傲的餐饮业的精英们认真研究一番了：] [5 是没有强势品牌？] [6 是没有标准化的产品？]

——CJPL2079598.6

其次，需要“虽然”等其他转折连词在前部P中做转折关系的提示词。笔者检索30个字的窗口内，“虽然……但”同现的比例是85/1049 = 0.081，远高于“虽然……但是”的比例（16/374 = 0.043）。结合表5 - 4因子2的各项可见，“P中是否已有其他转折连词”这一特征，确实造成了两者之间的显著差异。

第三，并非所有的“但”“但是”在语篇中都一定标记转折关系。如例23中的“但”，其后的小句实际上并不完整，省略了［3］诸如“，由此可以大致判断出其2004年的医疗开支规模也不会小”之类的语句。正是由于作者并没有明说这一句，导致［1］［2］之间并没有明显的语义对立或让步。相反，［2］实际上为前面的［1］提供了背景知识，有助于读者从通用汽车公司2003年的医疗开支情况来估算其2004年的开支规模应该不小，不会因“但”的使用而觉得该公司2004年的这项开支会小。因此，标注者认为“但”在文中起到了一个标识“背景关系”的作用。

例 23

[[1] 通用汽车没有在财务报告中披露 2004 年的医疗开支，] [[2] 但其 2003 年的这项开支高达 48 亿美元]（[3]）。

——CJPL3135736. 10

非转折用法的例子虽然不多，却也显示了“但”“但是”在语境中发生变异的潜力。值得一提的是，“但”“但是”在台湾口语中已被“可是”逐步取代，不再是最常用的转折连词；在书面语中也正受到“可是”的进一步排挤（Wang and Tsai，2007）。从 CJPL 语料看，两词作为典型转折连词的地位在大陆书面语中似乎也在丧失。

5. 2. 5 小结

“但”和“但是”是一对用法相近的连词，很多文献认为这两个词没有区别。笔者通过对 CJPL 语料库计量分析，发现这两个词在 13 项指标上有显著的差异，从而推翻了前人关于这两者同义的经验判断。本研究还发现两词的连贯作用存在转折语义弱化的变异迹象，这可能对基于 DCM 的篇章连贯关系判断有一定的影响，需要引起理论界和工程界的注意。

5. 3 这、那

“这”“那”也都是现代汉语的高频常用字，前者表近指义，与表示远指义的后者相对。“这”“那”本身都可以单独成词，也可以与量词“些”“个”“样”以及语气词“么”等构成“这 X”“那 X”类的词或词组。作为单字词，“这”“那”都有指示和称代两种基本用法：指示用法后面有名词；称代用法后面则没有名词。两种用法在篇章中都可以引发照应连贯。

根据 ICTCLAS 自动分词软件的处理结果，400 篇 CJPL 文中有 3574 个“这”字，其中 1651 个单独成词；503 个“那”字，其中 127 个单独成词。两者的单字词频差距比较大，比例为 13:1，前者在这种用法的使用频率上远远高于后者，跟其他语料库报告的比例一致（如许余龙，1989；杨玉玲，2006；Tao，1999；等）。

出于关注“这”“那”篇章连贯用法的目的，本节仅以位于 EUDA 开头的（以下简称“句首词”）单字词“这”（590 个）为对象，详细说明我们的标注方案，并分析哪些篇章语境特征与其连贯用法有相关，最后再粗略对比句首词“那”（17 个）的用法。

本节对“这”的研究问题有以下几个：

（一）在 CJPL 语料中，句首词“这”有哪些用法特点？

（二）有哪些特点可以比较有效地刻画句首词“这”的篇章用法？

（三）有哪些统计性的规律？

下面按前人成果、标注方案、数据结果、讨论和小结五个小节来汇报。

5.3.1 前人成果

根据词源和历史语料记录，“这”“那”最初做指示限定词（以下简称“指示词”），后来发展出代词用法（吕叔湘，江蓝生，1985；太田辰夫，1987）。语法学界对指代词“这”的研究有大量成果，涉及到其构词能力、历时演变、语法分布、句内约束、语义内容、话语功能（如 Miracle，1991；Tao，1999；梁敬美，2002）、方言特色、汉外对比（许余龙，2007）、语体分布（刘东虹，2015）等多个方面，既有对指代词展开的总体讨论，也有对其的专题研究，指出了影响“这”回指用法的诸多因素（徐默凡，2001；张久，2004）。这些研究应用了包括衔接理论（Halliday and Hasan，1976）、中心理论（Grosz et al.，1995；Poesio et al.，2004）、可及性理论（Ariel，2001；许余龙，2000；2005）等多种框架。不过，有研究指出，过去对“这”回指用法的研究多聚焦在实体回指而忽略了事件回指（刘东虹，2015）。

5.3.2 标注方案

项目首先标注了句首词“这”的基本信息及其指代类型，然后标注其在语篇中的词性、句法角色和语义特征，接着标注其指代对象（主要是最近的一个先行语 ANT）的词性、句法和语义特征等。后期提取了“这”字句的 RR 信息。具体包括以下内容：

（一）关键词 KW 基本信息及指代类型：

（1）KW 字形属性：指待处理关键词本身，属性值取字面形式。

（2）KW 上下文：即左边第一个字（L1）和右边第一个字（R1）的字型和词性共四个特征。因 KW 处于（分号）句首，L1 实际上代表了前一（分号）句的句末标点，或句类信息。

（3）KW 所在句子的句末标点（Rf），实际代表了 KW 所在句子的句类信息。

（4）KW 的指代类型：（外指/内指—预指/内指—回指/其他）。

（二）KW 的语法特征和语义特征：

（5）KW 的词性：（代词/指示词/其他）。

（6）KW 所在 NP 的信息：中心词词型/单复数属性（单数/复数/无法确定）。

（7）KW 所在句子的谓语动词的词型：（如“是”等）。

（8）KW 所在句子的谓语现实性。

（9）KW 所在 NP 的句法功能：（主语/谓语/宾语/定语/状语/补语/其他）。

（10）当前所指是否话语主题：（是/不是）。

（三）最近一个先行词（ANT）的语法和语义特征：

（11）ANT 的范围：（句内成分 NP/句内成分 VP/分句/句子/句群/其他）。

（12）句内 ANT 的句法功能：（主语/谓语/动宾/介宾/定语/状语/补语/其他）。

（13）先行词 ANT 的语义类：（人物/机构/时间/地点/物体/专名事件/抽象事物）。

（四）回指信息及篇章修辞作用。

5.3.3　数据结果

标注发现，在分号句颗粒度上，CJPL 语料库共有 590 个句首单字词“这”，除 22 个用做外指、3 个用作预指、2 个用作连词外，其余 563 个都用于（或同时用于）语篇内部回指。其中，独用的代词（以下简称“这$_{代}$”）有 301 个，占全部句首回指用法的 53.5%；紧跟着量、形、名等名词性成分的指示词（以下简称“这$_{指}$”）有 262 个，占 46.5%。样本量足以做出具有统计意义的分析。

5.3.3.1　先行语的结构类型和句法功能

对离“这”最近的先行语（即上一次被回指的对象）进行标注的结果显示（图 5－6A），仅 203 例为句内成分。其中主要是“这$_{指}$”（158 例，占这一用法的 60.3%）；而“这$_{代}$”的大部分先行语为一整个句子（62.5%）。

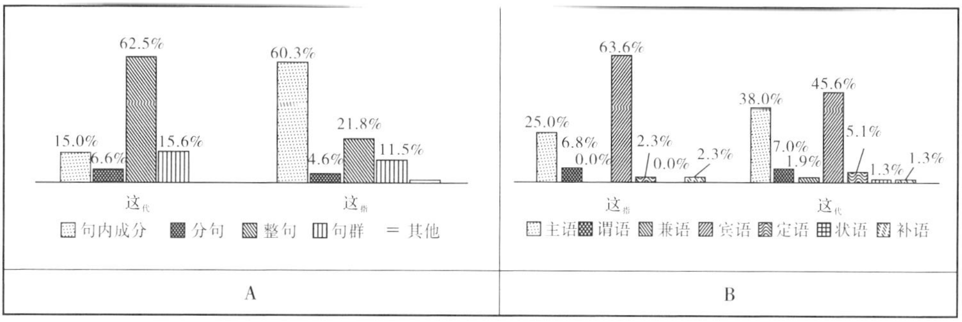

图 5－6　CJPL400（分）句首词“这”的先行语结构类别和句内功能分布

“这”做句内成分时，其先行语的句法功能较为丰富，可以承担主、谓、宾、定、状、补等各种角色（见图 5－6B）。出现在主语位置上较多的，是“这$_{指}$”的先行语，共有 58 例；而“这$_{代}$”的先行语出现在句子主语位置上的仅有 10 例。出现在宾语位置上的“这$_{代}$”先行语相对较多，共 26 例；“这$_{指}$”的先行语做宾语的最多，有 72 例。此外两者都还有少数做谓语的用例。如例 24 中，先行语“担心”为句子的谓语动词。

例24（“这$_{指}$”先行语为VP）

从人民币升值的国内升值压力表现看，主要是中国外汇占款上升造成基础货币投放过大，人们**担心**可能带来经济过热隐患。**这种担心**是不必要的。

5.3.3.2 “这”所在回指语的句法功能和语义类型

CJPL句首词“这”所在名词短语（即回指语）的句法功能相当集中（图5－7A）：绝大多数在回指句中做主语，仅少数做状语（如例25）或定语（如例26），没有做宾语的。做定语的用例全部来自“这$_{指}$”，没有一例来自“这$_{代}$”。

例25（“这$_{指}$”做定语）

真正引起争论的，是发表于7月30日《中国青年报》上的评论文章《缺电是计划和垄断闹的》。**这篇文章的作者**是《东方早报》评论员鲁宁。

——CJPL2029028.4

例26（“这$_{代}$”做状语）

6月24日，国务院总理温家宝曾召集中国社科院、国务院发展研究中心、商务部、发改委等部门的经济学家座谈对中国经济整体走势的判断，并听取下半年经济政策意见。**这之后**，国家统计局总经济师姚景源的讲话被认为是一个官方基调：……

——CJPL2027006.36

对回指对象语义类型的标注结果显示（图5－7B），“这”在CJPL的句首位置上很少回指实体（96例，仅17.1%）。其中25例为复数，“这$_{指}$”占23例。不论是“这$_{指}$”还是“这$_{代}$”，其回指对象（先行语）都以抽象事件为主（分别占各自的67.9%和96.0%），很少指人，与前人的结论一致（刘东虹，2015）。

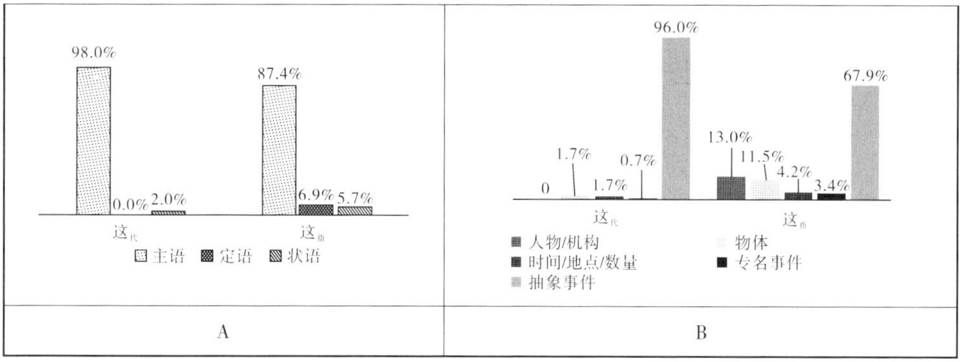

图5－7　CJPL400（分）句首词“这”所在回指语的句法功能和语义类型分布

5.3.4　讨论

我们已经看到，句首词“这”在新闻评论中有“这$_{指}$”“这$_{代}$”两种不同的用法，多在回指句做主语，多回指抽象的概念，先行语的辖域范围宽且以整句或句群为多。下面首先测试两种用法是否存在统计差异，接着通过相关性分析讨论是否有简单的表层特征可以用来辅助rr的标注，然后对比“这”的反义词“那”，最后分析事件指代的特点及事件指代消解对汉语篇章连贯研究的意义。

5.3.4.1　这$_{指}$、这$_{代}$的用法比较：

统计对比分析发现（表5－5），CJPL中的“这$_{指}$”和“这$_{代}$”在先行语的句法、回指语的句法及语义、回指距离、修辞语用等特征上都有显著差异（独立样本T检验，双侧显著性<0.05），说明这一差异不容忽视。

表5－5　CJPL（分）句首词“这$_{指}$和这$_{代}$”的独立样本T检验结果汇总

		先行语结构类型	先行语句法功能	回指语句法功能	回指语语义类	回指语谓语动词
“这”的用法	F	188.697	12.682	136.690	395.301	134.226
	t	12.687	－0.543	5.783	9.170	－7.416
	df	561	196#	561	561	561
	Sig	0.000＊＊	0.035＊＊	0.000＊＊	0.000＊＊	0.000＊＊

说明：#因只有部分“这”的先行语为句内成分，所以这里的数字（196＋2）明显小于总的（561＋2）。

5.3.4.2　多维特征对修辞结构的标识作用

提取CJPL篇章树库的标注结果（下表5－6），“这”回指语所起的篇章连贯作用主要为评价（合计占全部的61.1%），其次为因果（14.9%）和详述(9.6%)。两种词性都有这几种关系的用法。

表5－6　CJPL（分）句首回指词“这”所在EUDA的rr分布

RR大类	这代	百分比	这指	百分比	合计	百分比
EVALUATION	197	65.4%	147	56.1%	344	61.1%
CAUSE－RESULT	48	15.9%	36	13.7%	84	14.9%
ELABORATION	9	3.0%	45	17.2%	54	9.6%
JUSTIFY	21	7.0%	9	3.4%	30	5.3%
SOLUTION	13	4.3%	2	0.8%	15	2.7%
CONTRAST	3	1.0%	11	4.2%	14	2.5%
CONJUNTION	1	0.3%	7	2.7%	8	1.4%
BACKGROUND	1	0.3%	3	1.1%	4	0.7%
OTHER	8	2.8%	2	0.8%	10	1.8%
合计	301	100.0%	262	100.0%	563	100.0%

评价关系是作者表达态度的一种主要手段，因此符合CJPL议论文的需要。分析回指句的具体内容，发现其动词有相当一部分主要为“是”（占全部的36.9%），尤以“这”做代词时为多，接近一半（144例，占其总数的49.7%），但做指示词时也不少（57例，占其总数的22.4%）。这很可能是因为主语与表语在“是”字句中构成同指关系，或者表语对主语所指代成分作出解释和说明，容易表达以评价、因果或详述关系为主的RR（表5－6）。

表5－7　“这”用法特征与rr间的Pearson相关性系数汇总

		可及性	先行词句法	先行词类	是否明指	回指语义	KW词性	中心词词类	中心词句法
修辞关系	Pearson	－0.155	0.253	0.259	－0.245	0.311	－0.299	－0.230	－0.179
	Sig.	0.000**	0.000**	0.000**	0.000**	0.000**	0.000**	0.000**	0.000**
	N	563	563	563	563	563	563	563	563

统计检验显示，“这”的多个特征与其篇章修辞作用之间存在显著的相关性（表5－7）。这显示，“这”在篇章环境中所起的连贯作用，与其上下文语境有密切的相关性。或者说，语篇内部结构是造成回指词选择变化的一个重要因素。因此，读者在篇章理解过程中，可以根据作者在特定语境中使用的某一特定形式，获得指代的解读，从而逆向推断其使用原因的过程。两种不同词性用法的分布概

率也许可以作为篇章关系自动标注的一个重要线索。

5.3.4.3　**那**

“那”的语义大致与“这”相对。不过在实际应用中，“这”的词频远高于“那”，用法也有不对等的方面（沈家煊，1999；曹秀玲，2000；杨玉玲，2006；等）。CJPL400语料的情况也如此。经过与“这”相似的标注分析发现，在句首的17个“那”中，有8个用作连词（如例27、例28），其余9个“那”用作回指（其中1个同时用作外指代）。回指用法中，7个“那”是指示词，仅2个是代词（如例29）。

例27（连词用法，antithesis－s）

原来的话，如果跟旅行社走，但是有时候时间没办法调整。**那**现在的话，你可以随时随地只要签证拿到手，有机票就可以马上走。所以这样就不用在时间上考虑得很多了。

——CJPL2068983.22

例28（连词用法，condition－s）

您不就担心中国美元多了，没地方花吗？**那**好，借咱300亿美元用用，如何？

——CJPL2071374.11

例29（代词用法，elaboration－s）

经过二十多年的实践，中国政府已经积累了较为丰富的驾驭开放型市场经济的经验，在人民币汇率问题上显示了务实的、灵活的立场。**那**就是，一方面，在市场条件不成熟的情况下，明确要继续保持人民币汇率在合理、均衡的水平上基本稳定；另一方面，……

——CJPL2005354.14

相比于“这”做指示词和代词的篇章修辞作用[①]时以详述和评价为主，句首“那”在CJPL中的连词用法更丰富，有：（一）在采访对话的记录中用以引出问话的；（二）连接段落或引入新话题的；（三）表示（顺承）条件的（即前面提

① 有研究指出，当“这”后面没有名词或其后有量词或数量短语的时候，一般不与其后成分结合为一个句法语义单位，就可能具有句法上的独立性，并进一步虚化成连词（张俊阁2011），有更大的辖域。不过由于“这”连词用法的端倪在CJPL语料库中表现得不明显，因此本书不就此进行讨论。

出一个已然事实，后面给出结果）（如例28）；（四）表示推论的；和（五）表示对比或转折（antithesis－s）的（例27）。

根据汉语史的研究（太田辰夫，1987：116；吕叔湘、江蓝生，1985），“这”“那”的指示词用法与代词、连词用法在历时发展上有前后的连续性，属于同一个词在语法化过程中的两条不同发展路径上的不同阶段。指示词和代词这两种用法虽然在共时系统中必然有一定的用法重叠（都用于近指），但它们的构式环境差别很大（＋/－NP），词性特征十分明显，容易通过简单的规则做出判定。而连词似乎处于这两者之间：一方面它后面可以跟NP，与指示词类似；另一方面它也可以跟副词或动词短语，与代词类似。但实际上连词与指示词和代词的用法差别也很大：连词后面可以跟副词，而指示词不能；连词后面可以跟做主语的人称代词，而代词不能。

从CJPL库有限的数据看，“那”从指示词向连词转化的倾向似乎比向代词转化的倾向更为明显，用法也更丰富。不过，这一观察需要更多的数据支持。

5.3.4.4 事件指代和篇章连贯

按被指代对象的语义性质进行区分，回指有两类：（1）实体回指，指代的先行词和照应语都是客观存在的实体；（2）事件回指，指代词指向事件、事实、命题等抽象性对象。两者之间虽然界限有些模糊（尤其在专名事件和抽象事件之间），但总体区分比较清楚。在语言形式上，实体回指往往有在句内承担句法作用的名词性先行语；而事件回指的先行语则以分句、整句、句群为多。由于“这”回指的大多是抽象事件（82.9%），所以绝大多数实体指代消解中的有效规则和特征（如性别特征、单复数特征、别名特征等）无法用于事件指代消解，基本不适用于刻画句首单字词“这”所指代的对象。

事件的回指消解比确定实体性的回指消解更为困难。因此，读者对“这”的回指分析往往需要认真地回溯，避免各种潜在先行语的干扰，寻找合适的特征性线索来确定先行语的辖域。有时还需要读者自己进行深度推理才可以得出隐含的回指对象（间接回指）。如例30中的“这种矛盾”至少需要从第26段回溯到第24段开头“客运公司同铁路局的冲突”这里。而例31中的“这6－7个百分点”则需要说话人根据前面的“9%－10%”和“不到3%”自己计算出来。

例30（指示词用法，先行语远离回指句，需要深度推理）

<Duan ID＝24>不仅如此，**客运公司同铁路局的冲突**开始逐步升级。“客运高峰期的时候，客运公司很难向铁路局要到‘线’和‘点’。”沈阳原客运公司的员工介绍说，“在铁路局货运非常繁忙，他

们会说，我凭什么给你？我的货运还过不去呢。” </Duan>

<Duan ID=25>事实上，即便铁路局将点线批给客运公司的话，他们也并不能像当初设想的那样得到更多的回报。“一分钱都别想多拿，这些钱基本都上缴了”。北京铁路局的一位职工介绍说，两者之间并没有建立市场交易关系。</Duan>

<Duan ID=26>**这种矛盾**还常常让人哭笑不得，客运公司希望乘客上车补票，而铁路局则严防死守，无票不准上车，两方面较劲，几成闹剧。乘客很不理解：怎么一家人还闹得这么僵！ </Duan> CJPL2072061

——CJPL2072061. 24－26

例31（指示词用法，无明确先行语，需要深度推理）

目前，天然气在我国一次能源结构中占**不到**3%，世界平均水平是23%。我国政府计划到2010年把天然气利用比重**提高到**9%－10%。“这6－7**个百分点**是一个非常巨大的市场空间。目前在我国城市人口用上天然气的只有3 000万，不到10%。全国663个城市中只有100个城市左右用上天然气。”总部在廊坊的新奥燃气执行董事兼常务副总经理金永生说。

——CJPL2369002. 24

也许是因为难度大，涉及的言语片段通常又较长，所以理论界和工程界对抽象事件指代的研究仍处于初级阶段，仅见为数不多的几篇论文（如 Müller，2008）。又由于英语中的事件代词（Event pronoun），主要有 it、that 和 this 三个，与以“这”和“那”为主的现代汉语事件指示系统在数量上就不对应。实际应用的情况更为复杂，英语中 that 的词频要远远高于 this，而汉语的情况正好相反——“这”的词频比“那”高（许余龙，1989）。因此中文信息处理领域能从英语处理技术中借鉴的相关成果并不多。目前，汉语指代消解技术主要针对人称代词、零形回指和命名实体，通常是将事件指代和实体指代一起处理（蒋玉茹，宋柔，2012）。因此中文信息处理领域能从英语处理技术中借鉴的相关成果也不多。因此，关注汉语事件指示词的具体用法特征，有助于提高中文信息处理的算法性能。

5.3.5 小结

作为一对常见的反义词，指代词“这”和“那”在词频和用法上并不完全对称。本节介绍了对句首词“这”在 CJPL 语料库中的标注方案，并利用统计结果对其篇章回指用法进行了详细的分析。

统计发现“这”在篇章中引发的回指以事件指代为主；先行语较少有对应的 NP，其回指消解需要深度推理；多表示评价、因果和详述关系。对比分析还发现，“这”的不同词性（指示限定和称代）与其句法、语义和篇章连贯用法都存在相关性，相互间有统计上的显著差异，仅“这”的词性本身可能就是条重要的 rr 判定线索。而“那”在篇章中的使用频率相对较低，用法却似乎更为复杂，有待进一步研究。

5.4 吗、?

语气词“吗”经常处于句末，与其后的标点符号（主要是问号）一样可以作为 EUDA 的右管界标记。本节将通过对 CJPL 库中“吗”字句的统一提取和标注，回答以下几个问题：

（一）“吗”字句在 CJPL 中的分布情况如何?

（二）“吗”字句及其相邻结构在议论文中有哪些典型的修辞用法?

（三）“吗”字句的篇章位置与哪些因素有显著的相关性?

下文分五小节报告前人研究成果、本项目标注的具体方法、数据结果和讨论，最后是小结。

5.4.1 前人成果

“吗”是现代汉语最重要的疑问语气词之一，很多著述分析了它的语音流变、句法词性、语义逻辑和语用功能等（杨永龙，2003）。如《现代汉语八百词》总结出“吗”有两种用法（吕叔湘，1980）：

（一）表示疑问语气，常和问号一起出现，用于是非问句句末，包括用肯定的形式发问（如“人民币会升值吗?”）和用否定的形式发问（如“中国会顶不住吗?”）；用于反问，带有质问、责备的语气（如“这像话吗?”）；与副词“难道”等呼应时，语气更为强烈（如“你难道不知道中国人民的情绪吗?”）

（二）用在句中停顿处，后面常跟有逗号，用于点出话题（如“不是吗，商品社会里消费者就是上帝。”）。

“吗”字句还经常出现在对疑问句分类的讨论中，并因疑问句的划分标准不同[①]而被划归不同的类别，如“是非问”“选择问”“反诘问”“假性问”“自问”等。

关于篇章语料中“吗”字句的用法，有从UDA或话轮中的位置角度进行考察的（齐沪扬，胡建锋，2010）；从话语标记角度分析“吗”字是非问句作为引入话题、转换话题重要手段的（邵敬敏，2012b）；对“吗”字疑问句连用情况（即“……吗？……吗？”句对）做出枚举和频次统计的（兰洁，2013）；以及对其在小说和科普文体裁的分布进行比较的（陈妹金，1995）等。但就笔者所知，尚未有人对“吗”字句及其上层结构（如问答结构）在书面独白语篇中的作用进行过关注，也没有较为系统的统计分析。

5.4.2　标注方案

主要针对“吗”及“吗”字句的上下文、句法结构、语义和语用，包括：

（1）在文中出现的段落位置（标题或正文首段/正文中间段/正文末段）；

（2）在段落中出现的句子位置（独句段/首句/中间句/末句）；

（3）句子结构（省略句/单句/复句）；

（4）疑问句的形式类型（是非/选择/疑问），是否含有特征性词汇（“如果/难道/岂不”等）；

（5）是否与其他问句连用；

（6）语义类型（正问/反问）；

（7）语用类型（询问/设问）；

（8）是否在对白中出现（是/否）；是否有回答结构（无/立即回答/延迟回答/隐晦回答）；

（9）谁来作答（问话人/听话人/第三方）等。

再将每个“吗”所在EUDA的rr记为RR、核心性RRnuc；将“吗”字句所处RR所牵涉的所有UDA（以下简称“吗字句上层结构”）的rr及核心性记为RRabove、RAnuc，从CJPL400库标注的篇章树库中提取数据或做出补充标注。在一棵具体修辞结构树中，这四个变量对应的值如例32所示（同例19）。图中

---

① 汉语疑问句曾出现过的主要的划分标准有四种：（一）形式标准，即是否含有特定的形式，如：问句是否含有疑问词，问句是否含有正反等多个选择枝，问句是否有附加小句，答句是否可以用“是、非”，以及答句是否需要提供特定的信息等；（二）语义标准，如根据疑问句与陈述句的语义转换型式分为“是非问、特指问和选择问”等；（三）语用标准，即说话人对所关注事物的确信程度，或疑问信息的有无进行分类，分二值（真性问、假性问）、三值（询问句、揣度问和反话问）、五值（黄国营，1986）甚至七值等；（四）混合标准。

“吗”所在的EUDA编号是6，各项应获得信息的值为：RR = justify - s（论证关系）∈论证关系组，RRnuc = N，RR涉及的UDA编号为［7 - 8］；上层结构RRabove = attribution - s（详述关系）∈BACKGROUND，RAnuc = S，RRabove涉及的UDA编号为［6 - 8］。

例32（“吗”字句的篇章作用）

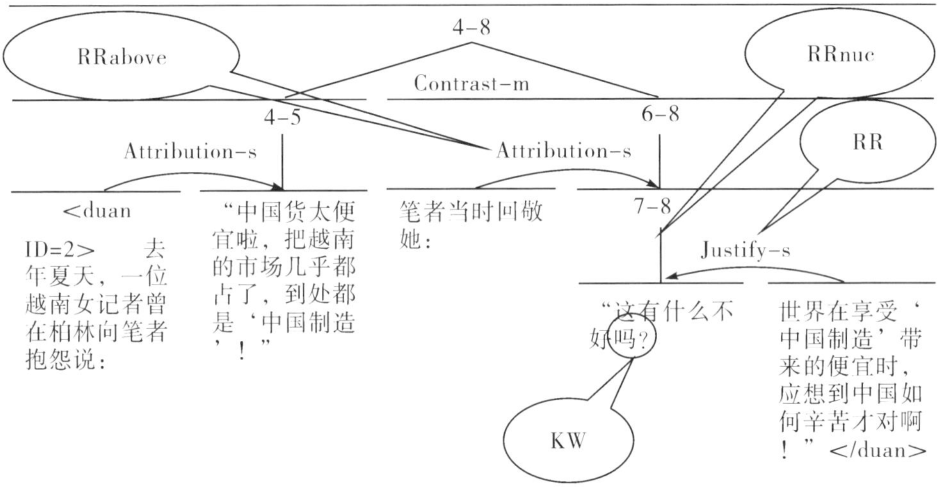

图5 - 8　篇章衔接标记“吗”的修辞结构树示例（CJPL1995119.2）

5.4.3　数据结果

5.4.3.1　位置分布与RR的相关性

在CJPL400中，共检索到129个“吗”，分布在70篇文章中（占全部文章的17.5%）。其中，有121个“吗”字出现在问号句（包括两个“吗”在问号句中连用的情况，如例33），占CJPL400全部问号句845条的13.7%。剩下的8条，有2个“吗”出现在引号或书名号内，6个出现在标题末尾。

在具体语篇中，“吗”字句有10条作为新闻评论的标题，5条出现在正文第一段，6条出现在正文最后一段。其余108条出现在正文中部，包括3条作小标题。由于新闻评论的标题段有时含有副标题、编者按、导语等比较复杂的结构（如例34），有时则紧接正文的论述，有时在第一段叙述背景又是新闻时事评论的必要内容（例35），因此本研究将标题段和正文第一段合并统计为“（标题及正文）首段”，得到“吗”字句在首段、中段和末段出现的语篇位置分布，以及各句在段落中的位置分布，得到的具体结果如表5 - 8。

表5－9是“吗”字句在CJPL中的RR分布：最频繁出现的RR有解答关系（41.1%）、并列关系（13.2%）、详述关系（11.6%）和论证关系（11.6%）。

例33（“吗”在问号句内连用）

而且，在房产证上会不会有新的变化，原来的房产证还适用吗，会颁发新的房产证吗？

——CJPL2227697.8

例34（“吗”字句在复杂的标题段）

< Duan ID = 1 > GDP增长缘何高于预测？中华工商时报：经济“软着陆”了吗 __李爱明 < Duan >

< Duan ID = 2 > 四季度增速回升是主因专家不认可经济“软着陆”说法 < Duan >

——CJPL3146816.2

例35（“吗”字句在正文第一段）

< Duan ID = 1 > 经济参考报：警惕倾销性价格优势砸翻行业大盘 < Duan >

< Duan ID = 2 > 最近，在一些膨胀较快的行业比如说空调业，出现了一些用超低价格冲击市场的狙击手，引得业内企业纷纷效仿。这类企业真的具有价格优势吗？它们的背后有何玄机？ < Duan >

……

——CJPL2016650.1

表5－8 “吗”字句在CJPL400中的分布

	独句	首句	中间句	末句	小计	独句	首句	中间句	末句	小计
文首	10	2	3	3	**18**	7.75%	1.55%	2.33%	2.33%	**13.95%**
文中	23	15	42	26	**105**	17.83%	11.63%	32.56%	20.16%	**81.40%**
文末	0	1	3	2	**6**	0.00%	0.78%	2.33%	1.55%	**4.65%**
合计	**33**	**18**	**48**	**30**	**129**	**25.58%**	**13.95%**	**37.21%**	**23.26%**	**100%**

表 5 –9　修辞关系在 CJPL400 “吗” 字句中的分布

RR 关系	文首	文段	末段	合计	独句	首句	中间句	末句	合计
QUESTION	9	44	0	53	30	8	11	4	53
	7.0%	34.1%	0.0%	41.1%	23.3%	6.2%	8.5%	3.1%	41.1%
CONJUNCTION	1	12	4	17	0	1	8	8	17
	0.8%	9.3%	3.1%	13.2%	0.0%	0.8%	6.2%	6.2%	13.2%
ELABORATION	0	15	0	15	0	2	9	4	15
	0.0%	11.6%	0.0%	11.6%	0.0%	1.6%	7.0%	3.1%	11.6%
EVALUATION	0	15	0	15	0	2	9	4	15
	0.0%	11.6%	0.0%	11.6%	0.0%	1.6%	7.0%	3.1%	11.6%
JUSTIFY	3	11	1	15	2	2	7	4	15
	2.3%	8.5%	0.8%	11.6%	1.6%	1.6%	5.4%	3.1%	11.6%
CONTRAST	2	11	0	13	0	3	5	5	13
	1.6%	8.5%	0.0%	10.1%	0.0%	2.3%	3.9%	3.9%	10.1%
CAUSE – RESULT	1	6	0	7	0	0	3	4	7
	.8%	4.7%	0.0%	5.4%	0.0%	0.0%	2.3%	3.1%	5.4%
BACKGROUND	2	4	0	6	0	1	4	1	6
	1.6%	3.1%	0.0%	4.7%	0.0%	0.8%	3.1%	0.8%	4.7%
CONDITION	0	1	1	2	0	1	1	0	2
	0.0%	0.8%	0.8%	1.6%	0.0%	0.8%	0.8%	0.0%	1.6%
OTHERS	0	1	0	1	1	0	0	0	1
	0.0%	0.8%	0.0%	0.8%	0.8%	0.0%	0.0%	0.0%	0.8%
合计	18	105	6	129	33	18	48	30	129
	14.0%	81.4%	4.7%	100%	25.6%	14.0%	37.2%	23.3%	100%

例 36（“吗”字句在文尾表示强烈的反问）

<Duan ID = 15> 只是不知道，我们的银行珍惜储户的激励吗？清楚自己的社会角色吗？（尚德琪）</Duan>

——CJPL2228223. 15

从文章位置上看，文首或文中段的“吗”多用于问答关系（分别占总数的 7.0% 和 34.1%）），在末段却不用；同样不用于文末段的还有详述关系、转折关系，且详述关系也不出现在首段，只出现在中段。并列关系多出现在文中段或问末段，且多在段落的中间或末尾，常属于“多个问句连用”的情况，实际上是多个并列的问句出现在段落的尾部。独句段突出地用于问答关系；还有少量的论证关系和话题转接用法。段落首句也常用于问答关系（8/18）。而在文章最后一段的

“吗”字句却多为反问句，表示作者不同的观点，同时也有疑问性质，用以引发读者的思考（例36）。这可能是因为作者不宜直接对有关部门提出反对意见。

由于RR是定类变量，用Lambda系数测算发现，“吗”字句所在段落在语篇中的位置与其所在的RR有微弱的相关性（对称的Lambda系数为0.040，sig = 0.042）。

5.4.3.2　位置与上层结构的相关性

有一半出现在文章首段的“吗”字句上层结构（9/18，全部是解答关系）已经处于文章的最上层；另一半（8/18）出现在文首的“吗”字句，其上层结构也基本为问答关系。剩下1个的上层结构是转折关系。处于中间段的“吗”字句上层结构多以解答或详述关系展开，而话题转接都发生在（7/7）处于独句段或段落句首的“吗”字句上层结构中。“吗”字句在段落中位置与其RR及核心性也有相关性（对称的Lambda系数为0.229，sig = 0.001）。

去掉9个已在最上层的“吗”字句，其余120个“吗”字句上层结构的RRRA按出现频率的高低排序如表5-10。可以看到，上层结构中最频繁出现的有问答关系（19.4%）、详述关系（19.4%）、和转折关系（14.0%）。RRabove与其段落、句子位置都有微弱的相关性（对称的Lambda系数分别为0.141和0.108，sig < 0.05）。

表5-10　“吗”字句上层结构在语篇中的修辞结构作用RRabove分布

RR	首段	中段	末段	合计	独句	首句	中句	末句	合计
QUESTION	8	16	1	25	4	4	11	6	25
	6.67%	13.33%	0.83%	20.83%	3.33%	3.33%	9.17%	5.00%	20.83%
ELABORATION	0	23	2	25	6	1	11	7	25
	0.00%	19.17%	1.67%	20.83%	5.00%	0.83%	9.17%	5.83%	20.83%
EVALUATION	0	23	2	25	6	1	11	7	25
	0.00%	19.17%	1.67%	20.83%	5.00%	0.83%	9.17%	5.83%	20.83%
CONTRAST	1	15	2	18	2	1	8	7	18
	0.83%	12.50%	1.67%	15.00%	1.67%	0.83%	6.67%	5.83%	15.00%
JUSTIFY	0	14	1	15	2	2	7	4	15
	0.00%	11.67%	0.83%	12.50%	1.67%	1.67%	5.83%	3.33%	12.50%
CAUSE - RESULT	0	13	0	13	3	2	4	4	13
	0.00%	10.83%	0.00%	10.83%	2.50%	1.67%	3.33%	3.33%	10.83%

（续上表）

RR	首段	中段	末段	合计	独句	首句	中句	末句	合计
BACKGROUND	0	9	0	9	4	0	3	2	9
	0.00%	7.50%	0.00%	7.50%	3.33%	0.00%	2.50%	1.67%	7.50%
CONJUNCTION	0	8	0	8	0	4	4	0	8
	0.00%	6.67%	0.00%	6.67%	0.00%	3.33%	3.33%	0.00%	6.67%
OTHER	0	7	0	7	3	4	0	0	7
	0.00%	5.83%	0.00%	5.83%	2.50%	3.33%	0.00%	0.00%	5.83%
合计	9	105	6	120	24	18	48	30	120
	7.50%	87.50%	5.00%	100.00%	20.00%	15.00%	40.00%	25.00%	100.00%

5.4.4 讨论

数据显示，“吗”字所在 UDA 的 RR 及其直接上层的 RRabove 两者都与“吗”字所在的段落位置和句子位置有相关性。且 RR 和 RRabove 比较集中地聚集在问答关系、详述关系、转折关系和论证关系，其中又以问答关系占了最主要的部分（分别为 41.1% 和 19.4%）。“吗”字句的用法不仅与其本身强烈的疑问语义有关，也与 CJPL 语料的议论文体有关。

5.4.4.1 强烈的疑问语气

“吗”字句用于“问答关系”（41.1%）时，下文常紧接回答语句，或者至少有含蓄的答案可以找到：有些是问话人（包括作者）自己回答，有些是对话人（非问话人）做出回答。如例 37 的“吗”字句是在叙述新闻事件的过程中引用了别人或自己的问句（既是作者写作中的设问，也是记者采访时的提问）。

例 37

< Duan ID = 22 > 中国经济“软着陆”了吗？< Duan >

< Duan ID = 23 > 出乎意料的是，几位接受采访的学者一致地不认可当前中国经济“软着陆的说法。< Duan >

< Duan ID = 24 > 汤敏说，他并没有认为当前的这些迹象就表明中国经 济已经“软着陆了。

——CJPL3146816.24

CJPL 经常涉及的人物关系有：作者—读者、记者—被采访人、被采访对象 A—B 之间、引用人—被引用人。不少时候有些问句同时在不同的人物之间发生作用，从而导致多重的疑问关系。如（例 37）既是文章的小标题，同时也可能是记者（作者）采访时实际提出的问题。因此，这里有“记者——被采访人”间的询问关系，也有“作者——读者”间的“无疑而问”的关系。即使是一些脱离语境容易被认为是反诘句的用法，在 CJPL 中也是明显的询问和设问句。新闻评论中复杂的人物关系使“吗”字句得以发挥多重提问的作用。

例 38

……［[1]他一直以来的一个**疑惑**：］［[2]“为什么义乌的外贸公司这么多，却很少有中国人开的？” <Duan>］

［[3] <Duan ID = 18> 山姆说，义乌的大多数外贸公司，都是美国人、欧洲人、韩国人、中东人设立的，中国的外贸企业屈指可数。］［[4]中国人似乎只对小商品的生产、运输、集散、批发感兴趣，他们**难道**没有能力自己将产品出口到海外**吗？** <Duan>］

——CJPL2242306. 18

这个“吗”字句含副词“难道”，语气比较强烈，如果脱离语境，很可能被认为是反问句①。但是从例 38 的下文可知，这其实是说话人一个真正的疑问，也是他向有关人员提出的一个问题。近期研究发现，“难道”句除了在反问句中表示否定或不解，也可以表示推测，是介于反问和是非问之间的疑问（苏英霞，2000）。

但不管会话关系如何复杂，根据会话的合作原则，读者常常可以期待回答结构的出现，或等待作者提供答案。其后果就是，当作者没有提供回答时，读者仍会期待答案，然后发现需要自己思考才能得出问题的答案。这正是议论文作者想要达到的交际目的。正是通过“吗”字句所表达的强烈的疑问语气，评论文的作者要求本来被动的读者积极参与语篇的解读，形成并强化了议论语篇的对话性。

表 5－11 篇章、段落位置与“吗”字句结构、语义及语用类型间的相关性分析

		对话否	谁答	连用否	句子结构	极性	语义类	语用类
文章位置	Pearson	0.061	-0.194*	0.275**	0.128	-0.165	0.179*	-0.418**
	Sig.（双侧）	0.493	0.028	0.002	0.149	0.061	0.042	0.000
	N	129	129	129	129	129	129	129

① 一般语法书中把“难道……吗/不成”与“不是……吗”、“怎么……呢”句划归反问句类。

（续上表）

		对话否	谁答	连用否	句子结构	极性	语义类	语用类
段落位置	Pearson	-0.245**	-0.488**	0.391**	0.179*	-0.192*	0.469**	0.024
	Sig.（双侧）	0.005	0.000	0.000	0.042	0.029	0.000	0.786
	N	129	129	129	129	129	129	129

说明：*. 在0.05水平（双侧）上显著相关。

**. 在0.01水平（双侧）上显著相关。

表5-11的统计检验结果显示，“吗”字句在文章的位置与其是否出现在现场的对话中①，是否复杂句，是否含有特征性的词语（如“如果、难道、真的、不就”），以及是否为形式上的肯定句等，没有关系。但语篇位置与其是否能得到回答、由谁做出回答等，有相关性。而这两个因素恰恰是判断“吗”字句是否为设问句、反问句的一条直观标准，反映了“吗”字句的语义类型（正问、反问）与语用类型（询问、设问）。

5.4.4.2 “吗”字句在议论文中的作用

议论文的语用目的是表达作者的观点并加以论证，以达到说服读者的目的。表达作者观点的方法有许多，可以是亮出对某一问题的答案作为自己的观点，也可以是反驳别人的观点再立论，等等。议论文的典型结构导致了“吗”字句的语篇位置与其rr有密切的相关性。

当“吗”字句出现在标题段或第一段（如例34），常常整篇文章都是对这个问题的回答。整个篇章树的最上层关系就是Question关系。这是财经评论中较为常用的借“抓眼球的”问题来阐述作者观点的一种论证结构。

当然文章中部也可以提出问题，表达观点（给出答案）。这里的“吗”字句多用于Question关系（占总数的44/105），由问话人提出一个问题，紧接着给出直接或间接的解决方案作为回答（例39）。但这些“吗”字句的上层结构，往往引领了一个大的话题转接（7/44）、转折关系（15/44），表示大的话题转换或立场变化。这是因为转折关系（包括否定）需要较多的说明论证（Ford，2000），需要用“吗”字句后面的答句做出支持。多处“吗”字句还处于独句段或段落句首的位置。

此外，“吗”字句还常多个连用②。三个连用时有在同一层次的，也有在不

① 虽然新闻评论作为议论文，理论上是独白类的散文，但新闻评论中常有不少对话出现，如叙述与新闻事件相关的采访内容，以及作者一些在论证过程中使用的模拟对话的文字。

② 这里分两种情况：一种是2个或多个带“吗?”的句子，另一种是多个“吗”但不带问号。前一种情况实际上是2个或多个问句出现在段落的尾部，但统计的时候只有最后一个算作段尾；另一种在分号句颗粒度上只算一个问句。

同层次的（如例40）。这类多个连用常是假设条件的问句，似乎是为了说话人强烈的否定观点，并常标志段落的结束。

例39（RRabove = joint – m）

……发达国家也曾被迫实行严格控制预算的政策，以应对由本币大幅贬值引发的经济动荡。…… </Duan>

<Duan ID = 7>这种事会在美国发生<u>吗?</u> 现在当然还没有。一旦出现美元危机，海外投资者就会因为害怕美元贬值招致损失而大肆抛售美国股票和债券。所幸美国国债价格以及与国债价格走势相反的长期利率水平去年尚未出现太大变化，而且股市还有所上涨。回顾全球范围内以往曾经出现过的危机可以发现，美国当前仍有足够的回旋余地来避免类似危机的发生，但是美元汇率……

——CJPL3145405.7

例40（多个“吗”字句连用）

……似乎过剩经济这种局面的形成，是由于在投资的宏观上失控所造成的，果真如此<u>吗?</u> </Duan>

<Duan ID = 55>如果这一说法是对的，那么我们岂不是又要回到“一个萝卜一个坑”的计划经济的老路上去<u>吗?</u> 如果真是“一个萝卜一个坑”，那么激活市尝优胜劣汰的竞争机制还能存在<u>吗?</u> <Duan>

<Duan ID = 56>纠正的办法当然是停止审批那些供大于求的投资再建项目。</Duan>

<Duan ID = 57>这种作法果真是对的<u>吗?</u> </Duan>

——CJPL2288821

简而言之，“吗”字句上层关系正好频繁地处于段落群（或篇章子树）的边界上，承上启下。但这样的段落分割似乎并没有减弱语篇的连贯性，反而通过一问一答一反驳的形式强化了内在的连贯，可能更有助于读者处理语篇信息。

5.4.4.3 “吗”与问号

问号是口语中疑问语调的书面形式，具有语法特征。CJPL400 中的“吗”，除了8例位于可以不带句末点号的标题和标号（引号、书名号）内部，4例紧跟逗号用于多个连续的问句外，剩余用例总是与问号连用（占全部129例“吗”字句的117/129 = 90.7%）。这说明在实际的议论文中，“吗”字句确实与疑问语调有很强的相关性。

但问号并不总是与“吗”字连用（如例38中的第二句）。实际上，问号在

CJPL 语料中共计 847 条，连用的仅占全部问号句的 13.8%，两者的互信息值（MI）为 9.5。提取 CJPL 语料库中的所有问号句及 RR 标注结果，发现问号句也并不总是与其他 DU 通过 Question 关系联系在一起，这一关系只占了问号功能的 17.8%。

CJPL 中更常见的问号用法是用于成串的反问句，导致 conjunction - m（如例 41）占据了突出的比例（35.6%）。我们认为作者可能希望通过连续使用反问句来增强论证的语气和力度。除了用于这两种关系，问号还较多地用于 Justify（例 41）的卫星句。这些数据都表明问号确实可以在评论文中发挥多种重要的篇章功能，因而可以也被认为是一个表层 DCM。

例 41（问号句用于 Justify 关系）

但我不知他如何“坦然”?如何“自悔”?他知不知道其所作所为，不单使中国航油集团新加坡公司面临破产，更使中国所有国有企业上市公司面临信誉危机!

——CJPL3135423.4

5.4.5 小结

本节从修辞结构关系及语篇位置的视角考察“吗”字句在评论文中的用法，附带也考察了“?”句的特点。

发现“吗”字句的语篇位置与语义语用具有统计意义上的相关性。这些现象，可能与议论文常以“Question - Answer”的方式来阐述观点有关，也可能与“吗”强烈的疑问语气有关。问号在与“吗”连用时表现出较强的疑问语气，常用作问答关系；在其他语境下则更多地用于 conjunction - m 和 Justify 关系。两者皆可以作为 rr 自动判定的一个候选特征。

第六章 应用测试——以“因为”为例

不论是基于规则还是基于统计学习，自动篇章修辞结构剖析都可被视为一个三步处理法：

（一）将输入语篇切分为各个基本分析单元（EUDA）；

（二）以修辞关系（RR）作为树枝的标签，将各个由 EUDA 叶子节点按篇章结构核心性地位连接起来形成篇章子树；

（三）生成一棵完整的符合语法的修辞结构树。现阶段我们对篇章自动分析的研究聚焦在对一个已经切分的 EUDA 序列构造尽可能多、尽可能准确的篇章子树森林。即，在假定已将篇章语料合理、准确地切分为 EUDA 序列的基础上，利用各种比较明确的形式标记及其对篇章修辞结构的提示，通过算法自动发现这些 EUDA 之间所有可能的 rr。未来可以基于给定的 RR 集和组合原则（Marcu，2000），通过各种算法将小段文本组合成较大的 UDA，最终形成一棵合格的完整的修辞结构树。

下文利用汉语修辞结构树库及其相关篇章衔接标记（DCM）的标注，选取有代表性的标记“因为”进行测试，评估基于 DCM 的 rr 自动标注的可行性和准确率。

6.1 研究背景

“因为”是个汉语中常见的关联词语，多作句内连词，并常出现在因果关系的原因分句。在传统语法研究的基础上，近年来的复句研究发现，因果关系中“因为”是否单独使用存在一定的选择倾向和使用差异（李晋霞、王忠玲，2013）。“因为”所在的句子与“既然”句（钟小勇、张霖，2013）、“由于”句（李晋霞，2011）等也存在使用差异。在“因为”单用的句子中既有多个原因并列的，也有与其他连词一起使用的情况（汪婷婷，2010）。利用篇章语料进行的研究发现，“因为”的出现不仅与篇章内部的结构有关，而且与语体（Biq，1995）、作者的个人风格（汪婷婷，2010）等外部因素也有关。

在 CJPL 这个 400 篇仅 70 万词的篇章语料库中，“因为”的使用牵涉到很多问题：

（一）“因为”是不是词？

CJPL400 篇语料共检索到“因为”字符串 403 条，包括 70 条“是因为”字符串。ICTCLAS 分词结果得到“因为”387 条，16 条被分词器自动判定为“是因为”一词的组成部分；而经人工分析，387 条中还有 47 条也可以确定为“是因为”。虽然汉语理论研究对“（之所以……）是因为”是否算词尚存争议（汪泰荣，2004），我们从句法作用和方便文字处理角度出发，按最长匹配原则将“是因为”直接看作一个连词，人工将这（16 + 47 = 63）条“因为”字符串的词性标注为“语素”，在“因为”的检索结果中同时做出标注和统计分析。

（二）“因为”是句间连词、句内连词，还是介词？“因为”的辖域，是词组、小句、句子，还是段落，甚至整个语篇？在 CJPL400 中，“因为”有作为句间关联词出现的用法，也有作为句内连词和介词出现的用法，如例 42 单元［2］中的“因为”就是句间连词的用法：

例 42

［1 当回扣之风俨然成为一种规则时，我深信，沃尔玛人的无奈并不仅限于“送支笔，请杯茶”之类的现状。］［2 **因为**不能不承认，供应商类似“送支笔，请杯茶”的行为的确可能导致一种不公平的竞争。］

——CJPL1998712. 11 – 12

（三）“因为”小句的相对位置，是在修辞结构的前部 P，后部 Q，还是内嵌的 Em？

上面例 42［2］中的“因为”在后部 Q；下例 43［1B］中的“因为”在 Em 部：

例 43

［1A <Duan ID = 2> 原定于昨日进行招投标的 2003 年记账式（九期）国债，1B **因为**财政部一纸紧急《通知》而停止发行。］［2 财政部称**是因为**近期市场短期利率异动。］

——CJPL2097527. 2

（四）“因为”的搭配，除了“所以”还有哪些？

CJPL400 中的“因为”既可以与“所以”等词搭配使用，也可以独立标记因果结构（即搭配空标记）。而且，并不是所有出现在“所以”后面的“因为”就必然是在同一层次，这反映了 UDA 组合结构的复杂性。如例 44 中［3C］的“因为”并不解释［3A］的“所以”，相反，它是用来解释［3B］中的“更多的人想方设法向其采购人员‘送支笔，请杯茶’”。

例 44

[1 沃尔玛人最大的无奈，也许就在于，他们可以给出一个游戏规则，但是一旦发现有人破坏了规则，他们最多终止与其合作。] [2 除此之外，规则的破坏者几乎不必承担任何责任。] [3A 所以说它只能是无力的，3B 它没有办法阻止更多的人想方设法向其采购人员“送支笔，请杯茶”，3C <u>因为</u>这样的尝试可能带来更大的利润。]

——CJPL1998712. 7

（五）“因为”是否一定是标志“因果语义关系”的词语？是否还表示其他的语义或语用关系？

实际上 CJPL400 中有“因为”标记的 rr 多达 10 余种，这些关系大多表示作者明显的语用意图，以论证观点、提供原因或解释、给出解答等为主。

（六）“因为”与其他连词的使用情况如何？嵌套的规律如何？

真实语料中的“因为”用法十分复杂，对自动分类器的性能提出了全面的挑战。用“因为”做测试，将全面检验 DCM 篇章用法的实用性。

6. 2　任务分析

“因为”在中文关联词语中的代表性及其灵活用法对统计学习方法提出了挑战。我们认为，从模拟篇章自动剖析的需要出发，“因为”的复杂多因子特征可能涉及这一词语及其所在 UDA 的一些形式、语法、语义特征，包括：

（一）篇章编辑信息：“因为”所在及（或）左右 EUDA 的首尾标点符号（及在语料预处理期间插入的篇章起止符、段落起止符等）。

（二）简单的词汇线索：我们根据提示词表，对“因为”所在 EUDA 前后的上下文中用到的 DCM 进行了简单的匹配搜索，并将它们合并为并转、因果、时空、引述、指代、情感和其他共 7 类。

（三）简单的语法线索：为了减少对具体词汇和总词汇量的依赖性，我们选择增加表层语法线索，即通过 ICTCLAS（2009 版）自动分词后的词性标注（北大标准），提取每个 EUDA 的前三个词和最后两个词（包括标点符号串）的词性标记，合并为名、代、动、副、介、关联、标点和其他共 8 类。

（四）简单的语义线索：EUDA 的极性（即肯定或否定的语义），利用疑问词（“什么、如何、怎么”）和否定词（“不、无、没、未、否”）来做初步的极性判断，结果为肯、否、疑问和其他共 4 类。

研究自动处理的主要目标之一是提出一个最小的参数集，据此来筛除那些不适合做特征的候选对象。因此，本次实验首先选取了容易获得的关键词表层形式特征9个，包括：Ls（左边EUDA前面的标点符号串）、Ls1（左边EUDA的第一个词）、Lcol（根据词表在左边EUDA检索到的提示语）、Lpol（左边EUDA的极性）；L1POS（靠关键词左边的第一个词词性）、R1POS（靠关键词右边的第一个词词性）、R2POS（靠关键词右边的第二个词词性）、RCOL（根据词表在右边EUDA检索到的提示语）、Rf（右边EUDA最后的标点符号串）。这些特征都是先前研究报道中对篇章理解有用的特征，其提取和赋值都无需人工干预。

结合第6.1节提到的“因为”用法的问题（二至五），设计了如下8个对篇章理解有用的语义用法属性变量，且在篇章树构造的总体任务中是相互关联的：

（1）RR：“因为”最可能标志的rr标签，即“因为”标记的其所在EUDA节点与相邻兄弟节点UDA之间的关系，按汉语RR的定义分16大类（第3.4节）；

（2）RRnuc：“因为”单元在rr中最可能的核心性地位，分N、S、M共3类；

（3）RRspan：“因为”所涉rr在篇章中最可能的范围，0、1、2、M（相对值，0表示在该EUDA内部，1表示在前/后相邻的EUDA；2表示在相邻单元的再前/后一个EUDA，M表示在相距更远的EUDA）共4类；

（4）KWloc：“因为”所在EUDA与rr中另一UDA在篇章中最可能的前后线性位置，分P（在前）、Q（在后）和Em（内嵌）共3类；

（5）RRabove：“因为”直接上层UDA最可能的rr类型标签，使用了同上16大类RR加“没有”类，共17类；

（6）RAnuc：直接上层UDA在RRabove中最可能的核心性地位，分“N、S、M、其他”共4类；

（7）RRbelow：直接下层UDA最可能的rr类型标签，使用了同上的16大类关系加“没有”类，共17类；

（8）RBnuc：直接下层UDA在RRabove中最可能的核心性地位，分“N、S、M、其他”共4类。

在一棵具体修辞结构树中，上述八个属性对应的信息如图6-1所示。图中“因为”所在的EUDA编号是5，各项应获得信息的值为：RRabove = Justify ∈ JUSTIFY，RAnuc = S，RR = Nonvolitional - cause ∈ CAUSE - RESULT，RRnuc = S，RRspan = M，KWloc = 1，RRbelow = “没有”，RBnuc = “没有”。

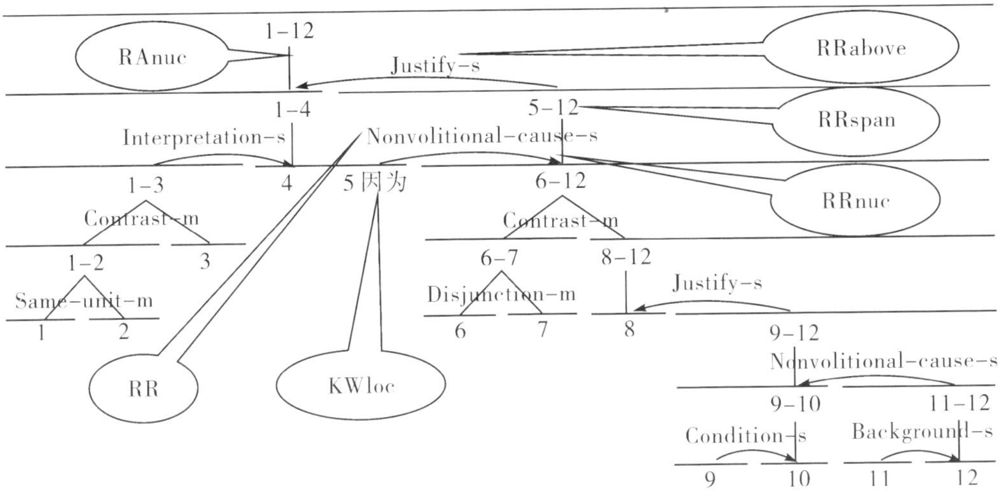

图6-1 篇章衔接标记“因为”的修辞结构属性示例

这八个属性，彼此间相互关联。其中，RRspan（即UDA的范围）涉及节点，RR涉及节点之间的关系，RRnuc（N就是rr关系箭头的落点）涉及关系的方向，KWloc则说明节点与关系中另一个节点在语篇中的前后线性关系。而RRabove、RR、RRbelow是祖、父、子三层节点所处的关系，RAnuc、RRnuc和RBnuc是祖、父、子三层节点所处关系的方向，共同代表相关UDA之间的非线性关系。它们都是为了详细描述“因为”所在EUDA以及与其相关UDA的篇章属性，都有助于构造局部篇章子树，因此可以使用同一组“因为”上下文特征对这8个属性的判定任务进行机器学习和测试。

6.3 学习工具

从第五章的语料标注分析可以看到，DCM形式多、辖域广、用法复杂（即需要用多个特征来表示），受众多因素的影响。因此需要寻找合适的机器学习算法以保证准确率，并同时控制计算的复杂度。

计算科学中已发现支持向量机（SVM）适合文本类数据的学习。这一算法在解决小样本、非线性及高维模式识别中表现出许多的优势：首先，SVM并不假设特征独立，因此无论输入特征是否具有相关性，都能取得很好的分类结果，特别合乎语言的处理需求。第二，SVM对有噪音的输入有更好的弹性。第三，训练时对特征向量大小的依赖较小，计算复杂度低，能很好地用于处理涉及相对大规模特征空间的分类问题。第四，SVM能回避过度拟合这一常见问题。此外，传统的分类器能处理二分类标记，改进后的SVM还可以处理有多个分类的标记。由于这些特点，SVM学习很早就在文本分类中展露头角（Joachims，1999），在德语篇章剖析中也很成功（Reitter，2003b）。因此我们认为，SVM 算法能利用自动提取的各项关键词特征，预测本项目所关心的 DCM 篇章用法。

另一类适合文本学习的算法是多任务构造性学习。多任务构造性学习的核心思想是合理共享和利用来自不同任务的信息，以改善终极目标的学习效果（Caruana，1997；Ando and Zhang，2005）。虽然一个学习任务的训练数据中常常包含对其它任务有益的信息，但传统单任务学习对与其他任务相关的信息不作进一步的挖掘，能从输入样本中所获取的信息有限，训练出来的分类器没有推广价值。而多任务学习则充分利用任务间显性或隐性的相关性，通过额外任务来修正主任务的输出，从而提高每一个分类任务上的准确率，并使分类器的泛化性能得到增强。相关实验证明，多任务学习在文本分类、命名实体识别、语块切分、汉语共指消解等问题上都可显著地提高学习准确率（Ando and Zhang，2005；熊皓等，2013；宋洋，王厚峰，2015）。同时，通过利用冗余特征包含的有用信息来弥补先验知识的不足，多任务学习还特别适用于仅有少量小规模人工标注资源的篇章技术应用。

我们在前面“但、但是”的讨论中已经看到，一个 DCM 对应的多个特征之间经常会存在一定的相关性，这些相关性可以为多标记分类提供有用的信息。而篇章剖析问题由 UDA 确定、RR 确定、篇章树构造等多个子任务共同组成，适合使用多任务的联合学习与联合推断这一方法。因此，我们采用了一个用于解决多特征多分类问题的支持向量机开源库① SVM^{multiclass}，结合自主开发的接口软件，按照推荐的步骤，首先将数据转换为 SVM^{multiclass}指定的格式，用同一组特征同时为多个任务进行学习，然后对数据进行归一化操作，选择默认的线性核心方法进行建模。

6.4 数据处理、结果及讨论

首先，提取语料库中所有的“因为”字符串及其前后各一个句子，自动获得的分词词性及其他上下文属性等信息。将数据导入 Excel 表格后，与“因为”一词经人工标注所得的信息（包括三级 RR 的信息）汇总。再导入 SPSS 软件测试相关性，选取第 6.2 节介绍的 9 个容易获得且在统计上有显著相关性的特征作为 SVM 算法训练的输入。然后从修辞树库中提取与篇章树直接相关的上述八个特征（第 6.2 节）作为学习目标，导入 SVM^{multiclass}分析器进行多任务训练及评估。

① http://download.joachims.org/svm_multiclass/current/下载。

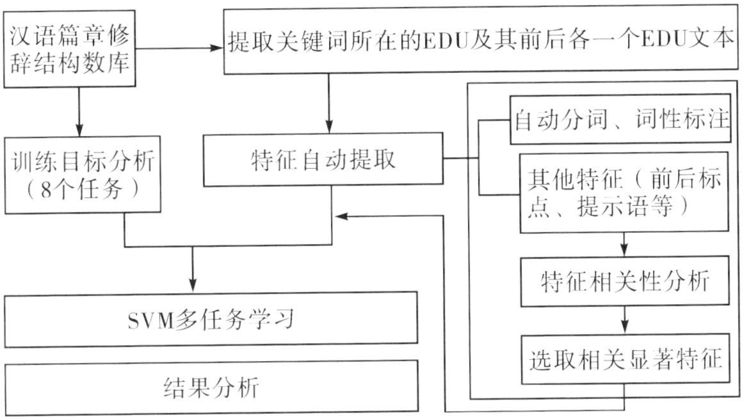

图 6－2　基于多任务学习的篇章修辞结构信息提取流程

经封闭测试（即 403 个全部既用于训练也用于测试）和开放测试（323 个用于分类器训练，剩余 80 个用于测试），得到各自的准确率与理论的和实际的随机概率进行比较，作为衡量算法性能的指标①。其中，准确率＝100%－错误率，错误率为 $SVM^{multiclass}$ 的汇报结果。

理论随机概率＝1/N，N＝指定特征全部可能的属性值数（比如，汉语 RR 定义分 16 大类，因此两个 UDA 之间 RR、RRabove 和 RRbelow 关系的理论随机概率都为 1/16＝6.3%）。

实际随机概率＝1/N'，N'＝指定特征在训练库中实际出现的属性个数（比如“因为”在 CJPL 中实际有 7 种 RR 用法，某一种 RR 关系的实际随机概率是 1/7＝14.3%；“因为”所在 UDA 在 CJPL 中实际有 9 种 RRabove 用法，某种 RRabove 的实际随机概率是 1/9＝11.1%）。

图 6－3 报告的结果显示，使用这组特征可以同时完成多项与篇章结构判定有关的任务，较好地对我们的数据做出分类：除了 RRabove 的预测准确率没有明显高于随机概率外，其他各项学习的准确率都明显高于随机概率，并大于 50%。

① 因为不涉及召回率，也无法计算 F 值，所以我们采用了单一的准确率来衡量算法的有效性。

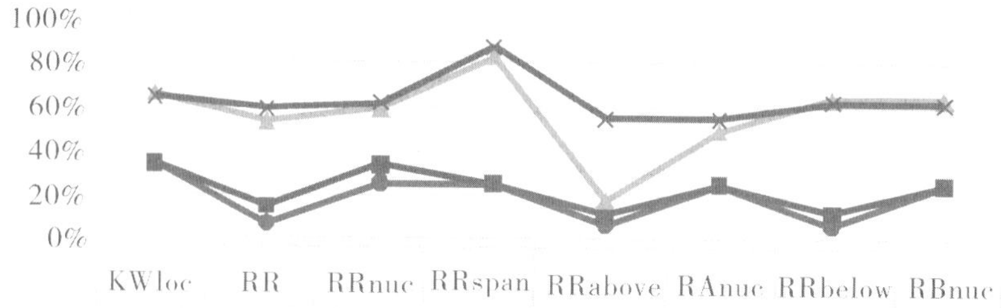

	KWloc	RR	RRnuc	RRspan	RRabove	RAnuc	RRbelow	RBnuc
理论随机	33.3%	6.7%	25.0%	25.0%	6.3%	25.0%	6.3%	25.0%
实际随机	33.3%	14.3%	33.3%	25.0%	11.1%	25.0%	12.5%	25.0%
开放测试	65.0%	52.5%	58.8%	82.5%	17.5%	48.8%	63.8%	63.8%
封闭测试	63.8%	58.6%	61.3%	87.1%	54.6%	54.6%	62.3%	61.8%

图 6 - 3　用 SVM multiclass 对目标特征进行封闭和开放测试的结果与随机概率对比

经分析，分类器预测出错的主要原因有三个：

（一）本项实验我们全部是在自动提取的特征上进行的，有些自动提取的结果准确率本身就比较低，比如“因为”的 POS 标注，经校对准确率只有 79.40%。加上另外三项（L1，R1，R2）自动获得词性的准确率都不是 100%，会对学习结果有影响。

（二）根据文献（Lauer，1995）的观点，保证统计学习得出较好结果的前提是每种特征值在训练语料中出现的次数至少应为 3 - 5 次。而在本实验各类任务所用的训练数据中，RRabove 这一任务的训练数据中个别关系出现的次数低于 3 次，存在数据稀疏的问题，这也可能是导致在这一任务上学习效果较差的原因之一。

（三）可能是由于我们提取的上下文较短，“因为”的上下文信息只来自前后 2 个 EUDA，不利于大于 2 个 EUDA 以上篇章子树的构造，所以预测“因为”所在篇章子树在总体篇章中的上层子树关系 RRabove 的分类精度较低。

不过，目前我们利用的自动提取的特征还比较少，还有很多其他可以自动提取的信息，比如 EUDA 的词数/字数、在篇章中的位置（段落/句子序数）等，也可能有助于线性篇章关系的判断和非线性篇章结构的构造。未来可以做进一步的测试。

6.5　小结

本章利用汉语修辞结构树库的标注结果，选取有代表性的标记“因为”及其多项可自动提取的特征，用 SVM 算法学习测试了基于 DCM 多特征多分类的多任务 RR 自动标注的可行性和准确率。虽然实验十分简单，但仍说明半监督的多任务学习模式可以帮助我们从有限的训练数据中习得与表层标记相关的多层次篇章信息。

通过联结表层标记所提示的 RRbelow、RR 和 RRabove 以及对应的 RRnuc、Ranuc 和 Rbnuc，再利用已知篇章子树间的嵌套次序和概率，或许可以帮助我们更有倾向性地预测篇章的总体结构。

在汉语中，除少数标记（如“而”等）外，大多数关联词语的识别和标注要比“因为”简单。因此笔者相信，其他关联词语所涉的 UDA 属性判定应该也可以应用多因子语义判定学习方法，并从这些词语所在的 EUDA 节点出发进一步覆盖到它们的父、子节点，进而（接近）完成全部篇章关系的判定。

第七章 讨 论

第五章总结了汉语新闻评论的篇章修辞结构特点，以及多类 DCM 的具体标注方案、分布特点和篇章连贯作用；第六章报告了一项基于 DCM 多特征标注结果的 rr 自动学习算法实验。出于为理论研究和语篇自动分析提供实证支持的初衷，本章将主要讨论四个方面：

（一）修辞结构树的理论和工程意义；

（二）对 RR 和 DCM 的理解；

（三）对多层次语言学信息标注的理解；

（四）对数据挖掘和统计学习的相关思考。

7.1 修辞结构树的理论和工程价值

经过为数百篇评论文反复构造分句和逗号子句颗粒度上的修辞结构树，笔者对修辞结构树的性质、修辞结构树与依存语法的关系，以及 RR 在篇章树中的概率分布特点等，有了较为深刻的体会。

7.1.1 修辞结构树和修辞关系的性质

首先，修辞结构树再现的是篇章的语用连贯，而非语义衔接。RST 在创立之初就提出（Mann and Thompson，1988：40），语篇之所以会产生连贯性效果，是因为它的每个组成部分都直接或间接地服务于作者的交际目的；形成一个 RR 的两个 UDA 之间有一个 UDA 较之另一个 UDA 而言对作者的交际意图更为重要。而修辞结构树通过形象地指出每个 rr 中的 N 单元和 S 单元，显示了篇章各组成部分是如何通过此类关系网络与篇章的其他部分联系起来形成整体；又通过确定体现语篇的综合效果落点，即语篇根结点的 N 单元，标注出了整个语篇的语用重心。因此，修辞结构树再现的是作者通过篇章想要表达的语用连贯结构。

其次，UDA 间的核心性地位本身就是篇章单元间关系的语用特征，因此 RR 表达的也应该是语用关系（Mann and Thompson，1992）。不过，正如前面（3.1.3）介绍的，由于经典 RST 文献区分了“信息性”（informational 或“主题性”/subject matter）和“表述性（representational）”两类 RR，却没有对这一仅次于核心性类型（单核或多核）区分的 RR 分类方式提供任何系统的解释（Mann and Thompson，1987；1988），所以导致了很多理论上的争议。有观点认为，RST的信息性关系大致对应系统功能语法（Systemic Functional Grammar）中的概念意义（ideational meaning），而其表述性关系大致对应后者的人际意义（interpersonal meaning）（Maier and Hovy，1991；Hovy，1993；Taboada and Mann，2006b）。但如果是这样，那么按系统功能语法认为语篇同时具有三大元功能的观点[①]，篇章单元之间应该同时存在信息性和表述性的关系。而另一种观点则认为，RST的表述性关系都是从言语行为理论（Speech Act Theory，SAT）发展来的，覆盖了各种言外之意（perlocution）；而信息性关系，则是在真实世界或者我们头脑中再现的真实世界的各种事件间的关系，与言外之意仅有一种不足道的关联（Nicholas，1994；1995）。由于语用学和真值—条件语义学都是独立的学科，是两个截然不同的分析模式，既不能从真值—条件分析中消除表述性的分析，也不能倒过来消除，所以应该将任何在语用学之外、只接受真值—条件语义学分析的关系都排除在RR集之外（包括各种信息性范畴，如各类因果关系、环境关系等），从而牢牢地将RST界定为一种语用学理论。

笔者认为，语用关系最大的特点是：（1）表现了各个DU在篇章中的相对重要性，且这种相对重要性取决于作者的交际目的。有关篇章单元间（复句内的分句或句群中句子之间的）偏正（/主从）和联合（/等立）的分类，实际上主要是语用分类而非语义分类。对语句间按逻辑语义进行分类的标准（如邢福义，2001），都放弃了"相对重要性"这一语用维度。（2）体现了作者交际意图，即作者是否带有主观性，以及是否针对读者做出了有偏见的陈述、论证或暗示。（3）暗示了某种相关性，需要读者做出进一步的引申（比如存在某种合理的因果关系等），或者向读者提供了某种服务，包括提供信息，改变观念的服务等。

笔者注意到，在其他一些篇章连贯的理论框架中，篇章关系被系统地一分为二，一部分为语义关系，对应的另一部分为语用关系（如Sanders et al.，1992）；而在另外一些篇章连贯的理论框架中，如PDTB的标注体系，只对部分关系做了这种语义和语用的对立区分，还有一部分关系既没有与之对立的语义（或语用）关系，内部也没有语义或语用对立的下级关系。不过，PDTB的标注框架明确要求分析的是基于衔接标记的UDA间语义关系，并不要求标注语用关系，也不要求构造篇章的整体结构，因此与修辞结构理论有实质的区别。但即使是PDTB体系，也设有多种语用关系的类型（如pragmatic cause等），这说明篇章单元间的关系分类既不能忽视语义关系和语用关系的区分，又需要找到一种合理的方法来说明这种区分。

那如何理解修辞关系集里的信息性语义关系呢？笔者认为，首先，两个文本

① 系统功能语法（Halliday，1994）认为，篇章小句同时有概念、人际和文本三种元功能，三者同时存在而不是相互排斥。

UDA 之间的关系能以完全不同的方式在语义、语用两个层次上都起作用（即作者在提供读者某种信息的同时，有加强读者的某种倾向或保持中立的态度）；其次，单元间的语用连贯需要有语义衔接的基础；那些表面上看起来与语义关系无异的关系，实际上是作者在表述的过程中，使用了透明的语用关系（态度中立或仅为了传递言内之意）来陈述一些信息。换个角度看，那些看似仅有语义关系的关系，实际上其语用关系的值为“中立”或“零”，所以才突显了它们的语义关系。可惜语用学发展时间不长，迄今都没有很好的分类体系可供参考。如果采用系统功能语法对小句的 4 大类人际关系（提供信息、索取信息、请求帮助和给予帮助）（Halliday，1994）来标注篇章的语用关系，则比较粗糙，难以区分各种提供/索取信息的语用关系小类。目前我们还不能简单地放弃语义关系分类对提供和索取信息类连贯关系的细分作用。

因此，在 CJPL 二期项目的开发过程中，我们从数据收集的探索性研究出发，根据 DU 之间的四种推理相关程度以及时间性、极性及核心性等特征，尝试建立了一个汉语关系集。首先通过 N、S 的主客观属性区分了主观意见表述和客观信息展示这两大类关系，从而强调了语义和语用的区分；又根据单元间的推理相关性、时间相关性和极性相关性，进一步将 RR 区分为 2 ×（3 ×2 +1）组。又在标注手册里规定，要求标注者根据协议优选语用表述性关系（即体现作者针对读者的表述意图），作为修辞树上的关系标签（参见第 9.3 节），且标注者需要通过区分 N 来确认作者在交际中想要强调的重点作为效果的落点。目前，这一基于特征的关系集能够较好地覆盖在 CJPL 语料库中出现的各种 DU 间关系。而且这一基于多维特征的分类体系是封闭的，留有空位，并能进一步引入新的维度进行细化，从而优于原来表单式的、平面的分类方法（如 RST、CDTB、传统研究等）。不过，目前这一关系集的一些分组方式还有可能做细节上的变动，名称也需要再斟酌。

7.1.2 修辞结构的层级同质性

在承认存在概率差异的前提下（图 5 -2A/B/C），看到篇章结构层级的同质性，就可以比较合理地解释 UDA 间的包孕能力，准确地概括汉语语篇连贯结构中的特点。首先，层级同质性与汉语语篇的体裁特点没有冲突。从 CJPL 语料库数据可以看出，汉语新闻评论文可以分为两大类，一类论证作者自己的观点（包括三种立论方式：表明观点、立论证明、反驳立论），另一类介绍别人（别的报刊机构或重要人物）的观点。因此，经常有几个语用图式（schema）在篇章树的最/较上层，如事件—评价、观点—证据、观点—详述、观点—反驳、观点—支持、观点—解释等。问答图式也常在上层（Question - Answer），因为不少作者喜欢把问句当标题（或小标题），这样整篇（节）文章就成了作者向目标读者提出问题，然后自问自答，对自己的观点进行说明和论证。CJPL 另一个显著的体裁特点是需要介绍新闻事件本身作为引发评论的由头。因此，常常会在文章开头出现 background－s、circumstance－s 或 evaluation－n 关系的篇章子树。CJPL 语篇的结尾部分常有重述论点或是概括论据并重复论点的部分，或附加了与论点有关的引申或话题。在笔者早期的一项研究中（乐明，2006），CJPL 的关系分布模式与新闻联播的关系分布模式有较大的差别，说明汉语修辞关系的分布有体裁差异。然而这些显著的特征，并没有影响修辞结构树的整体层次构造模式，反而说明了修辞层级结构的同质性具有概率特征，可以反映语篇的语体特点。

其次，汉语篇章结构中各类 rr 间较为突出的大概率嵌套结构，实际上就是前人研究中提及的 UDA 间的“先行”关系（张登岐，1996）或者复句内包孕关系（王维贤等，1994；周刚，2002）。比如，我们发现，各类解释和详述关系等经常出现在转折类关系之后，显示说者/作者觉得有必要在听者/读者容易察觉到争议的地方提供支持自己观点的理由。与转折关系（通常由转折连词、否定词等表示）类似的还有评价关系（通常由表示主观评价的“最……”“太……”“真……”等表示）以及引述关系（通常由引述动词导引）[1]，这些关系的后面也常接着说话人后续的解释、论证等。这从篇章树的结构层次看，就是上层含转折、评价、引述关系等结构常带着下一层的例证、解释、详述等结构的 DU 来提供支持；从文字线性展现的角度看，就是有相应的前后接续部分，即总是先行于某些类型的后接部分之前的“先行句”和总是后续地出现在某些相应的前加部分之后的“后续句”。除了上述“先行句”或“后续句”，还有些 UDA 只可能出现在中间成为衔接部分的“中继句”。比如，由“第一/首先”“第二/其次”等词语衔接的“list－m”关系除了在连接平行 UDA 时发挥巨大的作用外，还常常在论证或详述关系的 UDA 中发挥举例的作用等。传统的语法理论研究详尽地描绘了汉语句型（包括复句）的静态系统，汉语传统的篇章研究关注了层次、段落、开头、结尾、衔接、照应等的语言特点，但 RST 可以帮助我们更为系统地发现这些形形色色的句子在具体运用中会表现出什么样的差异，以及什么结构形式的句子在这个序列中能处于什么样的位置。

第三，UDA 间大概率的嵌套关系有助于篇章结构的歧义消解。篇章修辞结构树库所反映的篇章子母树之间的概率关系，能帮助我们搞清楚上述这些定位不自由的先行句、后续句、中继句在篇章上下文中的分布特征，从而更好地了解某类句子在语篇中可能发挥的交际作用是什么。比如，在“虽然……但是……因为……”这类字符串的分析，若用传统的复句分析法关注语义，可以有多种可能的标注法；但若用 RST 理论，从语用概率出发，在具体语境中就很容易排除歧义。通过统计学习掌握 RR 垂直分布的概率因素和影响因子，还可能具有工程上的意义。

---

① 或称“言说动词、意向动词”等。

7.1.3 修辞结构树与依存句法树

笔者认为，从形式表达上看，修辞结构树与依存句法树十分类似。甚至在本质上，篇章 RR 与语言工程中常用的依存关系基本一致。

首先，RR 与依存关系有相同的形式特征。一般认为依存语法的形式特性有 4 条公理（刘海涛，2009：126），这 4 条公理与 RST 树的 4 条限制（第 3.1.1.3 节）是等价的，只是依存语法的形式公理表述得更简单扼要一些：

（一）一个句子只有一个成分是独立的；（相当于树的根节点）

（二）句子中的其它成分直接从属于某一成分；（对应树的联结性）

（三）任何一个成分都不能从属于两个或以上的成分；（对应树的唯一性）

（四）如果成分 A 直接从属于成分 B，而成分 C 在句子中位于 A 和 B 之间，那么，成分 C 或者从属于 A，或者从属于 B，或者从属于 A 和 B 之间的某一成分。（对应树的邻接性）

其次，修辞结构树也满足了依存树一般应该满足的条件（刘海涛，2009：18－19）：

（一）依存关系是非对称的、有向的。在层级表示中，支配者位于上层，从属者位于下层，可以用箭头来表示从支配到依存的有向关系（RR 也是有向关系）。

（二）一个节点只能有一个支配者，但是可以有多个从属者（RR 也可以二叉或多叉）。

（三）一般情况下有一个句子成分（多为动词）充当句子 S 的直接从属成分，其余的节点都应直接或间接地依存于该成分节点（修辞树有一个 EDUA 作为核心落点）。

（四）依存关系应该显示标注在树里（修辞结构树也带有明确的 rr）。

（五）图式中不能含有循环、多边和回路（修辞树理论上不允许多父节点）。

（六）引入 S 作为句子或单棵树的主要支配者，具体操作时以句子的结束标点符号作为 S 的起点。其他所有的节点都从属于 S 节点。每一个图式都只有一个根节点 S（修辞树最后必须覆盖所有的篇章单元）。

（七）在一个符合语法的依存树里，所有的节点都应该是相连的，不允许存在游离于集体之外的成分。在具体实现或某些应用中，可以允许局部合格的依存树段存在，以提高自动分析的鲁棒性（修辞树应连接篇章中所有的 EUDA）。

（八）依存树里的节点，应该是多标记的节点，可以含有线性次序、层次次序、支配节点信息、节点的句法范畴以及其他必要的句法、语义信息；多标记的依存节点之间的关系，也应该采用一种复杂特征的方式来表示各个层面的句法、语义和语用关系。

（九）依存树可以有句法结构树、语义结构树和语用结构树等类型。

上述条件四、五、六为树的一般限制条件。对比 RST 对篇章结构的基本假设

（第 3.1.1 节）可以发现，上述依存树条件一对应 RR 的不对称性；依存树条件二近似 RR 的单核和多核关系；依存树条件三对应 RR 的整体性；依存树条件七对应篇章结构的整体性和连贯性；依存树条件九对应 RR 的组合性以及 RR 表述性和信息性关系的复合。另外，修辞结构树与依存句法树（如图 7－1）都是有标记的有向关系树。

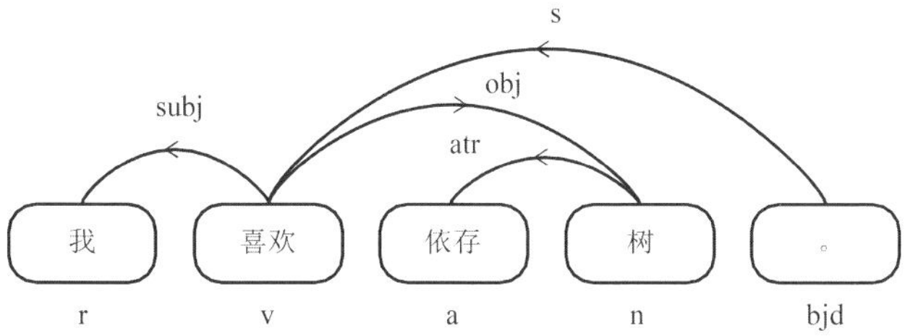

图 7－1 汉语依存句法树示例（刘海涛，2009）

此外，修辞树与句法树一样，都只是语言单位结构的大致表达。标注所得的修辞结构树并不表明叶子节点之间存在的所有关系都得到了展示，而只是篇章语用结构的大致的表达，是文本总体的最佳结构展示。因为修辞结构树最初的定义就只是最优实现，或者说由于文本整体因素使选择某一单元作为核心最为有利，而这个核心恰好执行了某一特定的关系（Stede，2008：329）。图（graph）作为形式化语言允许一个单元与多个单元发生关联，允许一个单元有多个父节点，应该能更为精确地再现篇章语用结构的一些细节，甚至可以同时反映篇章的信息结构和文本形式结构。但正如我们不能否认句法树在表征理解句子结构时所起的作用一样（虽然也没有任何以树为形式表达的句法理论宣称树结构完整地展示了句内单元所有的相互间关系），我们也同样不能否认篇章结构树在展示篇章结构时所起的作用。

RR 与依存关系的主要区别在于关注对象的不同。可以说，修辞结构树就是篇章层面的语用结构依存树。这就解释了为什么汉语篇章多级依存结构图（刘挺，王开铸，1999：480、487）与修辞结构树高度相似，应用于自动文摘的思想也完全一致：

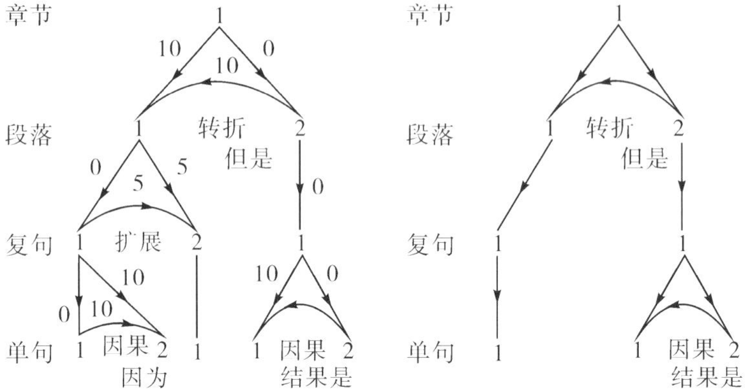

图 7-2　篇章多级依存原文结构和文摘结构示意图（刘挺、王开铸，1999）

近年来依存语法在 NLP 中的实用性日益受到重视，已经开发出了多种高效的算法和通用的剖析器。既然依存关系与 RR 有很大的相似性或兼容性，那么在逗号子句层次上或许能有明显的体现。如果我们能将依存分析的最新技术推广到语篇层面，那就可以利用依存句法树库信息来细化篇章分析的颗粒度。这正是篇章剖析关注依存语法的好处。

7.2　对 RR 与 DCM 的理解

连贯（coherence）虽不同于衔接（cohesion），但大多要通过衔接表现出来，因此研究两者之间的对应关系既有理论意义，也有工程意义。经过为数以千计的衔接词例标注了包括 RR 在内的各类特征，笔者深刻地体会到，UDA 间的 rr，以及标示 rr 的很多 DCM，都存在多义性和模糊性。这不仅直接造成了两者之间多对多的映射关系，客观上也加剧了标注者的分析困难，并从某种意义上否定了标注“替代连接词（Altlex）”的做法。

7.2.1　RR 的多义性和模糊性

前面（3.1.3.1、7.1.1）讨论过篇章关系的多义性，是指篇章本身同时包含了语义和语用功能（或者，用 SFG 的术语，同时具有三大元功能：人际功能、概念功能和文本功能），且有些情况下其语用功能不是中性透明的。由于修辞结构理论强调篇章中的语用关系，因此，我们在 CJPL 修辞树库开发的过程中采用的总原则之一，就是优先采用语用性关系，再选用（语用透明的）语义性关系，即语用性关系 > >（优先于）语义性关系（见附录 9.3 优选协议）。

但这种处理原则是在关系范畴自身相当明确的前提下讨论的。实际上，交际中两个 DU 间的语用、语义关系有时相当模糊。由于人类的概念空间是个连续体，不同概念之间的界限并不清晰，不仅没有明确的分割点，而且在特定条件下还可以相互转换。比如，存在因果关系的两个 DU 所表示的命题，在不同的语用环境中可能是时间序列关系（仅说明事件发生的先后顺序）或并列关系（仅表示两个命题的重要性相同），或者是原因关系（即说明结果事件的原因）或结果关系（说明先行事件导致的结果），或者用于论证某一前因后果的推论关系……完全由作者的语用意图来决定（Moore and Pollack，1992）。再比如，转折关系组内部不仅可以分为转折、对立、让步等类别，还与其他几种语义关系（如析取、并列、否则、除非等）密切相关，存在如图 7－3 这样的语义图[①]模式。在两个事件存在对立的前提下，作者既有可能上下文语境中以让步（concession）的方式表示有保留的支持；也有可能用附加的方式说明另一情况的存在；还有可能以消极的态度表示反对；等等。因此，本项目优选协议的原则之二，就是优先标注较为明确的相关关系，次选较为含糊的相关关系，即，反转相关类 > >（优先于）条件相关类关系 > >（优先于）简单相关类关系 > >（优先于）复杂相关类关系 > >（优先于）不相关类关系。

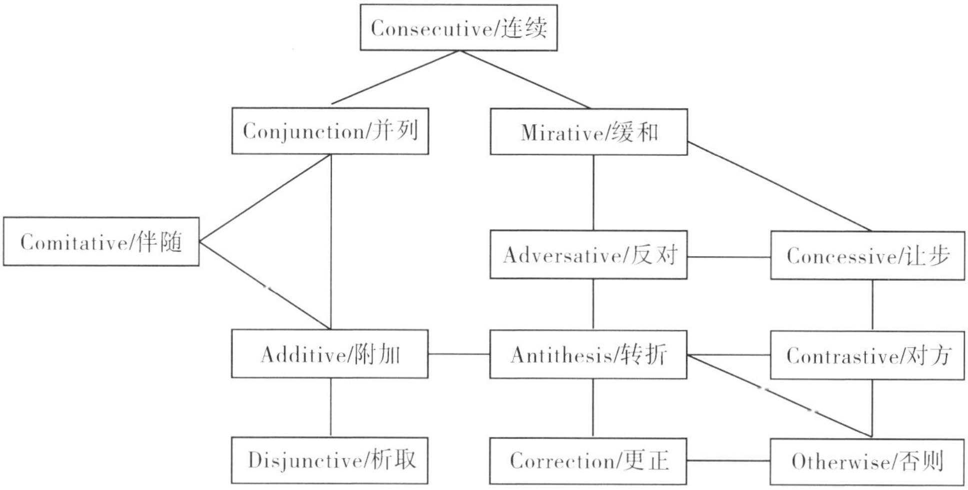

图 7－3 转折关系的语义图

由于对例 45 中单元［2］主客观性质的理解不同，这里［3］既可以看做是［2］的详述，也可以是［2］的证据：一名标注者将其间的关系标注为 evidence－s（图 7－4A），另一名则标注了 elaboration－s（图 7－4B）。前者认为作者在［2］这里有个反驳观点，因此需要证据来证明；后者则把［1］看作是相反情况的叙述，因此需要进一步陈述细节。可见，即便是同一个 DU，有时在主客观性

① 语义图以语义连续假说为其主要设想，采用几何图形来表征多功能性以及在语义/语用上的相似性，为多义性的研究提供了一个全新的视角（Croft，2003）。

质上也可能存在歧义。

例 45

[1 <duanID=3>不可否认的是，在我国基金业 5 年多的发展历程中，基金信息披露规范建设已取得一定的成绩。] [2 但是，随着近年来基金市场的快速发展，特别是开放式基金逐步成为基金业发展主流，基金信息披露逐渐暴露出一些严重问题。] [3 例如，披露内容专业性较强，不便于普通投资者阅读；部分信息披露规范滞后于基金市场的发展，原有规范主要是针对封闭式基金制定的，难以适应开放式基金尤其是特殊品种开放式基金的披露要求；缺乏明细、可操作和公平执行的具体规范，造成各基金信息的可比性较差；原有信息披露规范的层次不够清晰，体例不统一，可扩充度不够。] [4 这些问题已在一定程度上影响了基金业的进一步发展。]

——CJPL2091506. 3

这个例子同时也说明，rr 的标注常常是相互影响的，往往一个关系的确定会影响其他 DU 间关系的确定。例 45 的 [4] 既可以是 [2]（以及 [3]）的评价单元，也可以是后果单元，存在多义性。不过，两名标注者都根据语用关系优先于语义关系的原则，选择了 evaluation - s 而不是 NVR 来标注单元 [2 - 3] 和 [4] 之间的关系（如图 7 - 4 所示）。

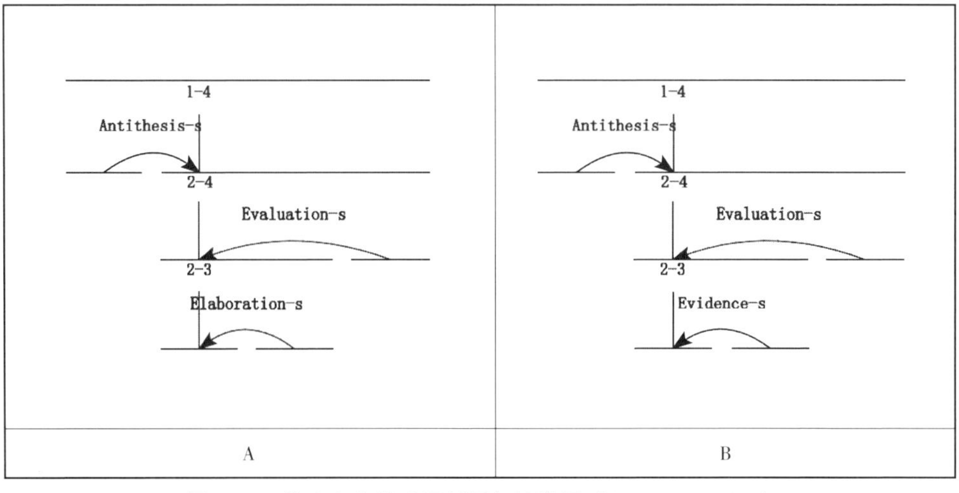

图 7 - 4　篇章多义关系示例及标注选择（CJPL2091506. 3）

7.2.2 DCM 的变异和多义性

作为修辞关系的常见标记，DCM 普遍存在一词多义现象。在自然语篇中它们的句法和语用功能比想象的要丰富。比如，我们在分析“那么”的时候，发现这个原来被认为主要用作代词的词，现在已经更多地用作连词；“但”“但是”这两个典型的转折关系连词，既可以标志 CONTRAST 关系大组中的任何一种关系，也可能标识其他类型的关系；甚至连问号，也不一定总是标识疑问关系。此外，篇章中还有一种零形 DCM 的情况，即使用“零形连接词”（相对于有连接词的形合）或“零形回指”（相对于有指代词的普通回指）来表达某种“意合”关系。根据 CJPL 标注的结果，零形式能表示的意合关系的类型不止一种。因此也可以说，零形 DCM 也有多义性。

DCM 不仅在标识修辞关系时表现出丰富的变异，在连接篇章单元时也常常有相当大的自由度。已知的汉语连词在复句内多层叠用、包孕的现象在句以上层级同样存在。比如例 46 中，单元［1－3］中的“虽然”和“但是”不是出现在同一个复句中，而是越过两个句末点号才发生关系。这说明即使是一般只出现在汉语复句内前一部分的关联词语，它们在真实语料中也有起句间连词作用的实例，而且在功能上和一般的句内用例没有差别。

同样，一般认为只做句子或小句间连词的词（如“但”“但是”），并不总是做 DCM，因为它们有时也可以在小句内部连接两个词语或名词性的结构，如例 47 中的“但是”连接的两个小句是介词“因为”的宾语①；例 48 中的“但”连接的就是两个形容词；例 49 中的“但”连接的两个小句是名词“项目”的定语。

例 46（做句间连接词）

［1 <u>虽然</u>我们确信，沃尔玛的“规矩”是为自己的采购人员而设，毕竟拿人家的手短，发展下去终究于己无利。］［2 因此，沃尔玛充其量是在自身能力范围内给出了一种游戏规则，它是有限的，在陋习过于强大之时，它也是无力的。］［3 <u>但是</u>，它同时反映的是一个经济社会不可回避的重要内容，这就是经济道德。］

——CJPL1998712.4

例 47（连接两个小句，做介词的宾语）

现任美国财政部长斯诺<u>因为</u>坚持声称确实存在着强势美元政策，<u>但</u>

① 根据 RST－DT 对 EDU 的定义，名词性限定词和定语从句都不算是 EDU，部分宾语从句算 EDU。目前 CJPL 把这几类结构都排除在 EUDA 之外。

是，又不否认可以通过衡量美元对其他货币的比价来确定强势程度而令自己在国际上陷入难堪的境地。……

——CJPL1989727. 12

例 48（连接两个形容词，做名词的定语）

当前，布什政府似乎决心将希望寄托在直率**但**客气的公开对话上，同时让温和外交在幕后发挥作用。

——CJPL2071796. 10

例 49（连接两个动词短语，做名词的定语）

毫无疑问，今年 10 月 1 日与明年 1 月 1 日将成为一道坎，众多**目前已上报但未过会的项目**很可能会随着通知的实施受到影响。

——CJPL2103210. 8

可以看到，"虽然""但是"这类被认为是典型的复句内分句间连词的词，也可以有句间（甚至段间）篇章连接词的用法，甚至还可以进入句内短语结构，连接或大或小的语法单元。可以说，虽然 DCM 并不是篇章 RR 的必要条件，但是汉语篇章修辞结构的同质性在 DCM 使用这一侧面也有所反映。甚至可以说，DCM 用法也存在层级同质性。

当然，DCM 的语用变异并不是没有规律的，复杂特征描写有助于确定 DCM 在语境中的语义和语用功能。比如，"这"的用法中可以看到各种上下文环境对指代词的选择有量的影响，包括话语可及性（discourse accessibility）、代词性（pronominality）、有定性（definiteness）等等。正因如此，通过刻画 DCM 的属性特征，能帮助我们预测其所在 EUDA 的篇章子树 rr 和核心性，同时预测其上下篇章子树的 rr 和核心性（第六章实验）。

7.2.3 RR 与 DCM 间的多对多映射

在汉语 CJPL 库中，常常可以发现某一 RR 有多个可用来表达的 DCM，即存在一义多词的现象；而一个 DCM 也能表达很多种关系。这一 RR 与 DCM 间的多对多映射现象在英语语篇中也同样存在。分析英语 RST－DT 标注语料分析转折关系的标记，就可以发现 however 一词不仅多义的特征十分明显，而且其转折关系用法与因果关系用法之间并无显著的统计差异，因此不能用 however 词来代表转折关系（Spenader and Lobanova，2009）。同样，分析 PDTB 的数据，也发现诸如 since、when 这类常用衔接词的语义存在大量的歧义，这些词中的任一个都无法代表某一语义关系（Prasad et al.，2014）。

笔者认为，既然并不存在连接词与篇章关系之间一一对应的简单映射关系，那么就否定了为隐式关系标注“隐式连接词”的做法。由于所谓的“隐式连接词”并不一定都是单义的，并不意味着就能靠某个隐式连接词确定 UDA 间的关系，所以用“隐式连接词”来标注 UDA 间关系的做法，非但理论上没有必要，工程上效率也不高（Pitleret and Nenkova，2009）。因为一旦某个 DCM 出现在某个语境中，所传递的信息肯定与该 DCM 没有出现在这个语境中时会有所不同，否则就无法解释为什么中没有该 DCM 出现的时候篇章仍能保持连贯。形合/显式语篇关系和意合/隐式语篇关系之间肯定有一定的差异，且差异的所在绝不仅仅是缺少一个隐式连接词（如例 3 方括号中人工添加的 in fact）那么简单。

相关实验证明，通过直接去掉关联词的方法从某种程度上改变了句子的语义（Spenader and Lobanova，2009）；利用去掉显式关系中的连词来自动构建隐式关系的方法在隐式关系识别上表现的效果也不理想（Marcu and Echihabi，2002）。汉语 CDTB 的标注者也发现有时汉语的句子本身就明显地排斥某个衔接词，因此放弃模仿 PDTB 的做法，不再在项目中标注隐式连接词（Zhou and Xue，2015）。

7.2.4 多义性、多因分析与多任务学习

RR 和 DCM 都具有多义性，这就对我们利用表层词汇标记进行篇章自动剖析的思路提出了挑战。对此，除了需要扩大标记的范围，还需要加强标注描写，同时还要加强统计学习，充分挖掘已有知识的价值。

首先，加强标注描写有助于充分理解作者选择某一具体 DCM 形式的动机，包括句法、语义和语用等各方面的因素①。其次，采取多因分析方法，允许我们将所有可能支配 DCM 选择的限制条件都结合到一个假说之中加以解释。实际上，统计方法所采用的概率思想本身就是一种多因分析，某一原因的概率性表达无疑意味着其他原因在解释中占有一定的空间，而单因解释的本质则是决定论，有违语言事实。第三，多任务学习（Caruana，1997）中的任务相关性假设，其本质就是多因分析。第六章的实验表明，利用同一组特征，可以将 rr 的类型、核心性及辖域范围、篇章子树的结构层次、UDA 前后次序的确定等多个子问题一起进行学习，证明这些特征确实有一个共同的预测结构，而将这些特征放在一起考虑则可以有效地估计这一结构，从而辅助篇章总体修辞结构的理解。同时，多任务学习与其他方法（如耦合学习、协同学习）的思路一样，都是要从已标注的语料中最大限度地学习知识，利用各因素之间的相关性来提高学习效率。人工智能发展到大数据阶段，目前还需要语言知识库的支持，但瓶颈之一是已标注语料严重缺乏，因此加强 DCM 的标注描写和多特征分析，既有助于理论研究，也有助于自动篇章理解技术的发展。

---

① 因 CJPL 只处理书面语篇，故不考虑语音因素。

7.3 对语料库人工标注的理解

语料库标注自上世纪 90 年代 Sinclair 和 Leech 等人的争议开始算起，已经有近三十年的历史。期间经历了语言工程界对“基于规则和基于统计”的论争（Hajicova，2006；冯志伟，2007；Bresnan，2016）。当前，又遇到了人工智能在大数据支持下的爆发性发展。但至少在当前阶段，语言处理技术（包括篇章分析技术）的改进和提高仍在一定程度上依赖人工标注语料库的存在：标注语料库一方面有助于对基础问题一个更彻底的了解；另一方面可以作为机器学习的资源。

汉语 CJPL 篇章多层次标注项目，虽然经过多年的开发和很多人的参与，但前期的标注一致性检验结果并不是很理想；在规范修订之后再次标注后，一致性指标有所提高，但对一些语篇的处理差异仍然较大；目前有多人标注并通过一致性检验的篇章树数量还比较少，其他标注项目的多人标注和一致性检验有待进一步展开。对此种种，笔者有很多感受，包括对人工标注任务挑战性的理解、对一致性指标的解读，以及可能的解决方案等。

7.3.1 人工标注的准确性和挑战

笔者和标注者一起分析了存在较大标注者间差异的语篇，发现很大一部分差异是由于某一标注者理解错误或遗漏造成的，相对比较容易纠正。或者说，如果标注者更仔细认真一些，错误就会少些，标注一致性就可以提高。错误或遗漏来自标注者和标注规范两个方面：

（一）标注者的问题：有些错误表现出标注者对原文理解不够。由于这些财经评论语料取自 10 多年前的新闻网站，标注者对文章讨论的内容可能不太熟悉，会造成理解不足或无法把握作者意图的问题。加上个人的专业和工作背景不同，会导致母语读者对新闻语篇的理解方式不同。比如，新闻专业的学生对一些财经评论的边缘性作品更多地倾向将它们认为是报道，这体现在他们对根节点选择和根节点关系的标注上；非财经专业的同学理解原文的因果关系或论证逻辑时存在一定的困难。

另一些错误则表现出标注者对 RST 理解有偏差。RST 分析要求分析者考虑作者的各种意图，检查语篇某一部分是否有作者表达某种意图的可能性；而标注人员在培训阶段和独立标注初期往往对 RST 理解不够，对各种关系间的异同把握不足，同时还会存在一些个人思维定势的影响（比如对某些关系的偏好或忽视，或仅采用一小部分修辞标签对各种篇章关系进行标注等），因此表现出较大的主观差异。也就是说，标注语料库开发最大的困难在于寻找多名合格的标注人员，既要能通过前期严格的培训，又能在较长一段时间内坚持对语料进行反复的标注和检查。

（二）标注规范不够完善。首先，由于我们为降低标注的难度，允许标注者优先标注那些自己理解得比较好，比较有把握的局部子树，结果导致不同标注者在单核关系子树组合时产生树形差异。这说明项目所用的树形构造规范（附录9.4.2）还不够完善，将来需要在篇章子树的构造顺序方面制定更详细的规则。其次，标注的操作指令还不够明确。标注者在标注工作开展初期，对篇章树上大量非叶节点（即最上层和较上层的节点，不含叶子节点）的关系标注及其核心单元的选定表现出很大的个体差异。这说明标注者在确定N时经常跳过删除测试和替换测试两个步骤（附录9.4.2）。未来的标注培训需要对此进行强调。第三，也是最大的问题，就是对一些关系的定义还不够清楚，如elaboration－s、sequence－m、conjunction－m以及list－m等是否可以是主观意见的展示还是仅限于客观事实的叙述；evaluation－s是否可以包含对可能后果的预测；concession－s与antithesis－s的区分在哪里等。因此，如果要得到一致性高的标注，还需要进一步完善加工规范和标注手册，并强化人员培训。

另有一部分标注者间的差异则反应了两个人不同的理解，说明篇章本身存在多义或歧义[①]，属于难以避免的部分。而根据标注要求，标注者只能选择给出其中的一种树形和关系标签，两名标注者就可能会有不同的选择。再加上UDA间的关系存在相互影响，每一次单核或者多核关系模式的选择都会影响后续其他关系的确定，最后两个人画出来的树就可能很不一样。研究发现，有16%的英语RST标注分歧表示真正的分歧互见[②]（Bateman and Rondhuis，1997）。此外，根据定义，基于RST的篇章分析试图通过一系列不同的简化方式，用一个形式结构来捕捉连贯性的本质。虽然这是一种研究语篇的有力手段，但是将不同领域的信息合并在一个树结构里也难免有其内在的局限：一方面，无法对每一个涉及的领域做出完整的分析；另一方面，由于很多构造树结构过程中的分析假设没有被明确地显示出来，不同的标注者会选择不同的简化方式，这棵唯一的形式树就变得很有争议（Stede，2008：329）。

目前，不少基于RST的篇章结构标注采用的是经过讨论达成共识后的版本（如Bateman and Rondhuis，1997；Carlson et al.，2003；Stede，2004；乐明，2008）。然而，基于共识的分析并非说明所有的分析都是平等的，多数情况下某个专家具有更高的地位或决策力，最后的分析结果可能更多以其中一名专家的判定为标准。因此，总的来说，尽可能安排多人对相同的语料执行独立的标注任

① 语言歧义不仅存在于字词句内，也可以存在于更大的篇章内。前面7.2.1已经提到，DU自身的多义性和DU间一个树枝上同时存在多种关系，会导致上下文结构及相关关系的类型差异，甚至导致多父结点、交叉枝等的病构树（ill－formed trees）。

② 生活中我们也经常发现不同的读者对同一篇文章会有各自不同的解读，所谓“一千个人心中有一千个版本的哈姆雷特”。因此，与篇章自身歧义相关的一个问题是，既然人独立阅读的时候可以有多种理解，甚至可以（暂时）有错误的理解，那为什么要求机器必须做出唯一的剖析理解？是否能允许一定鲁棒性？

务，可能是保证标注合理性最好的解决方案。不过，这又回到了前面的困境：找到并培训出这样的标注者并不容易。这也是笔者当前不放心土耳其机器人，不招聘网上志愿者展开标注的主要顾虑。

7.3.2 一致性指标的解读

一致性检验也是开发汉语修辞结构树库的一大挑战。旁观其他语言的修辞结构树库，除了英语 RST – DT 项目报告了较好的标注者间一致性外（Carlson et al.，2003），大部分修辞结构标注项目（如乐明，2008 等）并没有报告独立标注后标注者间一致性检验结果。这一情况反映出两个问题：（1）标注者间的一致性有待进一步提高；（2）一致性检验执行起来有困难。前者显而易见，后者需要进一步解读。

人工标注的常用一致性检验指标是 Kappa 系数（Cohen，1960；Krippendorff，1980；Siegel and Castellan，1988），RST – DT 树库就采用了这一指标进行检验并汇报了较好的结果（Carlson et al. 2003）：如果按 78 类关系来统计，K 值的范围值在［0.6，0.79］；若简化到 16 大组关系，K 值最高达到了 0.9。我们认为，他们能取得这么高的 Kappa 值，可能有四方面的原因：一是 RST – DT 标注的质量本身确实很好。不可否认，RST – DT 树库是目前唯一公开的，高质量的篇章树库。开发人员公布了所有的技术文件（包括标注手册、标注软件、标注完成的文档、以及标注记录等），所有数据详尽可信。二是与他们采取的技术手段有一定的关系：最初确定了自左向右的标注顺序，采用了偏爱自左向右的标注顺序的图形界面工具（虽然与标注者的实际标注情况和理解过程有所不同），执行了严格的培训，所有人员在独立标注之前对理论、语料和规则都有充分讨论。三可能与 Kappa 系数计算方法有关：根据 Marcu 早期的论文（Marcu et al.，1999），他们为兼顾 RST 标注反映的篇章结构层级性，使用了 UDA 两两组合的方法来计算 UDA 间所有可能的组合。由于简单的组合数目与真正的节点数有很大的差距，大量的 None 和 Span 标签使得这一计算方法得到的 Kappa 值有系统性偏高的可能。四是呈偏态分布的关系标签也可能导致他们汇报的 Kappa 值结果系统性偏高（Di Eugenio and Glass，2004；Artstein and Poesio，2008）：RST – DT 项目所有的关系类别有 78 种，理论计算出来的随机一致性概率为 1/78，但实际上有大量低频的关系，这些关系的存在也可能使计算出来的 Kappa 系数比真实的值高。虽然本项目后期沿用了 Marcu 等人的做法（Marcu et al.，1999）的方法来计算 Kappa 值，但由于我们只使用了 50 种关系，数目相对较少，理论计算出来的随机一致性概率相对较高，某种意义上减小了 Kappa 值系统性偏高的范围，所以可能更接近真实的一致性。

前面（2.2.5）提到，Kappa 类系数的核心思想是在计算两位分析者一致性时去除两个人偶然的一致性，矫正了随机一致性，这比百分类指标要严谨得多。

但严格地讲，Kappa 类系数在修辞树库开发中的适用性存疑。这是因为 Kappa 系数的应用需要数据满足三个条件：独立样本、独立范畴、独立标注者（Krippendorff，1980；Di Eugenio and Glass，2004）。但是，这三个条件在篇章 RR 标注工作中都很难满足。第一，每一标注样本/对象，即篇章树里的每个节点（UDA）都是相互依存的，单个语篇内的各个 rr 事实上并不独立。第二，RR 集里可供选择的各个关系/范畴事实上并非完全独立，而是有一定的重合。由于篇章内在的层级结构，各关系也不一定有相同权重。第三，独立标注者也很难找到。由于未经培训的新手很难对语料和文献有充分的理解和准确的分析，所以我们的标注者都经过培训，对某些语料的细节做过讨论，严格地说很难保持完全的独立性。

另外，标注数据提取的困难，以及 Kappa 系列指标的计算复杂性，也在一定程度上妨碍了项目工作进度。一致性检验的目的主要是为质量控制提供一项具体的指标：如果检验得到的值不达标，说明标注不够一致，其原因可能是因为规则不够合理导致的，需要进一步改进。太过复杂的数据提取和系数计算过程会延缓标注语料库的开发进度。真正对标注语料库开发有帮助的一致性检验，是那种既能较为准确地反映标注质量，又能很便捷地计算出结果，对软件的要求也不高，还能指出改进方向的那类指标。

最后，即使我们假设篇章数据大致符合 Kappa 系数的基本要求，能计算出 Kappa 值，也还有一个根本性的问题：这样得到的一致性系数值真正反映的是什么？对于当前小规模篇章语料库而言，项目的最终目的并不是为了测试未经培训的生手进行标注的准确率，更不是为了锁定某个不靠谱的标注者，甚至也不是为了获得更好的一致性标注结果（因为一致不一定代表合理，有可能是全错），而是为了保证能获得合理的能够被普遍接受的分析结果，供理论和工程研究使用。至少在本项目中，只有经过培训的专家标注才是我们需要的标注。正是出于这一考虑，我们才允许标注者与其他人展开讨论。

在本项目的前期，我们应用了 Holsti CR 系数（Holsti，1969）。我们清楚地认识到这一指标有些问题：（1）只考虑了准确率和错误率，没有考虑随机一致性的影响；（2）没有考虑到层级结构的特点。但是，这一指标的优点也很明显：（1）计算直观便捷。（2）考虑了错误率，因此要比简单的百分比准确率合理，且与常用的 F 值指标本质相同。（3）可以分析两名标注者得到标签数目不等的情况。比如，在我们的检验中，所用的关系标签是根据核心节数提取的，而两个标注者为同一篇文章（EUDA 数相等）构造的篇章树得到了不同数目的中间节点（非叶非根的节点），从而导致两人使用的关系标签数不等。（4）误差可控。在修辞结构标注中，两名标注者因偶然因素造成随机一致的概率性其实很小：即使按 16 大组标注，同一个关系标记一致的随机概率是 0.06。（5）Holsti 系数和 Kappa 系数的变化是同向的：Holsti 分值较低的语料，其 Kappa 得分也很低。如果能在满足一定的条件限制下，可以使用 Holsti 来估算大概的 Kappa 值，并保证两者的差异在一定的误差范围（如小于0.05）之内。因此，笔者认为，采用Holsti这一简单的指标来检验（要求至少大于0.80），也可以达到帮助管理者提高标注数据的核对能力，指导标注规则修订的目的，督促标注者提高标注效率和准确率，从而更快更好地开发高质量的标注语料库。

如何便捷地进行一致性数据的提取和检验？有没有比Kappa系数更合适的指标做篇章树库标注的一致性检验？这些都是值得重视，值得深入研究的问题，需要语言学家、统计学家、计算科学家做出跨领域合作。笔者将在今后持续关注这方面的进展。

7.3.3 可能的解决方案

修辞结构标注要求标注者反复权衡各种可能，得出最有可能接近作者意图的篇章树，工作量是同类标注项目的七倍（den Ouden，2004：28）。加上修辞结构标注的任务本身比较难，需要在项目开发的过程中采用反复质检的手段来提高标注一致性。因此，一个迫切需要解决的难题是如何提高标注速度，从而较快地扩大树库的规模。

前面我们讨论过语料库标注的一些原则（2.2.2），并在CJPL语料库开发过程中尝试了一些提高标注效率和质量的方法。从语言工程的实用角度看，笔者认为，还有必要突出下面几条原则：

（一）在合理的前提下，能获取比较高的一致性；

（二）能快速经济地完成标注；

（三）能用于机器学习及语言理论研究。

工程界普遍采用的方法是任务分解，即把一个大的任务分解成多个小任务，并保证每个小任务都能高效准确地完成。比如，整个宾州语料库就采取了任务分解的做法，将多层次标注分解为单项的句法树库（即宾州树库Treebank）、名词库（Nombank），命题库（Propbank）、篇章关系树库（Discourse TreeBank，即PDTB），以及计划中的回指库等单个标注项目。其中，PDTB项目又进一步把标注限定在篇章底层单元之间的语义关系，仅以连接词为对象，从关系命题及其论元等单项出发进行标注①。目前，各个库都相对较快地完成了很大规模的人工标注，已公布的PDTB 2.0版本（Prasad et al.，2014）有40600条语篇关系记录，除去16224条为隐性标记，还有18459显件标记和624条替代标记，是迄今规模最大的人工标注的连接词用法语料库。可见，任务分解和任务限定的优势十分明显。

---

① PTDB将语篇单元间的关系定位到词条以后，其实标注的是衔接词所在句子的语义关系。但标注者有了可以依据的形式，就能较快较顺利地展开大规模标注。另外，由于每一条标注都独立于其他关系的标注，这一做法也更适合Kappa系数检验并达到相当高的一致性。

目前 RST 标注的做法是从整体出发描写篇章结构，实际操作难度很大。因此，需要考虑如何通过分解任务来降低标注的难度（这样容易找到较多合适的标注者），以及如何提供更多的理论和技术支持来帮助标注者高效地做出标注决定。实际上，CJPL 汉语篇章语料库第二阶段的工作已经开始认真尝试从衔接形式出发，采取相对有力的技术手段（包括开发多种显化篇章中已有的各类形式信息的标注提示器等），为辅助篇章树构造提供更确切的细节信息。比如，“这”的最近一次回指一般多为一个句子或前一句内的 NP，对其指称的标注相对于篇章结构标注而言要简单、可靠得多。如果能首先完成各种回指手段的标注，可能也有助于揭示回指衔接的修辞效果及其背后的规律和理据。

另外，我们通过观察发现，标注者在标注开始时一般都可以快速决定大部分 DU 的属性，然后随着对 DU 理解的不断加深来确定相互间的关系以及哪个单元是 N。如果沿着我们对 RR 关系集进行多维特征命名的思路（3.4.1），则可以将造树的总任务，分解为包括标注 DU 的主客观特征、核心性，以及 DU 间的推理相关性特征、时间关系特征、极性关系特征等在内的多个子任务。如此分解任务的优势，是便于操作，符合认知理解的顺序，标注者不需要有太多的考虑，但最终可以通过合并各个特征值的代码计算得到 rr 的整体代码。

当然，考虑进一步借鉴、结合宾州语料库等分解任务的做法，并不否定篇章整体结构标注研究的重要性和必要性：未来的研究必然需要帮助人工智能掌握总体的篇章语义结构。因此坚持开发汉语在 RST 框架下篇章语用连贯结构的整体标注，明晰地记录人工对篇章结构的分析过程和结果，是有意义的先驱性探索，能充分体现人工标注的价值和语言学家的作用。

为降低成本加快速度，工程界近几年有使用“土耳其机器人”（Mechanical Turk）的做法，也就是网络人工智能服务调用平台，通过众包（crowdsourcing）将标注工作分配给互联网上的志愿者，利用收集回来的标注结果进行机器学习的方法。这种方法一般只能用于不需要培训或只需简单培训的标注工作。新近还有 CrowdFlower 平台，也可以进行诸如情感标注等较为高级的数据库开发。但修辞结构标注需要较多的理论学习和标注培训，所以迄今为止在这一理论框架下最为大胆的标注方式是让受过一定时间培训的学生通过网络平台来收集数据（Zeldes，2016b），标注质量有待进一步观察。

7.4 数据挖掘技术在语言工程和理论研究的应用

使用真实的语料证据，以概率模型为依据来描写语言现象，解释或检验语言理论，是语料库语言学的基本研究范式（桂诗春，2004；McEnery and Hardie，2012）。它与统计学探索总体数量规律性的一般方法完全一致（Manning and Schütze，1999；Vapnik，1998）。而语料样本收集和预处理、语料标注、特征数据提取、相关性分析、机器学习等工作，实际上也遵守了数据库知识发现的一般步骤（Fayyad et al.，1996）（图7－5）。因此，从某种意义上讲，语料库标注分析和理论提炼就是数据库知识发现（Knowledge Discovery in Databases，KDD）的过程，可以利用其中主要的数据挖掘（data mining）技术（Fayyad et al.，1996）：

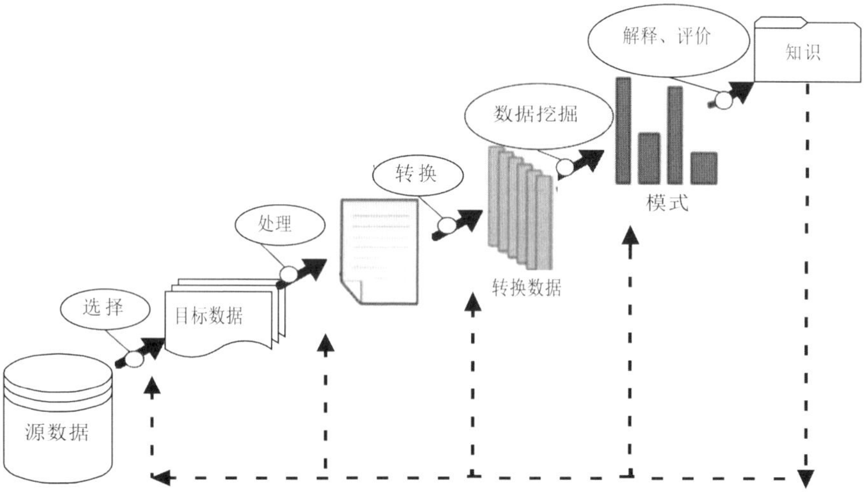

图7－5　数据库知识发现步骤图（Fayyad et al.，1996）

（一）数据准备：根据研究目的采集自然语料。

（二）数据选择：确定语料样本并构造相应的语料库。

（三）数据预处理：对生语料进行加工，检查篇章语料的完整性及文字标点使用的一致性，保存不同格式的版本等。

（四）数据缩减：对经过预处理的语料，根据篇章结构分析的任务对数据进行再处理，包括多特征标注、相关性分析，以及参数选择等。参数选择就是根据知识发现的任务对已加工的语言数据进行再处理，减少数据量。

（五）任务目标确定：如分析DCM与修辞连贯功能之间的关联性。

（六）挖掘算法确定：根据所确定的子任务，选取合适的模型和参数，并使得算法与整个语言工程的评判标准相一致。如我们选择了多任务学习和SVM算法。

（七）数据挖掘：运用选定的机器学习算法，并以一定的方式表示出来。目前我们做的工作主要还属于描述性数据挖掘，即对数据的一般特性进行描述，如从数据中提取出UDA间结构的概率关系等。未来还可以进一步进行预测性数据挖掘，如通过对现有数据的分析推理进行自动篇章剖析等。

（八）模式解释：对发现的模式进行语言学解释，获得更多的理论知识。

（九）知识评价：机器学习算法准确率的评价，以及语言学规律的总结。

在这一系列过程中，我们也应用了数据库知识发现的各类工具（图3－12），应用数据库知识发现的一般模式（图7－6），对数据进行了各种转换和处理。如用于原始文本文字处理的数据清洁工具、用于语料文字处理的数据查询工具、用于分析关键词的分布特征、特征间的相关性等的通用统计软件和学习工具、用于标注语料的可视化工具，以及用于语料库平台管理和交叉检索等数据转换工具，等等：

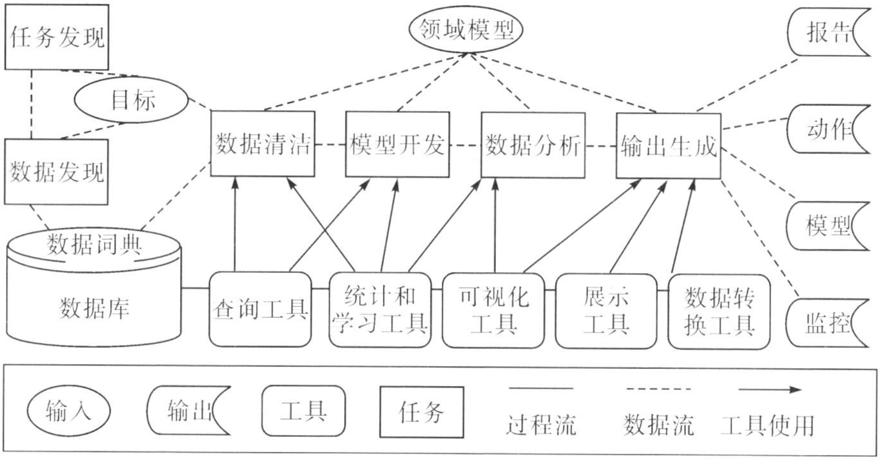

图7－6 数据库知识发现一般模式（Andrássyová and Paralič，1999）

当然，以自然话语构成的文本语料库是一种非结构性的数据库，因此描述文本数据之间的关联规则较一般的结构性数据库（如Excel表格）更为复杂，并且需要专家知识、规范词库（lexicon）或者语言本体（Ontology，如Wordnet、Hownet）等的支持。随着标注语料库的不断扩大，挖掘工具的开发与改进，以及本体、词库等资料的完善，可以预见未来的知识发现技术将更好地处理文本数据，在各类专业知识的提取、整合与应用中发挥更大的作用。

同时，统计学习在自然语言工程已经取得的巨大成功，受益于最初的专家知识、人工标注和校对，以及人工参与开发的各种知识库、词库和算法等。因此也不能过分强调自动化，忽视交互性，忽视领域专家参与的重要性，以及用户在数据挖掘过程中加入领域和背景知识的需求。必须看到螺旋形知识发现模式在整个处理过程的组织和表达方式上的重要性。必须循环评测语言数据挖掘的结果：如果得到的知识或理论模型不能令人满意，那就该重新定义研究问题，开始新的循环。

数据库技术的普遍采用，以及功能—认知语言学的发展，已经改变了语言研究以内省材料为主，聚焦在句子内部，轻视描写语言真实使用的局面。通过重新开始利用真实语料，展开对具体语言特征的标注分析和比较，语言研究既传承了结构主义重视组合关系的传统，又能在前所未有的规模上，允许语言学家以语言单位出现的概率形式来研究语用变异，突破以往在静止抽象的系统中简化语义的做法。因此，虽然篇章语用研究相对于句法研究要困难得多，成果还很少，我们已经可以期待通过较大规模的篇章语料库，结合更成熟的数据挖掘技术，分析各个连贯关系/DCM 的多维特征和功能，从篇章整体功能的角度，追求更合理的解释，构造更为简洁的理论。在已经可以轻松获取海量语言数据的时代，更需要语言学家来发现各类有意义的语言现象，更好地理解人类语言的本质和功能，推动语言学这一古老学科在大数据时代的发展和应用，推进认知科学的发展（冯志伟，2013b）。

第八章　结　语

本书汇报了笔者在主持开发一个具有高度复杂性的篇章语料库的过程中所面临的各种挑战和相应的解决方案——包括理论框架的选择、语料预处理和语料库管理、标注方案制定、人员培训和质量检验等。项目首先拟定了标注语料库的开发原则和工作流程，接着以 RST 为框架，提出了一个基于多特征的汉语修辞关系（RR）体系并制定了关系间的优选原则，然后培训多名标注人员对篇章分析单元（UDA）间的 rr 进行了标注，以较高的质量完成了一定数量的汉语篇章修辞结构树。此外还采取点面结合的策略，标注了“但/但是”“这/那”“吗”“因为”以及问号等多个代表性 DCM 的多层次语言学信息，展示了利用标注语料库进行语言量化分析的过程，包括影响 DCM 使用的各种文本因素、DCM 和 rr 的多义性、DCM 对 rr 的提示作用等问题。同时也展示了这些量化知识的理论应用前景，如同义词区分、语义分布研究、语言变异研究和语法化程度研究等。又通过个案分析，说明这个语料库可以作为机器获取各种语言知识的来源，支持语篇理解技术的开发应用。

经过一系列的理论探讨、语料标注、统计分析和学习测试，基本上回答了笔者最初的研究问题：

（一）从 RR 的角度看，汉语财经评论语篇的结构连贯性较好，同一套 RR 集合可以在篇章结构树的不同层次中出现，在不同层次中有一定的概率制约，总体的分布符合层级性（hierarchical）特征和齐夫定律（Zipf's Law）。

（二）篇章的语义语用标注需要面临较多的挑战，因此需要切实遵循标注语料库开发的基本原则，认真修订标注手册、开展人员培训，并执行严格的质量控制。通过“机器 + 人工”的手段，可以提高效率，降低标注成本；利用“通用 + 个性”的标注方案可以对 DCM 展开多特征标注。目前已经摸索出了一套能对常见关联词语、指代词、标点符号的篇章连贯用法进行系统标注并执行交叉检索的方法。标注一致性检验是一个必不可少但又有待加强的环节。

（三）以词形为统一的形式，发现一些常用 DCM 的用法多变，不仅可以衔接不同层次的 DU，而且与 RR 之间存在复杂的多对多映射关系（即一个 DCM 可以标志多种 RR，同时零个或多个 DCM 也可以标志某种关系），否定了将 RR 与 DCM 进行简单对应的做法，或者将关系直接用某个 DCM 来标志或反过来用某个

DCM 来标记 RR 的做法。

（四）通过统计检验，发现 DCM 的语篇位置、前后句的标点符号、词性特征、同现词及其特征等，与其所在的 DU 的 rr 有很强的相关性，并对篇章连贯结构的关系类型、核心性、关系辖域、线性顺序以及与父子节点的非线性嵌套关系等的自动判定有一定的帮助。

总之，本项目不仅完善了汉语标注语料库的开发原则、流程和质检方法，提供了高质量的可用于理论研究和工程开发的多层次语言信息资源库，而且在标注实践中提出了一套基于多维特征的汉语 RR 体系和优选协议，验证和发展了修辞结构理论，同时还深入地探讨了一些高频 RR 和 DCM 在汉语篇章中的概率特征。因此，本项目可能对基础的语言学理论研究和高级的自然语篇处理应用有一定的参考价值。

当然，还有很多其他的篇章理论，也可以帮助我们从某一特定的角度，用某种方式来分析各种篇章现象。比如同指信息、情感信息、语码转换、话轮转换等等，也都可以像篇章修辞结构一样明确地记录在语料库中。这些信息，无论是单独或者与其他层次的语言学信息、背景信息结合起来，都可以帮助我们探索不同层次语言现象之间的相关性，利用统计分析手段从中发现新的语言规律，为各种学习算法提供训练和测试平台。笔者预见，带各种语言学标注信息的篇章语料库将会成为汉语研究的一个重要资源，在此基础上的定量分析也将成为一种重要的研究途径。我们还可以利用大数据技术，进一步完善语言理论体系，检验和发展有关人类认知机制的理论假设。

由于 CJPL 不大，有些 DCM 在语料库中的用例太少，而影响它们的篇章连贯用法的因素很多，导致现有的研究成果还相当零乱，系统性不够，许多问题未能深入探讨。未来的工作考虑从以下几个方面着手：

（一）进一步完善笔者提出的“基于多维特征的汉语修辞关系分类体系”，对其进行心理语言学实验和较大规模的标注检验。

（二）进一步完善汉语逗号子句颗粒度上的 rr 标注规范，更为系统地探索篇章最小单元与句内成分之间的联系。

（三）增加个案，进一步挖掘 DCM 的形式特征和概率规则，强化多维信息的自动获取和相互间的相关性分析。寻找更通用的参数降维方法，以提取最简单最有效的 rr 判定特征，供统计学习之用。或者尝试通过无监督学习海量未标记语料来提高分类性能，以弥补 CJPL 数据库中部分 DCM 数据稀疏的问题。

（四）尝试通过恰当地分解任务，提高修辞结构标注的效率和一致性。也可能会再次修订现有的标注手册并重新核对已有的修辞结构树。

（五）进一步完善标注语料库开发的操作模式，将其应用于其他语言资源的开发，如科技文献篇章语料库、对白同指语料库、翻译对齐篇章语料库等。中文信息处理发展的前提之一是汉语知识的形式化，这是一项需要各方面巨大投入的工程项目。笔者多年所做的工作，只是为这项工作添了片砖瓦。本书也算是一个阶段性的工作总结，加上些许个人的感悟。在写作过程中笔者深感自己学识浅薄，借此机会恳请大家多多指教。

第九章 附 录

9.1 中文 RR 关系集（按中文名称排序）

序号	中文名称	英文名称	优选代码	备注
1	背景 -s	background -s	231	
2	并列 -m	conjunction -m	163	
3	除非 -s	unless -s	201	表述类/信息类
4	动机 -s	motivation -s	211	
5	对立 -m	contrast -m	103	表述类/信息类
6	方式 -s	means -s	231	
7	非意愿性结果 -s	NVR -s	211	
8	非意愿性因果 -m	NCR -m	213	
9	非意愿性原因 -s	NVC -s	211	
10	否则 -s	otherwise -s	201	表述类/信息类
11	附加 -n	addition -n	162	
12	附加 -s	addition -s	161	
13	话题 - 评论 -m *	topic - comment -m	003	
14	环境 -s	circumstance -s	231	
15	解答 -m	solution -m	123	
16	解答 -n	solution -n	122	
17	解答 -s	solution -s	121	
18	解释 -n	interpretation -n	132	
19	解释 -s	interpretation -s	131	
20	联接 -m	joint -m	173	
21	论证 -n	justify -n	121	
22	论证 -s	justify -s	121	
23	罗列 -m	list -m	263	
24	目的 -s	purpose -s	111	
25	评价 -m	evaluation -m	143	
26	评价 -n	evaluation -n	142	
27	评价 -s	evaluation -s	141	

（续上表）

序号	中文名称	英文名称	优选代码	备注
28	让步 －n	concession－n	102	
29	让步 －s	concession－s	101	
30	使能 －s	enablement－s	111	
31	问答 －m	question－m	133	
32	问答 －s	question－s	131	
33	条件 －s	condition－s	221	
34	同一单元 －m＊＊	same－unit－m	003	
35	无条件 －s	unconditional－s	221	
36	析取 －m	disjunction－m	203	
37	详述 －s	elaboration－s	241	表述类／信息类
38	序列 －m1	sequence－m1	153	
39	序列 －m2	sequence－m2	253	
40	意愿性结果 －s	VR－s	211	
41	意愿性因果 －m	VCR－m	213	
42	意愿性原因 －s	VC－s	211	
43	引述 －m	attribution－m	233	
44	引述 －s	attribution－s	231	
45	证据 －s	evidence－s	111	
46	重述 －s	restatement－s	261	
47	转折 －s	antithesis－s	101	
48	准备 －s	preparation－s	151	
49	总结 －s	summary－s	241	
50	??? －s	??? －s	373	

注：＊话题 － 评论 －m 关系为伪关系，仅用于逗号子句的标注。＊＊同一单元 －m 为伪关系，仅用于合并 EDU。

9.2　中文 RR 定义及示例（按英文名称排序）

沿袭 Mann and Thompson（1988）的修辞关系的定义格式：定义中的每一部分说明篇章分析者建立修辞结构关系时必须做出的某种判断（考虑到篇章分析的性质，这些都是分析者关于作者可能的交际目的的判断）。在“效果”部分，分析者就是在判断作者是否可能意图达到这种特定的条件。之所以采用这一格式，一是为了便于标注者确认、理解和操作；二是为了尽可能地与经典 RST 定义保持一致。每个关系都用语料库中实际出现的语料来做例子说明①。

① 根据乐明（2006）修订。当前版本为 2017.7。

为方便数据交换和检索，所有关系以英文名称排序，中文名称附后。英文全大写字母表示大的类别（如 CONTRAST/对立关系组）；仅首字母大写的关系表示小的关系丛（关系丛内的关系之间只存在核心性区别的类别，如 Concession）；具体关系用英文小写字母或中文来表示（如 concession - n 和 concession - s）。其他文献中用到的关系名称用斜体表示。但由于 RSTTool 软件设置的缘故，示例图中的关系都是首字母大写。

9.2.1 addition - n （附加 - n）

定义：

对 N 的限制：无 对 S 的限制：无

对 N + S 的限制：N 在语义上与 S 是并列可比的，N 和 S 在语境中的作用有主次之分，N 更是作者强调的重点

W 意图要取得的效果：R 意识到 N 提供了附加的信息，且是 W 要强调的重点①

效果的落点：N + S

说明：

（一）addition - n 和 addition - s、conjunction - m 同属 CONJUNCTION，区别仅在于特征单元的核心性地位不同。addition - n 的特征单元处于核心地位。

（二）Addition 关系中的两个 UDA，脱离语境就可能是单纯并列的 list - m 关系，但是在特定的语境中，两个 UDA 对作者而言的重要性不等。

（三）addition - n 常常需要用显性的关联词语标记，表明后续的关系对作者而言更为重要。近似汉语传统的“递进关系”。

例 50

[<Duan ID = 1 >帝国烟草联手红塔迂回突入中国烟草业？</Duan >] [{……}]

[1 <Duan ID = 11 > 红塔借“威斯”拓海外市场 </Duan >]

[2 <Duan ID = 12 > 对于这次红塔与帝国烟草的合作，国家烟草专卖局新 闻发言人周瑞增强调说，互惠互利，长期合作，是双方合作的基本原则。双方第一阶段的合作主要是技术层面的合作。作为全球第四大烟草集团，帝国烟草不但在生产成本管理等方面非常先进，而且在混合型卷烟的生产技术上也在国际前列。此次红塔与其的合作，周瑞增表

① 前面已经提到 RST 一般用“作者”统称“说者”和“作者”，用“读者”统称“读者”和“听者”。这里 W 表示作者（Writer），R 表示读者（Reader），N 表示核心（Nucleus），S 表示卫星（Satellite）。下同。

示，中国烟草企业可以学到帝国烟草的生产管理技术，特别是混合型卷烟的生产技术。]

[3 <Duan ID = 13> 其实，红塔这次与帝国烟草的合作有着一个更大的野心——就是利用帝国烟草的网络，拓展海外市场。{……}]

——CJPL2240288

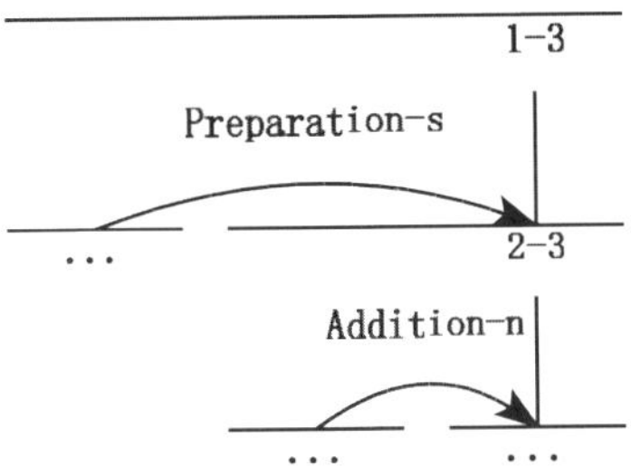

图 9 - 1　addition - n 和 preparation - s 的图示（CJPL2240288）

说明：

单元 1 是 CJPL2240288 文章的一个小标题，对下文起提示、准备的作用。我们认为单元 3 为单元 2 附加了某种语义（合作的目的之一），但是从整个小节直至整篇文章看，单元 3 的意思（"拓展海外市场"）要比单元 2（"技术层面的合作"）对作者而言更为重要，是该小节的 N，所以我们这里标注 addition - n 关系。

9.2.2　addition - s（附加 - s）

定义：

对 N 的限制：无

对 S 的限制：无

对 N + S 的限制：N 在语义上与 S 是并列可比的，N 和 S 在语境中的作用有主次之分，S 不是作者强调的重点

W 意图要取得的效果：R 意识到 S 提供了附加的信息，但 N 是 W 要强调的重点

效果的落点：N + S

说明：

（一）定义参见 addition - n。addition - s 与 addition - n、conjunction - m 同为表述类关系，区别仅在于特征单元的核心性地位不同。addition - s 的特征单元处于卫星地位。

例 51

[0 <Duan ID = 1> 中国经济时报：四项矛盾三大风险危及中国经济 刘建 锋、张炜 </Duan>]

[1 <Duan ID = 2> “中国经济正发生着非常重大的变化，同时出现了四项矛盾和三大风险威胁的新格局”。] [25 日下午，在中国经济时报与上海市政府发展研究中心和上海浦沿管理咨询有限公司合作承办的“中国经济前瞻论坛上”，中国社科院宏观经济研究室主任袁钢明在演讲时发出警告。] [3 他还特别警告说上海市最近一个月内出现了房产泡沫化的倾向，必须及时加以控制。</Duan> {……}]

——CJPL2173371

说明：

（一）单元 1 重复了文章标题的内容，因此是全文的 N。单元 2 提供了单元 1 的信息来源，标注为 attribution – s 的 S。单元 3 附加了与［1 – 2］相关的内容，标注为 addition – s 的 S。

9.2.3 antithesis – s （转折 – s）

定义：

对 N 的限制：W 对 N 持正面态度

对 S 的限制：无

对 N + S 组合的限制：N 与 S 是对立的，即不能同时对这两种情形都持肯定态度；理解 S 以及这两种情形的不相容性增加了 R 对 N 的正面态度

W 意图要达到的效果：R 加强了对 N 的肯定态度

效果的落点：N

说明：

（一）antithesis – s① 与 concession – s、contrast – m 同属 CONTRAST 关系组的不同小类，为主观表述类关系。作者在 antithesis – s 和 concession – s 中都偏爱两个观点中的其中一个，而 contrast – m 关系作者不偏爱任一观点。

（二）antithesis – s 和 concession – s 关系两者都暗示较弱的 CONTRAST（对立）关系，且两者都增加对 N 的肯定态度。两者之间唯一实质性的区分在于 W 认为 S 和 N 在 concession – s 关系中尽管看来有不兼容性但实际却是兼容的，而在 antithesis – s 关系中 N 和 S 必然是不兼容的（类似“强转”、“重转”）。

---

① antithesis – s 作为一种单核关系近似于马建忠（1898）的推拓句（偏重的是后面一句）。根据黎氏在《新著国语文法》给出的例子看，属等立复句的“重转类转折关系”中的例子可标为我们的 antithesis – s 关系。

例 52

[1 我们听到过很多有关描述中小企业在中国经济中的重要地位的说法，并且有相应的数据为证。][2 但是，我们听到最多的，显然还是关于中小企业融资如何难的说法，并且同样有相应的数据为证。][3 应该说，近几年各方对于中小企业融资难问题所做的关注甚或努力不可谓不多。{……}][4 不过，至少眼下看来，平均水平肯定高于 56% 的拒贷率已经足以说明，各方的种种关注和努力客观上还是给人以过多的做秀印象。]

——CJPL2236207. 4 - 5

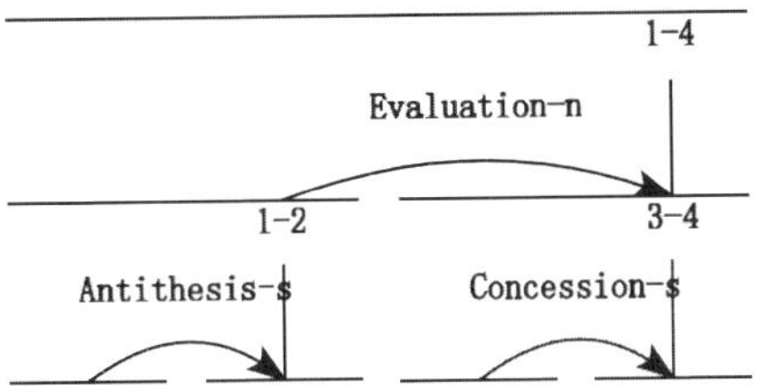

图 9 - 2　antithesis - s、concession - s 和 evaluation - n 的图示（CJPL2236207. 4 - 5）

说明：

（一）单元 4 是对单元［1 - 2］的评价，在更大的上下文中以单元 4 对作者的意图而言更为重要，因此处于一种评价 - n 的关系；

（二）S［3］和 N［4］在语义上是有冲突的，却又同时并存；作者肯定单元 4，并认为读者在看到 S［3］后会对自己提出 N［4］的评价感到意外却又能接受这一评价；

（三）单元 1 和 2 之间如果没有明显的核心性区别，在语义上可以是中性的/多核心的 contrast - m。但是从上下文来看，作者的语意重点显然在单元 2，因此，这里是一种非对称的 antithesis - s 关系。

9. 2. 4　attribution - m（引述 - m）

定义：

对 N1 的限制：揭示了说话人的身份

对 N2 的限制：表述了一种观点

对 N1 + N2 组合的限制：N 揭示了 S 说话人的身份，且其身份与言论对 W 而言一样重要

W 意图要达到的效果：R 意识到 N1 揭示了 N2 说话人的身份且说话人的身份与其言论一样能支持 W 的观点

效果的落点：N1 + N2

说明：

（一）attribution－m 中说话人的身份与其说的话一样重要。attribution－m 与 attribution－n、attribution－s 的区别仅在于特征单元的核心性地位不同。

（二）Attribution 关系除了应用于言语行为，也可以用于思考等心理活动或标明信息来源等①。Attribution 关系相当于 Mann and Thompson（1988）谈到他们正考虑但没有正式形成的 quote（引用）关系。

例 53

[0 <duan ID =1>《经济学人》杂志认为：人民币不需要升值</duan>] [1 <duan ID =2> {……}]

[2 <duan ID =3>人民币是否升值是目前各方讨论的热点，美林近期提供的报告认为，人民币在 2004 年将升值。] [3 经济学人信息部首席经济学家 Robin Bew 就此问题向记者表示：] [4 "我们认为人民币不需要升值，并且 2004 年人民币升值还是太早。" </duan>]

——CJPL2085393

说明：

（一）单元 3 是单元 4 的信息来源，有 Attribution 关联。根据文章标题的提示，两个单元从上下文的重要性看，这个信息来源，即说话人作为权威媒体《经济学人》的代表性身份，是其观点可信的重要理由之一，也是文章作者想要说明的内容之一。因此对作者的意图而言一样重要，选择 attribution－m 关系。

（二）[3－4] 是对标题 [0] 的展开和单元 2 的反驳，因此是 [2－4] 的 N。单元 2 与 [3－4] 之间有 concession－s 关系。

① Attribution 关系的引述来源句，相当于邢福义（2001：547）复句研究中的外套句："用于外层，套住转述性话语的句子"，"外套句尾用'说'类动词，语音上其后有明显的停顿；在书面标识上，当它出现在套内句子前边时，通常用冒号，只有出现在套内句子后边时，才用句号。'说'类动词以套内句子为逻辑宾语。书面上，作为逻辑宾语的套内句子加上引号，表明是引述的内容。从总体上看，套内句子无法分析或不好分析为一个句子里的结构宾语，因为：1）套内句子可以使两个或好几个句子；2）套内句子即使只是一个单句，也容易被外套句所插离，前后合起来才成为一句。简短的外套句可以算作特殊成分'插说语'，但问题在于外套句可以很长很复杂，绝对不能把所有外套句统统认为是句子的特殊成分。事实上，外套句和套内句代表两个不同层面的述说：外套句是直述，属 A 人称；套内句是转述，属 B 人称。最好的办法是分别算'句'，特别对待外套句。"

9.2.5 attribution - s （引述 - s）

定义：

对 N 的限制：无（表述观点或提供信息皆可）

对 S 的限制：揭示了说话人的身份

对 N + S 组合的限制：S 揭示了 N 说话人的身份，但其身份并不比言论对 W 而言更为重要

W 意图要达到的效果：R 意识到 S 揭示了 N 说话人的身份作为信息的来源

效果的落点：N + S

说明：

（一）定义参见 attribution - m。attribution - s 与 attribution - m 的区别在特征性 DU 的核心性地位不同，划归主题类。attribution - s 的特征单元处于卫星地位。

（二）在实际语料中，起引述作用的 S 常同时带有引述事件的环境信息，不过这些环境信息在上下文中并没有引述源（被引述人）这一信息更为重要。这是区分 attribution - s 与 circumstance - s 的关键。

（三）引述的信息来源也常被作者用作证据来证明自己观点的权威性，因此在具体语境中可能会被标注为 Justify 或 Evidence。

例 54

[1 <Duan ID = 2>一家民营企业在河北省邯郸县修建的天渡殡仪馆，虽被县民政局认可，但建成营业后却被省市民政部门叫停，其理由十分简单：] [2 民营资本介入殡葬业不受国家法律政策保护。] [3 与此同时，一位在邯郸市从事殡葬服务 3 年的老板透露：] [4 “死人的钱真是太好赚了，利润一般都超过 300%。”] [5《羊城晚报》3 月 30 日报道）</Duan>]

[6 <Duan ID = 3>超过 300% 的利润，可以说是暴利了。]

——CJPL2423034. 2 - 3

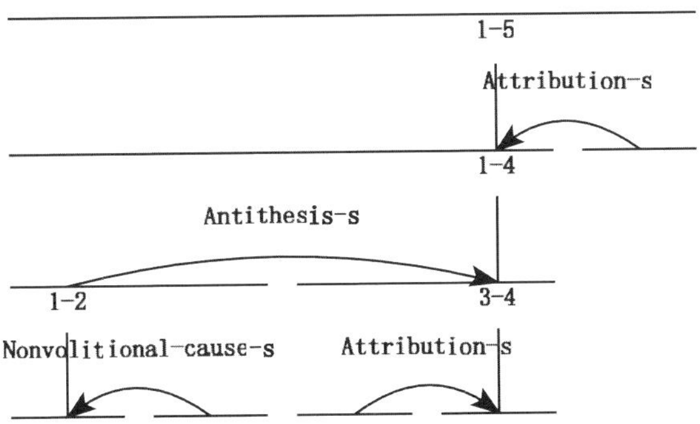

图 9 - 3 attribution - s、antithesis - s 和 NVC 的图示（CJPL2423034. 2 - 3）

说明：

（一）这个例子中两种不同的引述－s关系形式：［3→4］的引述为具体的人，带一个典型的引述类动词“透露”；［1－4←5］的引述关系比较特殊，这里没有出现具体的说话人身份，却只给出了引用文章的出处。因为这种引用出现在正文中，是评论作者文字的一部分，所以我们不采用篇章构建元素中的 message-info 元素，选用 attribition－s 标记。

（二）［1－2］和［3－4］之间的关系，如果没有上下文，那么就应该是一种等立的 contrast－m 关系。但是，该语篇的作者明显要给与［3－4］的相对重要性，因此我们选用了 antithesis－s。

（三）单元1和2之间的因果关系不涉及人的主观意愿，因此标注 NVC。

9.2.6 background－s（背景－s）

定义：

对N的限制：N为客观性事件

对S的限制：S的内容在时间上早于N的内容发生或存在

对N+S组合的限制：S提出了早于主题的一个情景，R可以在此情景下解读N

W意图要达到的效果：R意识到S提供了一个早于N的情景

说明：

（一）background－s关系S信息内容要在时间上早于N的内容，在同时性方面与 circumstance－s 关系有一种对立。

（二）汉语修辞关系集参照 RST－DT 库的定义（Carlson and Marcu，2001）对 background－s 关系的定义做了改动，因此不再与经典理论中的 Background 关系相同。原 Background 关系能达到的效果现在标注为 interpretation－s 关系。

例55

［1 关于要建邮政储蓄银行的推测早有报道，但始终没有定论。］［2 这次银监会的明确表态，让推测有了答案，关于邮政储蓄银行一直面临的利益之争也依旧没有平静。］

——CJPL3148368.3

说明：

（一）单元1的内容在时间上早于单元2，并且有助于R对单元2的解读，因此标注 background－s。

（二）可另见例53。

9.2.7 circumstance－s （环境－s）

定义：

对 N 的限制：N 为客观信息

对 S 的限制：S 展示了一种 N 发生时的情景

对 N＋S 组合的限制：S 提出了主题的一个情景，R 可以在此情景下解读 N

W 意图要达到的效果：R 意识到 S 提供了解释 N 的一个即时情景

效果的落点：N＋S

说明：

（一）circumstance－s 中的 S 句定下了一个时空框架，在其中可以解释 N 句。circumstance－s 与 background－s 的区别之一在于后者的 S 情景早于 N 情景，两者间有种时间上的对立。

（二）circumstance－s 与 condition－s 的区别在于后者的 S 句表述一个没有实现的（但不一定是不可能实现的）情景，而 circumstance－s 的 S 句是现实。

（三）Circumstance 是经典文献中给出的关系之一，属于客观信息类。

例 56

[[1] <Duan ID＝25>8 月 7 日，中国报协行业报委员会在北京召开“贯彻两办 19 号文件精神”的大会。</Duan>]

[[2] <Duan ID＝26>委员会当时给中央 73 家会员单位发函，预计能来 60 多人，没想到，最后有 102 人参加，在家的社长基本上都参加了，有的副职也--块来。</Duan>]

[[3] <Duan ID＝27>“实际上，北京有 150 多家全国性行业报，这次在治理范围内的 56 家，属于我们会员的有 29 家，但大家参与积极性很高，说明大家都很关注这次改革，关心自己的未来发展和命运。</Duan>]

——CJPL2031739

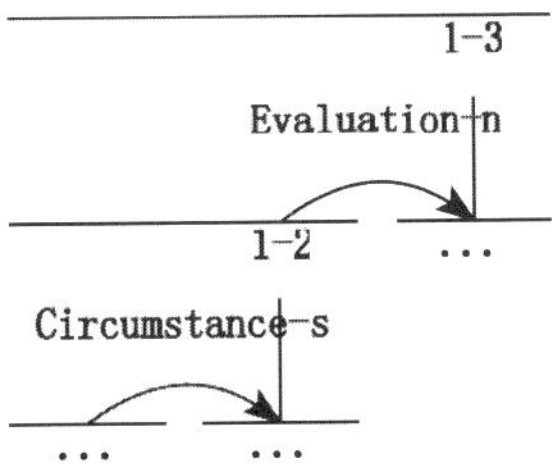

图 9－4 circumstance－s 及 evluation－n 的图示（CJPL2031739）

说明：

（一）单元1是新闻事件，单元2是被评论事件的焦点（参加会议的人很多），因此单元1提供了焦点事件的环境信息。

（二）单元3的主要部分“说明大家都很关注……”是对新闻现象（参与积极性很高）的评价，且单元3在语境中相对更为重要，因此标注 evaluation－n 关系。

9.2.8 concession－n （**让步－n**）

定义：

对N的限制：W对N的内容表示肯定，但W并不能断定N中的内容站得住脚

对S的限制：S表达了一种主观态度

对N+S组合的限制：W承认在N和S之间有潜在或明显的不相容性；承认N和S之间的相容性增加了R对N的正面态度

W意图要达到的效果：R加强了对N的正面态度

效果的落点：N+S

说明：

（一）定义参见 concession－s。concession－n 与 concession－s 的区别仅在于特征单元的核心性地位不同，同属表述类的 CONTRAST 关系组。

（二）Concession 可以追溯到作者思想上的一致性，concession－n 相当于对N的表述进行一定程度的修正。

（三）concession－n 关系是W在肯定S有理的前提下坚持N的观点，因此可以说是对N观点的让步和修正，使之更为合理，更能被R接受。

例57

[0“江山自古争斗，哪有禅让之理”。证券市场也不例外。] [1金融作为一个国家的命脉，为维护国家经济安全，政府采取积极的措施予以干预，这是对国民负责任的表现，也是对市场负责任的态度。] [2当然，这种干预，决不是搞“政策市”，下设一个“政策底”，上封一个“政策顶”；] [3上去就“打”，下来就“托”。] [4而是根据中国的国情，根据宏观经济的发展状况和微观经济的发展态势，采取积极的政策予以协调、配合和支持。]

——CJPL2247936.7

说明：

（一）我们认为在单元2中出现的“当然”一词的管界，应该一直到单元4，

而不仅仅到单元 2 或［2 –3］。也就是说，单元［2 –4］应该是关于话题“这种干预”的一个句群，在“当然”的引导下与单元 1 发生关系。而且这种关系是对单元 1 的轻转，即在承认单元 1 的情况下，做出修正和限定。单元 1 在该组合中处于核心地位，对作者的意图而言更为重要，因此标注 concession – n。

（二）这里单元 2 尾部的分号标识了与单元 3 之间的一个 purpose – s 关系；单元［2 –3］与单元 4 之间存在不对称的转折关系（antithesis – s），而且从上下文看，单元 4 对作者的意图而言更为重要。

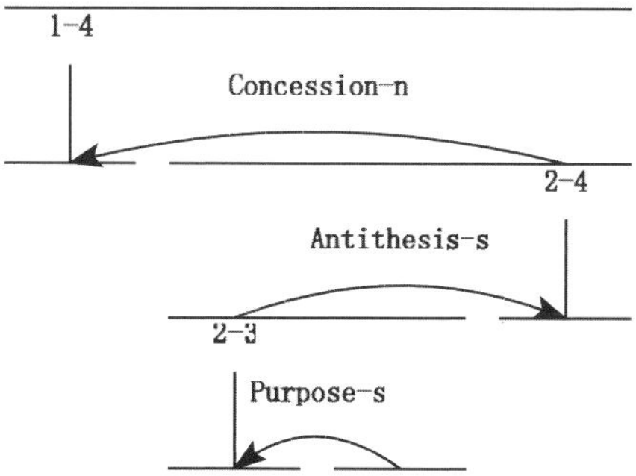

图 9 –5 concession – n、antithesis – s 和 purpose – s 的图示（CJPL2247936.7）

9.2.9 concession – s （让步 – s）

定义：

对 N 的限制：R 并不能断定 N 中的观点是站得住脚的

对 S 的限制：W 对 S 的内容表示肯定

对 N + S 组合的限制：W 承认在 N 和 S 之间有潜在或明显的不相容性；承认 N 和 S 之间的相容性增加了 R 对 N 的正面态度；W 认为相对而言 N 更为重要

W 意图要达到的效果：R 加强了对 N 的正面态度

效果的落点：N + S

说明：

（一）concession – s 就是经典文献中给出的 Concession。

（二）concession – s 与 concession – n 关系的区别仅在于特征单元的核心性地位不同，同属表述类关系。与 concession – n、antithesis – s、contrast – m 同属 CONTRAST 关系组。

（三）实例见例 52 图 9 –2。

9.2.10 condition－s （条件－s）

定义：

对N的限制：N叙述了一个未然的事件

对S的限制：S给出了一个假设的、一般情况下的或者是语境中尚未实现的情景，不具有时间上的已然性

对N＋S组合的限制：N的实现依赖于对S的实现

W意图要达到的效果：R意识到N的实现依赖于S的实现

效果的落点：N＋S

说明：

（一）condition－s① 很重要的一个特点是S句必须是未实现的，这是和汉语复句按逻辑关联度进行分类得到的广义“条件关系”有区别的地方，更接近其中狭义的“假设关系”。

（二）condition－s是一种经典的RST关系，属语义信息类。

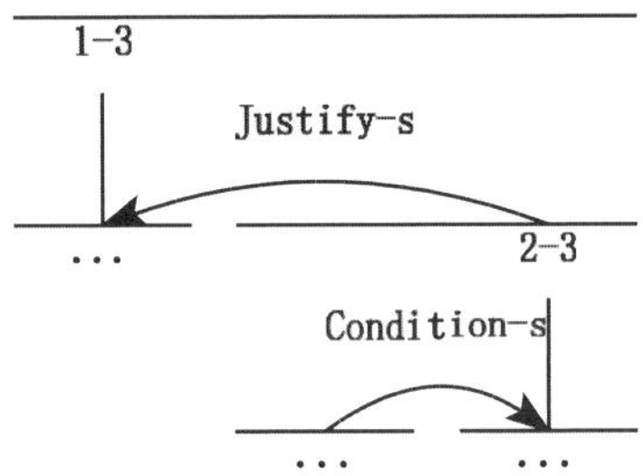

图9－6 condition－s和justify－s的图示（CJPL2269991.7）

例58

［1 所以，奉劝那些“霸道”地制定“霸王条款”的汽车制造商们，不管是否真心，你不得不尊敬中国消费者，不得不尊敬中国消费者的权益。］［2 如果不按照中消协的“劝喻改正函”进行改正，可以预见不久就会有值得尊敬的中国消费者利用法律武器去赢得本应属于自己的尊严和权利。］［3 到了那时候，汽车制造商们可就不只是对消费者鞠躬点头说对不起了，还必然要实打实地做出赔偿。］

——CJPL2269991.7

① RST的condition关系和汉语复句研究中各家对条件关系的定义差别很大。2005年的RST网站又从condition关系中特别区分出unconditional（无条件）关系，用后者表示N的实现不受S的情景限制。RST－DT库中的条件类的关系还有hypothetical（假设条件）。汉语RR集目前不做这些区分。如有必要，未来可以通过添加后位特征代码的方式来归类。

9.2.11 conjunction－m （并列－m）

定义：

对 N 的限制[①]：无

对 N1＋N2 的限制：各个单元在上一层 UDA 中起同样的语用功能，对 W 表达意图的重要性也相等

W 意图要取得的效果：R 意识到在上一层 UDA 中起同种修辞作用的单元不止一个且重要性相等

效果的落点：N1＋N2

说明：

（一）conjunction－m 在关系认定的时候并不要求有关 UDA 在语义上或句法结构上对等可比[②]。只要两个（或多个）单元在同一层级上和另一个单元发生相同的关系且核心性地位相同，就可以在这两个（或多个）单元间先使用这一关系，再与另一个单元发生关系。扩展 conjunction－m 这一关系的定义是为了避免在篇章标注中出现单核多叉树的情况（详见 9.4.1 节）。

（二）如果几个单元对作者而言的重要性不等，就可能是 addition－s（附加－s）关系（即后面添加的信息对作者的目的而言没有前面的信息重要）或 addition－n 关系（即后面添加的信息对作者的目的而言比前面的关系重要）。三种关系的区别在于特征性 DU 的核心性地位不同，但都为语用表述类的并列，属于优选关系。

（三）list－m 关系与 conjunction－m 关系的区别在于前者明确地仅用于信息的并列，包括专门用来统计那些有数字标识的罗列性的例子（因为汉语语料中“第一……第二”“……共有四种：一……二……”等的用法特别多）。sequence－m 关系用来表示时空序列。在 CJPL V2.0 中，joint－m 关系用来标注那些没有明确相关性的多核心组合（包括部分在 DU 间因话题转移和转换产生的生硬组合）。

实例：见例 8（图 3－5）、例 11（图 3－6）和例 62（图 9－10）等。

9.2.12 contrast－m （对立－m）

定义：

对 N1 的限制：无

---

① 理论上，conjunction－m 可以有多个核心。

② 这和逻辑语义上的合取有所区别。相同的句法结构或衔接手段并不一定得到相同的 rr，如 CJPL 语料库中有一处“有关人士认为……有关人士指出……”，其中各个结构近似的单元与 N 的语用关系并不相同。

对 N2 的限制[①]：无

对 N1 + N2 组合的限制：各个核心所表述的情景是：1）在很多方面是相同的；2）在某几个方面是不同的；3）在一个或多个不同的方面被比较

W 意图要达到的效果：通过这种比较使 R 意识到这种可比性和这些差异

效果的落点：多个核心

说明：

（一）contrast - m 也叫做中性对立或多核心对立，反映了与 antithesis - s、concession - n、concession - s 不同的核心性[②]。可以相应地细分为 contrast - m2 和 contrast - m1。

（二）这是经典文献中给出的表述性关系之一。与之相近的信息性的对立关系为 disjunction - m，区别在于后者是逻辑的析取关系，仅适用于信息性的单元之间，为简单相关（互斥）。

例 59

[1 一场政策与利益的博弈由此展开。] [2 央行方面，是想通过建立邮政储蓄银行减轻邮储给央行带来巨大的负担。] [3 而邮政方面，意见却并不明朗。{……}]

——CJPL3148368. 3 - 4

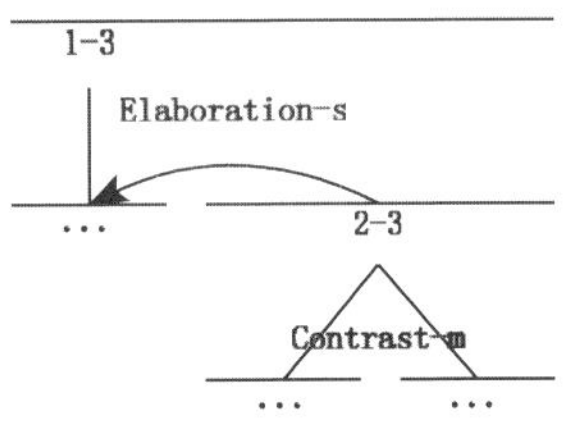

图 9 - 7　contrast - m 和 elaboration - s 的图示（CJPL3148638. 3）

说明：

单元 2 和 3 所表述的情景是：两个机构为了在政策许可的前提下争取自己最大的利益，而在意见或做法上采取了不同的对策。作者展示了这两种不同的现象，但没有表露自己的偏爱。因此分析为 contrast - m 关系。

① Contrast - m 一般只有两个单元，但也有极个别由多个单元组成。

② Contrast - m 关系近似于丁声树等的《语法讲话》在并列句（即一般所谓的联合复句）中设立的“对比”句类。

9.2.13 disjunction – m （析取 – m）

定义：

对 N 的限制：不限，多为信息性单元

对 N1 + N2 组合的限制：各个 N 之间的核心性地位相同，且存在一种互斥或互补对立的关系

W 意图要达到的效果：R 意识到各个 N 之间存在一种互选或对立的关系

效果的落点：N1 + N2

说明：

（一）语言中有两类不同的析取：第一类两种情况都有可能，逻辑上叫做 disjunction，写作∨；另一类对应于二者取一的情况，逻辑上叫做 exclusive – or，写作⊕。这里不作细分。

（二）disjunction – m① 源自一种 Mann and Thompson（1987）已经考虑到但没有形成定义的关系，该关系后来被收录到 RSTTool 经典关系集中；2005 网站中没有但 RST – DT 库有这一关系类型。我们认为 disjunction – m 是一种信息类关系。

例 60

［1 <duan ID = 7> 在此情况下，中国企业必须停止内斗，让真正拥有自主知识产权和强大市场生命力的产品脱颖而出；］［2 如果企业做不到，我们希望有关部门能够快刀斩乱麻，尽快出台相关标准。</duan>］

［3 <duan ID = 8> 既然我们有能力，就没必要让 DVD 专利之痛再度重演。</duan>］

——CJPL3171559. 7

说明：

（一）单元［1 – 2］相对于单元 3 而言，地位相同，但两种措施只要采取一种就可以；

（二）相对于作者的意图而言，单元［1 – 2］比单元 3 更为重要，后者提供了采取措施的理由，因此这里标注 justify – s 关系。

① 析取关系类似汉语一般所谓的"选择关系"，"选择"指的是汉语实际交际中大多数的"或"的含义。

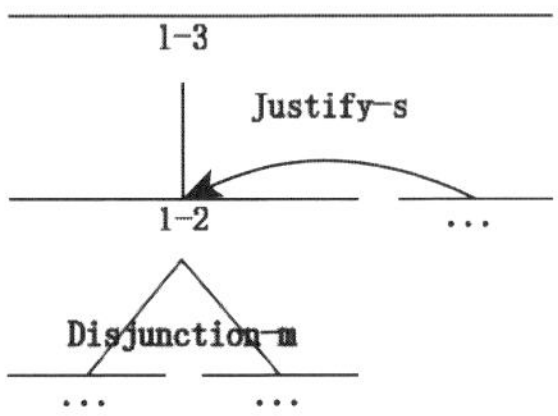

图 9－8　disjunction－m 和 justify－s 的图示（CJPL3171559.7）

9.2.14　elaboration－s（详述－s）

定义：

对 N 的限制：信息性单元为主

对 S 的限制：信息性单元

对 N＋S 组合的限制：S 以下面列出的一种或多种方式给出了 N 中给出的或可以从 N 中推断到的情景或主题中某一元素的附加细节。N：：S 之间的关系可以是：1）集合：：元素；2）抽象：：具体；3）整体：：部分；4）过程：：步骤；5）物体：：属性；6）一般：：特殊

W 意图要达到的效果：R 意识到 S 提供了 N 的附加细节；R 确认主题中的那个元素有附加细节

效果的落点：N＋S

说明：

（一）elaboration－s 与经典的 Elaboration 关系定义相同，属主题类。不过，据观察，elaboration－s 的 N 多为信息性单元，有少量主观性单元。即使为后者，也主要侧重其语义信息（如例 70 图 9－17）。若 N 为主观性单元，则需要优先选择语用性的关系（如 evidence－s、justify－s 等），如例 69 图 9－16 应选择标注 evidence－s 关系而非 elaboration－s。

（二）经典文献指出，Elaboration 是个大类，包含很多小类：1）集合：：元素；2）抽象：：具体；3）整体：：部分；4）过程：：步骤；5）物体：：属性；6）一般：：特殊，以及 summary－s 等关系。RST－DT 库对这些关系进行了区分，设立了“*elaboration－set－member*、*example*、*elaboration－part－whole*、*elaboration－process－step*、*elaboration－object－attribute*、*elaboration－general－specific*、*elaboration－additional*、*example* 和 *definition*”关系，没有“抽象—具体”类，但添加了“*elaboration－additional*”[①] 和“definition”关系。

（三）与其他关系一样，elaboration－s 的定义没有前后语序的限制。也就是说，被详述的 N 内容可以出现在后面。

---

① 汉语 Addition 与 additional 类似，但属于语用意义上简单相关的一类，分有此轻彼重区分的两种单核关系 addition－s 和 addition－n：前者为“附加、补充”，后者接近传统的“递进关系”。

实例：例 59 图 9 – 7 和例 70 图 9 – 17。

9.2.15 enablement – s （使能 – s）

定义：

对 N 的限制：向 R 建议了一个动作（包括接受一项信息或观点），该动作相对于 N 的语境来说还没有实现

对 S 的限制：无

对 N + S 组合的限制：R 对 S 的理解增加了 R 执行 N 所描述动作的潜在能力

W 意图要达到的效果：R 执行 N 中动作的潜在能力增加了

效果的落点：N

说明：

（一）enablement – s 和 motivation – s 都在于引发读者的反应，也就是说，在文本中都能发现它们通过表述提议、要求、邀请、命令或建议，劝告读者行动，所以两者形成一个使动关系组，enablement – s 提供那些意在增加读者实施该行为的能力的信息；motivation – s 提供那些意在增加读者实施该行为的欲望的信息。两者常一起用在广告语篇中。

（二）enablement – s 与经典文献中的 Enablement 定义相同，属表述性关系。

实例：暂无。

9.2.16 evaluation – m （评价 – m）

定义：

对 N1 的限制：涉及一种主观评价，包括性质、地位等

对 N2 的限制：客观信息性单元

对 N1 + N2 组合的限制：N1 将 N2 与某种土观态度关联起来

W 意图要达到的效果：R 意识到 N2 评价了 N1 及其所指派的价值，且两者同等重要

效果的落点：N1 + N2

说明：

（一）定义参见 evaluation – s。evaluation – m 与 evaluation – n/ – s 的区别在于两个单元对于 W 而言重要性不同。

（二）Evaluation 关系中有一个单元为主观表述性单元，因此属于表述类关系。

例 61

[[1] <Duan ID = 1 > 中新社：] [[2] 促进房地产健康发展的四点“适

时”］［3 中新社记者阮煜琳 </Duan>］

［4 <Duan ID = 2>今天，《国务院关于促进房地产市场持续健康发展的通知》通过中国官方报纸《人民日报》公布于众。］［5 此间人士认为，该通知在中国房地产市场局部过热、房地产贷款大量增加、房地产结构不尽合理、个别地方上演“圈地运动”的时候适时出台，对中国房地产的健康发展必将起到重要作用。</Duan>］

［6 {……}］

——CJPL2066838

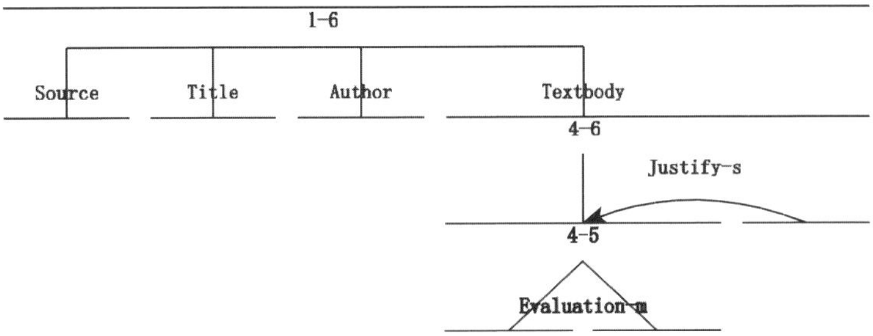

图9－9　篇头组织元素（DOE）和 evaluation－m 及 justify－s 的图示（CJPL2066838）

说明：

（一）例61所在的文章报道了一起新闻事件并评价了该事件的意义，报道的第一段具有一般导语的性质，两个单元同样重要：一个提供了新闻事件本身，一个提供了官方的评价意见并且是下文需要展开论证的重点所在。

（二）单元1、2、3分别介绍了文章的信息来源（source）、题目（title）和作者（author）。根据标注协议，优先确定这些篇头组织元素（discourse organization elements，DOEs）。而单元［4－6］为正文，因此标注 textbody 标签。

9.2.17　evaluation－n（评价－n）

定义：

对N的限制：涉及一种主观评价，包括性质、地位等

对S的限制：客观信息性单元

对N+S组合的限制：N将S与某种主观态度关联起来

W意图要达到的效果：R意识到N评价了S及其所指派的价值，且N更为重要

效果的落点：N+S

说明：

（一）定义参见 evaluation－s。evaluation－n 与 evaluation－m 和 evaluation－s

的区别在于评价－n 关系的特征性 DU 居于核心性地位。

（二）evaluation－n 是 CJPL 篇章顶部出现用例比较多的关系之一，作者多用这一关系结构来展现自己对于某一新闻事件的观点。

（三）Evaluation 与 elaboration－s 都属于复杂推理相关类型。不过前者的特征性 DU 具有主观性，因此属语用表述类关系，而后者的两个 DU 一般都是客观信息。

例 62

［[0] <duan ID＝1>中国证券报：CPI 走向牵动股市神经 陈伟</duan>］

［[1] <duan ID＝2>今年以来，CPI 由负变正，最近几个月维持增长，继 10 月上涨 1.8%后，11 月更是高达 3%。］［[2] **专家认为，CPI 持续增长的走势将多方面地影响股票市场。**］［[3] 它不但会直接提升股市的吸引力，还会通过影响相关的上市公司业绩进而影响股市的结构调整。］

——CJPL2250706

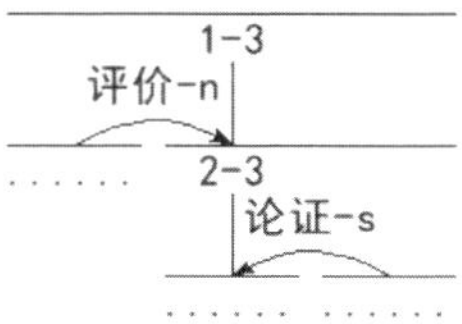

图 9－10　评价－n、论证－s 关系的图示（CJPL2250706）

说明：

（一）例 62 单元 1 是信息性的客观事实，也是新闻的由头。而单元 2，既是专家对于新闻数据的评价性意见，同时也是媒体记者报道该新闻数据的主要观点，因此单元 2 是整篇文章的核心性落点，也是［1－2］的核心。单元 2 将单元 1 与一种主观意见关联起来，使读者意识到单元 2 评价了单元 1 所报道新闻信息的价值，并且这一观点才是作者报道的目的，相对更为重要，因此［1－2］之间是 evaluation－n 关系，单元 1 是 S 和被评价的对象。

（二）单元 2 涉及一种主观评价（或表述），但读者对专家这一主观意见的相信程度可能还到不了作者/说话人（专家）的满意程度。为帮助读者更好地接受专家的观点，作者/说话人（专家）进一步给出了单元 3，并相信读者会接受单元 3 的内容，进而更好地相信单元 2 的内容。因此，单元 3 论证了单元 2 的观点，两者之间是论证关系（justify－s），且单元 3 是单元 2 的卫星单元。

（三）可能会有人认为单元 3 是单元 2 的展开和详述。但本项目定义的详述关系（elaboration－s）要求相关的两个单元都必须是客观信息性的，因此并不适用于刻画本例两个主观表述性单元之间的关系。

9.2.18 evaluation－s （评价－s）

定义：

对 N 的限制：客观信息性单元[①]

对 S 的限制：涉及一种主观评价

对 N＋S 组合的限制：S 将 N 与某种主观态度关联起来

W 意图要达到的效果：R 意识到 S 评价了 N 及其所指派的价值

效果的落点：N＋S

说明：

（一）与 evaluation－s 同一丛的还有 evaluation－m 和 evaluation－n，因为有一个 DU 为主观表述性单元，因此属于表述类关系。

（二）在 Evaluation 关系组中，一个 DU 以一种好坏的尺度来衡量在另一个 DU 中给出的情景。评价可以是作者的观点或语篇中的其他人对一个情景的鉴赏、估计、打分、解释或衡量，包括抽象的性质、地位、作用、意义、价值等。

（三）Evaluation 和 Interpretation 都涉及到某一不属于 N 主题本身的参照框架来评估 N 中的材料。区别在于 Evaluation 反映了某种主观态度（指出抽象的性质、地位等）；而 Interpretation 则将 N 的材料与其他参照框架联系起来，并暗示可能存在一种复杂的推理相关性。

实例：下例 71 和图 9－18。

9.2.19 evidence－s （证据－s）

定义：

对 N 的限制：主观表述性单元，R 对 N 的相信程度可能还不到 W 满意的程度

对 S 的限制：S 是种事实性的陈述，W 相信 R 将会认为 S 是可信的

对 N＋S 组合的限制：R 对 S 的理解增加了 R 对 N 的信仰

W 意图要达到的效果：R 对 N 的信仰增加了

效果的落点：N

说明：

（一）evidence－s 的定义与经典文献中的 Evidence 的定义相同，为表述性

---

① Evaluation 为经典 RST 文献中的关系，创始人虽然限定了 W 意图达到的效果，但是并未对这一关系的 N 和 S 做任何限定。同样，对于 Elaboration 关系的 N 和 S 也没有限定。笔者认为，主观表述性和客观信息性的 Evaluation 和 Elaboration 关系实例都是有的，只不过 Elaboration 主要用于客观信息型单元之间，而 Evaluation 主要用于客观信息和主观评价单元之间。这也说明了两者之间确实有一定的对应关系，但两者还有 DU 的主客观性质区分。

关系。

（二）Evidence 和 Justify 都用在论证中，Evidence 是使用一种事实（客观信息）来支持一项声明（主观表述）；Justify 则使用外部的主观表述来支持一项主观声明。

例 63

［1 自从中国加入世贸组织后，外资银行的数目也在减少。］［2《金融时报》称，外资银行代表处的数量从 2001 年的 214 家下降到 2002 年的 211 家。］

［3 一些外资银行家认为，它们目前还不能获得丰厚回报。］

——CJPL2081402.7

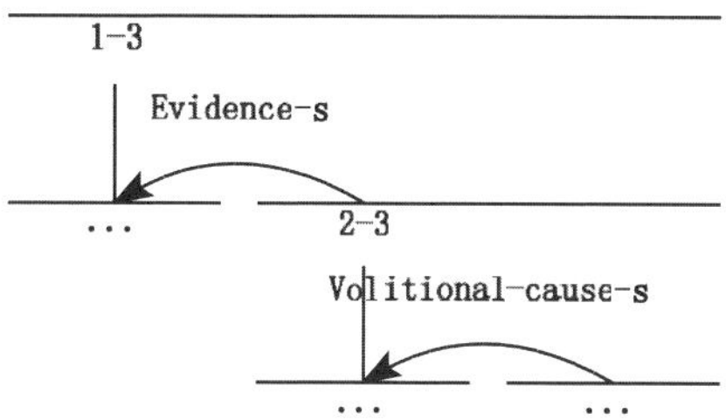

图 9-11　evidence-s 和 VC 的图示（CJPL2081402.7）

说明：

（一）单元 2 是一种由单元 3 导致的有意识的行为。没有单元 3 的话，读者就可能不认为单元 2 中的行为是有动机的或不知道其具体的动机。标注 volitional-cause-s。

（二）单元［2-3］提供了让读者相信核心单元 1 的证据。

9.2.20　interpretation-n　（解释-n）

定义：

对 N 的限制：将 S 与另一个不涉及到 S 本身的客观事件关联起来，且与作者的态度无关

对 S 的限制：客观信息性单元，R 在读到 N 句前不会充分理解 S

对 N+S 组合的限制：N 提供了解释 S 的框架，增加了读者理解 S 中某一元素的能力

W 意图要达到的效果：R 意识到 N 对于 W 而言比 S 更为重要，且 N 将 S 与一个不涉及到 N 本身的思想框架关联起来，R 对 S 的理解增加了

效果的落点：N+S

说明：

（一）定义参见 interpretation－s。interpretation－n 与 interpretation－s 都属于 Interpretation 关系组，区别在于 interpretation－n 的特征性 DU 处于核心地位，且表达了 W 主观暗示的相关性。属于语用表述性关系。

（二）Interpretation 与 Evaluation 的区别之一是前者的特征性 UDA 提供了另一 UDA 没有谈到的信息，从而帮助读者理解其中隐含的相关性；后者的特征性 UDA 一般涉及 W 的主观评价。

例 64

[1 超过 300% 的利润，可以说是暴利了。] [2 而能够赚得这种暴利、发这种“死人财”的，只有民政部门下属的殡仪馆，包括民营企业在内的其他任何企业和部门都休想分得一杯羹——这也正是暴利形成的根本原因。] [3 因为行业垄断，殡仪馆便可以任意抬高收费标准，任意巧立收费名目，而老百姓只能被动挨宰。]

——CJPL2423034. 3

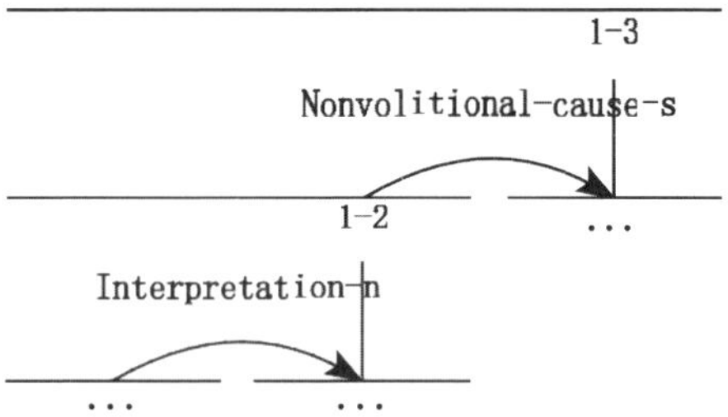

图 9－12　interpretation－n 和 NVC 的图示（CJPL2423034. 3）

说明：

（一）单元 2 是对单元 1 的解释。但是从其在全文的地位来看，单元 1 只是个案（由头），而单元 2 则给出了一般的情况，该情况能对单元 1 的陈述做出解释。由于这种特征性的解释单元处于核心地位，因此标注 interpretation－n。

（二）单元 3 提供了单元 2 造成的结果，而单元 2 的原因不是意愿性的。

（三）单元 2 内部有两个 EUDA，这里做了简化处理。

9. 2. 21　interpretation－s （解释－s）

定义：

对 N 的限制：主观表述类单元，R 在读到 S 句前不会充分理解 N

对 S 的限制：S 将 N 与另一个不涉及到 N 本身的事件关联起来，并且与作者的态度无关

对 N + S 组合的限制：S 提供了解释 N 的框架，增加了读者理解 N 中某一元素的能力

W 意图要达到的效果：R 意识到 S 将 N 与一个不涉及到 N 本身的思想框架关联起来，R 对 N 的理解增加了，且 N 对于 W 而言比 S 更为重要

效果的落点：N + S

说明：

（一）interpetation - s 与 interpetation - n 的区别仅在于特征性 DU 的核心性地位不同，后者的特征性 DU 处于核心地位。

（二）Interpretation 可以是：（1）对那些并不非常明显或明确的事物的相关解释；（2）通过指出或暗示内部的各种关系、动机，或通过将具体的原则与一般的原则相联系，对动作、事件或陈述做出解释。换句话说，在 Interpretation 中，关系的一方面给出了一种与关系的另一个方面所给情景不同的视角，它代表 W 或第三者的个人意见。

（三）Interpretation 关系组的特征性 DU 提供了另一单元没有谈到的信息，帮助读者理解该单元。Interpretation 区别于 Evaluation 的特点之一是后者一般涉及 W 对客观信息的主观评价（一般都是正面的态度，但偶尔也有明显负面的评价）。

（四）我们改动了经典文献对 Background 和 Interpretation 关系的定义，本体系的 background - s 只用于表示 N 为客观性陈述的关系，而 interpretation - s 关系的定义扩展到能覆盖原 Background 的连贯作用，是一种主观表述类关系。

例 65

[1 证券交易印花税率是宏观调控股市的一项政策工具。] [2 如今，税率一次下调 50%，将降低买卖股票交易费用，增大换手率，从而有效活跃市场，带动人气。]

——CJPL3139412. 3

说明：

（一）单元 1 提供了单元 2 没有谈到的信息，有助于读者理解单元 2。

9. 2. 22　joint - m （联接 - m）

定义：

对 N 的限制：无（一般为两个，可以不止两个）

对 N1 + N2 组合的限制：单元间不存在一种明确的相关性；几个单元之间的语用重要性相等

W 意图要达到的效果：R 意识到在几个单元之间语用重要性相等但不存在一种明确的相关性

效果的落点：N1 + N2

说明：

（一）joint - m 用于话题间的转换，相当于 RST - DT（所用）关系集中的 Topic - shift 和 Topic - drift。

（二）joint - m 的定义在 RST 文献中有些变动：1988 文中认为 joint - m“是多核心的，且相互之间不构成什么关系”。但后来实际的用法（包括 2005 网站上 joint - m 的定义和例子）相当于我们定义的 conjunction - m 关系。比如 Mann and Thompson（1987）文中的 2.3 节所举的例子，网站上后来将它归入 list - m 关系，按本文的定义则该把它归入 conjunction - m。

例 66

[0 <duan ID = 1>《求是》文章指出中国宏观调控体系逐步走向成熟</duan>]

[1 <duan ID = 2>中新社北京十二月十日电最新一期《求是》杂志载文称，中国在过去十年中经历了两次重大的宏观调控实践，宏观调控体系逐步走向成熟。</duan>]

[2 <duan ID = 3>这篇文章说，二十世纪九十年代初中国国民经济成功实现“软着陆”以及一九九七年中国克服和战胜亚洲金融危机的困难和挑战，积累了宝贵的经验，也使中国的宏观调控体系逐步走向成熟。</duan> {……}]

[3 <duan ID = 7>文章就不断完善和创新宏观调控体系提出一系列建议，{……} </duan>]

[4 <duan ID = 8>在谈及宏观调控的基础时，文章还提出，政府公布的统计数字是国家制定宏观调控政策的重要参考，要从制度和机制上完善统计体制。{……} </duan>]

——CJPL2240332

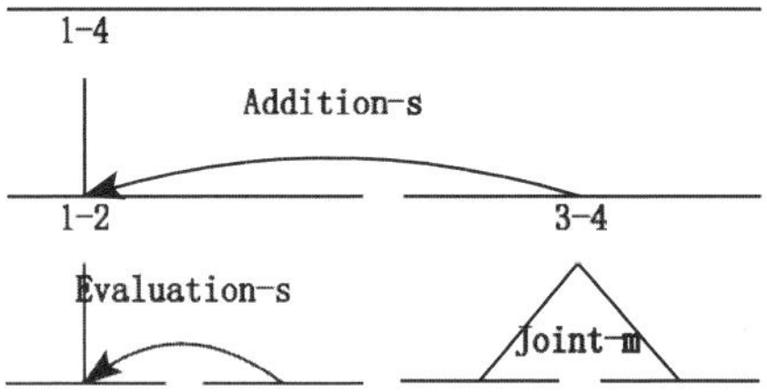

图 9 - 13　addition - s、elaboration - s 和 joint - m 的图示（CJPL2240332）

说明：

（一）根据标题（单元 0），全文是介绍《求是》一篇文章的观点“宏观调控体系逐步走向成熟”。单元2（包括例子中省略的部分）对这一观点展开了详细的介绍，因此是 elaboration - s 关系。单元［3 - 4］并不直接介绍这一观点，却转而介绍一些建议，以及相关背景知识，因此与单元［1 - 2］只有松散的关系（并不严格相关），相互间也不严格相关。由于单元［1 - 2］毫无疑问更为重要，又根据 CJPL 偏爱二叉树的原则，在单元［3 - 4］之间先用 joint - m 关系进行联结，然后整体用 addition - s 附加到单元［1 - 2］上。

9.2.23 justify - n （论证 - n）

定义：

对 N 的限制：主观表述性单元，W 相信 R 将会认为 S 是可信的

对 S 的限制：主观表述性单元，R 对 N 的相信程度可能还不到 W 满意的程度

对 N + S 组合的限制：R 对 N 的理解帮助 R 快速接受 W 提出 S 的权利

W 意图要达到的效果：R 更加乐意接受 W 提出 S 的权利

效果的落点：N + S

说明：

（一）参看对 justify - s 的定义。justify - n 与 justify - s 的区别在于特征性 DU 的核心性地位，都属表述性关系。

（二）justify - n 关系较多地出现在反驳他人观点的篇章结构中，即 W 在 S 中否定了别人的错误观点后，又通过 N 提出了支持 S 的观点。N 所提出的观点在语篇中是 W 要表述的重点（即不仅仅是反驳他人，还有自己的立论）。

例 67

［1 <Duan ID = 2> ｛……｝**“政府采取适当的措施支持证券市场的发展，既是国际上通行的做法，也是目前形势下的必然要求。”**这是全国人大常委、人大财经委员会副主任委员周正庆日前在一次主题发言中开宗明义之语。言简意赅，掷地有声。</Duan>］

［2 <Duan ID = 3> 不知从什么时候起，我们这儿冒出了一种声音，即政府不应干预市场，要让市场发展顺其自然。对此，周正庆针锋相对：**“这种观点是不对的。”**］［3 **从来就不存在没有舆论、政策引导的市场，不是正确的舆论和政策引导市场，就是错误的舆论和政策引导市场。**</Duan>］

［4 <Duan ID = 4> 美国的证券市场是政府不干预的自由市场吗？不是。｛……｝］

［5 <Duan ID = 5> 我国香港的证券市场是港府不干预的自由市场吗？也不是。｛……｝］

——CJPL1989670

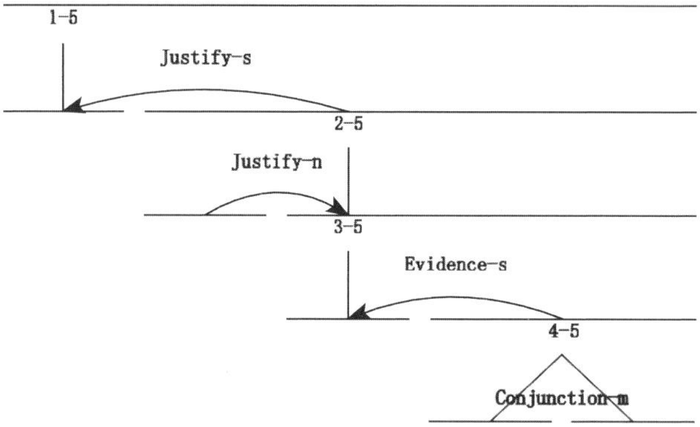

图 9 - 14 evidence - s、justify - n 和 justify - s 的图示（CJPL1989670）

说明：

（一）例 67 单元 1 中的第一句，即粗体字部分，是说话人提出的意见也是全文的观点，后面单元［2 - 5］用反证法为这一观点提供支持。因此这里有论证 - s 的关系。文中的单元 4、5 都是单元 3 的证据。在单元 2 和 3 之间，作者明显是用 3 来证明 2，但 3 在上下文的连贯中不可或缺，而删除 2 却对全文连贯没有影响。因此，这里是论证 - n 关系。

（二）单元 1 和单元 2 的内部还有修辞关系，这里做了简化处理，仅用粗体字表示了其中的 N 部分。

9.2.24 justify－s （论证－s）

定义：

对 N 的限制：主观表述性单元，R 对 N 的相信程度可能还不到 W 满意的程度

对 S 的限制：主观表述性单元，W 相信 R 将会认为 S 是可信的

对 N＋S 组合的限制：R 对 S 的理解帮助 R 快速接受 W 提出 N 的权利

W 意图要达到的效果：R 更加乐意接受 W 提出 N 的权利

效果的落点：N＋S

说明：

（一）justify－s 与 justify－n 的区别在于特征性 DU 的核心性地位。

（二）作者认为自己有提出 N 单元的权力，但觉得有必要对这一具体结论或要求再次进行引申论证①。相反，在 EVIDENCE 关系中，作者通过客观证据来论证自己的观点。

实例：见例 67（图 9－14）。

9.2.25 list－m （罗列－m）

定义：

对 N 的限制：客观信息，某一项与其他通过列表关系被连接的项是可比的（可以有两到多个）

对 N＋N 组合的限制：具有可比性，重要性相等，并且以列表的方式表示

W 意图要达到的效果：R 意识到被连接项之间的可比性，对 W 的重要性相等

效果的落点：N＋N

说明：

（一）list－m 是一种客观信息性关系，用于标注语义逻辑上并列的事物。

（二）list－m 在 RST 文献中的出现和定义一直不很稳定，1988 年 *Text* 期刊的那篇论文中没有提及这一关系。但 2005 网站上有，且提供例子的单元间组合关系和 1988 中 Joint 例子的关系差不多。RST－DT 对 list－m 的定义是“一种有序号表明的具体或抽象事物的罗列”。

实例：见例 71、图 9－18 以及例 78。

---

① 吴启主（2002：107）设有“推论关系”：“前面一句或几句提供某种情况作推论的根据，后面的一句或几句表示表示推论的结果，这就是推论关系”。

9.2.26 means－s （方式－s）

定义：

对 N 的限制：信息性单元，表示一项已然的活动

对 S 的限制：信息性单元

对 N＋S 组合的限制：S 给出了一种使 N 实现的方法或工具

W 意图要达到的效果：R 意识到 S 中的这一方法或工具已使 N 得以实现

效果的落点：N＋S

说明：

（一） means－s 是经典文献（Mann and Thompson，1988）已经考虑到但没有形成定义的关系类型，但出现在 RST 网站（2005）上。是一种主题类关系。

（二） means－s 的 S 单元是已然的使 N 实现的方法或工具，而未然的实现 N 的条件是 condition－s 关系，未然的解决 N 问题的方案该是 solution－s 关系。

实例：暂缺。

9.2.27 motivation－s （动机－s）

定义：

对 N 的限制：N 是一个尚未实现的情景

对 S 的限制：S 将导致一种主观意图性行为

对 N＋S 组合的限制：S 所表述的情景要通过 N 句中的行为来实现

W 意图要达到的效果：R 意识到 N 中的行为是为了实现 S 而发生的

效果的落点：N

说明：

（一） motivation－s 与 volitional－cause－s 的区别在于行动者是 R 还是文章中的人物，以及时间上是否已经完成。

（二）根据 RST 经典文献给出的说明，Motivation 与 Enablement 常用于广告等激发读者采取行动的文本中，都属主观表述类。汉语 RR 关系集对 motivation－s 的性质做了修改，改为信息性关系，与 purpose－s 相对。

实例：暂缺。

9.2.28 nonvolitional－cause－s （非意愿性原因－s，NVC）

定义：

对 N 的限制：客观信息性已然事件，非意愿性行为

对 S 的限制：客观信息性已然事件

对 N＋S 组合的限制：S 并不是通过激励某种意图性的行为而导致了 N；没

有 S 的话 R 可能不知道该情景的具体原因；对 W 组合 N - S 的目的而言，对 N 的展示比对 S 更重要

W 意图要达到的效果：R 意识到 S 是 N 发生的一个原因

效果的落点：N + S

说明：

（一）NVR 与 NVC 都是经典文献中给出的关系类型，同属于原因关系丛，两者唯一的区别在于 N 不同，在前者中特征性的原因单元居核心地位；在后者中特征性的原因单元居卫星地位。与 RST - DT 库对因果类关系的定义相同，要求所涉及的单元描写的是已经发生的事件之间的因果关系。

（二）VR 和 VC 与 NVR 和 NVC 的区别只在于是否涉及 S 中人物的有意识的行为，因此都属于因果（CAUSE - RESULT）关系丛。不过，NVR 和 VR 可以统称 result - s，NVC 和 VC 统称 Cause - s。与 Result - s 和 Cause - s 关系同一组的还有 Cause - result - m 关系。

（三）NVC 和 NVR 在经典文献中属于主观表现类，汉语修辞关系集将其归入语义信息类关系。

实例：见第 9.2.5 节 attribution - s 关系中的例 54。

9.2.29　nonvolitional - cause - result - m （非意愿性因果 - m，NCR）

定义：

对 N1 的限制：客观信息性已然事件

对 N2 的限制：客观信息性已然事件，非意愿性行为

对 N1 + N2 组合的限制：N1 并不是通过激励某种意图性的行为而导致了 N2；没有 N1 的话 R 可能不知道该情景的具体原因；对 W 组合 N1 - N2 的目的而言，两者同样重要

W 意图要达到的效果：R 意识到 N1 - N2 存在因果关系

效果的落点：N1 + N2

说明：

（一）参见对 nonvolitional - cause - s 的说明。

例 68

[[1] <duan ID = 3> 本周三，为期 5 天的第 35 届世界经济论坛在瑞士小城达沃斯开幕。] [[2] 在全球主要经济体中，中国经济的影响与前景，备受瞩目。] [[3] 本次年会第一场讨论会的主题，便是中国。] [[4] 世界经济论坛创始人施瓦布先生日前曾表示，中国联想集团收购美国 IBM 公司

个人电脑部门的行动，是一个“新的地缘政治和地缘经济格局开始的信号”。</duan>]

——CJPL31659936.3

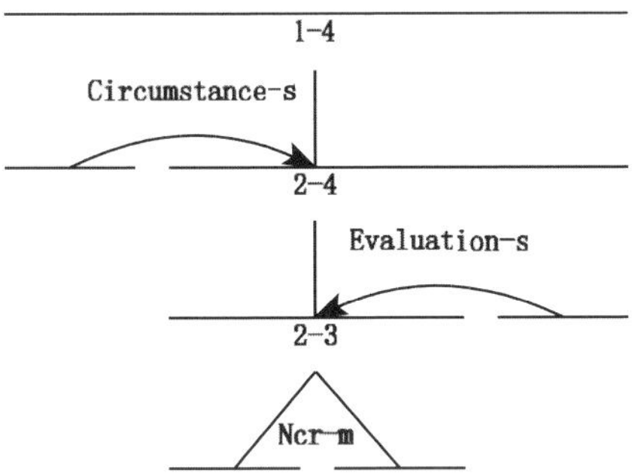

图 9－15　circumstance－s、evidence－s 及 NCR－m 的图示（CJPL31659936.3）

说明：

（一）单元 2 和 3 之间有客观的非意愿性的因果关系，且这种关系是多核关系。

（二）单元 4 是对［2－3］的评价。单元 1 提供了［2－4］事件发生的情境信息。

9.2.30　nonvolitional－result－s（非意愿性结果－s，NVR）

定义：

对 N 的限制：客观信息性已然事件

对 S 的限制：客观信息性已然事件，非意愿性行为

对 N＋S 组合的限制：N 并不是通过激励某种意图性的行为而导致了 S；没有 N 的话 R 可能不知道该情景的具体原因；对 W 组合 N－S 的目的而言，对 S 的展示比对 N 更重要

W 意图要达到的效果：R 意识到 S 是 N 发生的一个原因

效果的落点：N＋S

说明：

（一）参见对 nonvolitional－cause－s 的说明。

例 69

[1 但是，随着近年来基金市场的快速发展，特别是开放式基金逐步成为基金业发展主流，基金信息披露逐渐暴露出一些严重问题。][2

例如，{……}] [3 这些问题已在一定程度上影响了基金业的进一步发展。]

——CJPL2091506. 310

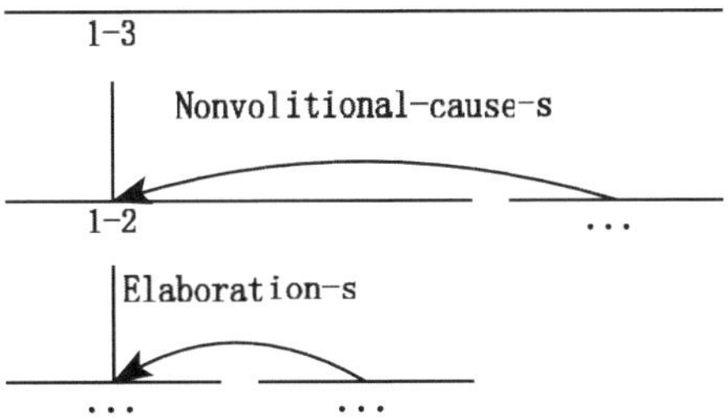

图 9－16 elaboration－s 和 NVR－s 的图示（CJPL2091056. 10）

说明：

这里单元 3 并不是任何人想要得到的结果，因此它和单元［1－2］处于一种非意愿关系之中。它们之间的核心性地位由上下文决定（这里限于篇幅没有给出）。

9. 2. 31 otherwise－s （否则－s）

定义：

对 N 的限制：N 是一个没有实现的情景

对 S 的限制：S 是一个没有实现的情景

对 N＋S 组合的限制：实现 N 就会阻止 S 的实现

W 意图要达到的效果：R 意识到在 N 和 S 的实现之间存在着相互阻止的关系

效果的落点：N｜S

说明：

（一）otherwise－s 关系①也可以用下面的形式之一来表示：如果 A 那么 B 否则 C；（如果 A 那么 B，）如果－A 那么 C。

（二）otherwise－s 和 unless－s 的区别在于特征性 DU 的核心性地位不同，因此它们是同属一族的不同小类的关系。与 RST 经典文献给出的 Otherwise 定义一致，属主题类。otherwise－s 和 unless－s 都隐含了一定的否定含义，在特定语用条件下，语义上的 otherwise－s 和 unless－s 关系实例都可以做为反向的语用论证。

---

① 王维贤等（1994：205）指出，“否则句”具有论证作用：当 A 指事实的时候，在一定的语境中，它是一种论证形式。据此，我们在标注协议中规定，如果一个否则关系被用来论证某一观点，优选 Justify 关系。关于“否则”关系的相关研究，另见相关讨论（乐明，2006）。

（三）otherwise－s、unless－s 与 condition－s 的共同特性是 N 句情景的实现与 S 句情景的实现有关。三者的区别在于，condition－s 中 N 句情景的实现依赖于 S 句情景的正面的实现；而 otherwise－s 中 N 句情景的实现妨碍着 S 句情景的实现；otherwise－s 关系中 S 句情景的实现妨碍着 N 句情景的实现。

例 70

[0 12 月 1 日，北京市房地产市场悄悄地发生了变化，一个决定北京房地产新游戏规则的政策——《北京市城市房地产转让办法》正式开始实行，北京市的房屋买卖形式将发生根本变化。] [1 而新办法中最新的热点，就是一个硬性规定——] [2 包括经济适用房在内的普通住宅、公寓及其他高档住宅等居住类房屋的预售，都要以套内建筑面积计价和结算房价款。] [3 而且，还硬性规定说，不按套内面积售房，区、县、市各级国土房管局将不予以登记，即不合法。]

——CJPL2227697.2

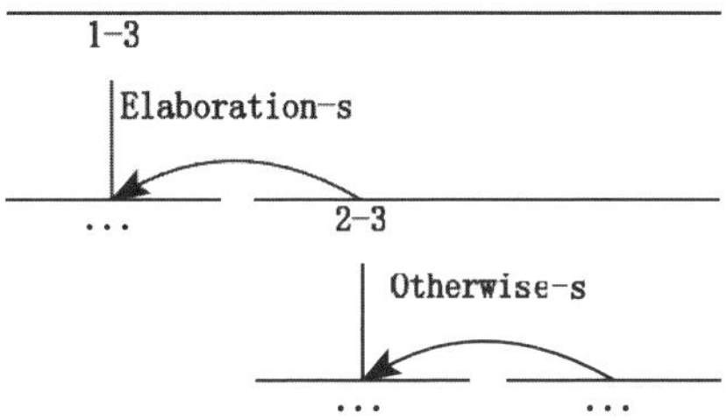

图 9－17　otherwise－s 和 elaboration－s 的图示（CJPL2227697.2）

说明：

（一）我们认为，这里单元 3 中虽然没有使用“否则”一词，但实际上“而且，还硬性规定说，不按套内面积售房”就是具体化的“否则”。这样，新办法的热点，“就是一个硬性规定”。当然，这里也存在 addition－s 关系，但 otherwise－s 关系更为具体，所以选择标注后者。

（二）[2－3] 是对单元 1“硬性规定”展开的详述，标注 elaboration－s。

9.2.32　preparation－s（准备－s）

定义：

对 N 的限制：无

对 S 的限制：S 使读者对 N 即将要表达的意思有所准备

对 N＋S 组合的限制：S 在篇章中先于 N 出现；S 倾向于能帮助读者更快、

更有兴趣或更容易地阅读和理解 N

W 意图要达到的效果：读者阅读 N 更快、更有兴趣或更容易

效果的落点：N + S

说明：

（一）preparation - s 与 RST 网站 2005 添加的 Preparation 定义一致。属于表述性关系①。

（二）preparation - s 的两个单元在时间上有一种前于关系，是一种很常见的标题对正文的关系。CJPL V2.0 还用它来表示逗号小句颗粒度上被切分开的 CM 与后续单元之间的关系（第 3.5.2 节）。

（三）preparation - s 应该是种特别的 RR，涉及两层 DU 间的关系：上层 DU 一般为观点——信息，或信息——信息；下层 DU 一般为信息——准备，且准备单元一般都是 S，即要求读者采取行动。少数也可能是上层 DU 为观点——行动，下层 DU 为行动——准备。preparation - s 的 S 单元往往与其前面的一个单元还有某种较弱关联，即实际上处于一种有多个父节点的状态。由于树结构要求一个节点只能有一个父节点，因此标注者只能忽略次要关联而标注主要的准备关系，是个多父节点的简化表示（详见 9.4.3 非树结构的处理）。

（四）preparation - s 关系还在逗号小句层级用于联系被切开的衔接语和呼语等。

例 71

[0 {……}] [1 但是在现实中，影响进出口的因素不仅仅限于汇率。</duan>]

[2 <duan ID = 4>请看事实：] [3 1994 年以来，人民币对主要贸易伙伴国的平均汇率升值较大，但同期我国外贸出口却保持较快增长；] [4 2000 年，我国出口增长 28%，当时人民币有效汇率跟随美元几乎是最坚挺的；] [5 去年以来人民币随美元下跌，对其他货币的平均汇率走低，但我国进口增速不断加快，今年上半年进口增速比出口增速高出 10.5 个百分点。] [6 这些充分说明，现阶段影响我国外贸进出口的主要因素是国内外需求和加入世贸组织等因素，而不是汇率。</duan>]

——CJPL2071293.4

① preparation - s 和吴启主（2002：P64 - 5）提出的“引句”和“正句”之间的关系有些类似。吴认为，“引入句”（简称引句）和“引导段”都有酝酿情绪、提示内容的作用，相当于乐曲的引子。但吴给的例子还包括一些提供理解正句的框架性信息，相当于本文的 circumstance - s 或 background - s。

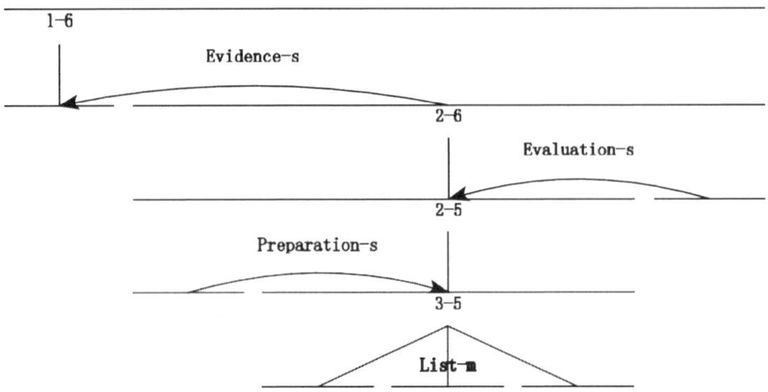

图 9－18　evidence－s、evaluation－s、list－m 和 preparation－s 的图示（CJPL2071293.4）

说明：

（一）单元 2 与单元［3－5］之间有个准备关系，但与上层单元 1 之间其实也有一个 Justify－s 关系。如果直接标注 justify－s，后面［3－5］单元就只能标注与单元 1 之间的 elaboration－s 关系，也就是说，更重要的单元 1 与［3－5］之间的 evidence－s 很难体现出来。所以选择保留 preparation－s 关系而忽略 justify－s 关系。

（二）单元 6 是对单元［2－5］的一种评价，标注 evaluation－s。

9.2.33　purpose－s （目的－s）

定义：

对 N 的限制：N 是一个尚未实现的情景

对 S 的限制：S 是一种由主观意图所导致的行为

对 N＋S 组合的限制：S 所表述的情景要通过 N 句中的行为来实现

W 意图要达到的效果：R 意识到 N 中的行为是为了实现 S 而发生的

效果的落点：N＋S

说明：

（一）purpose－s 与 motivation－s 的区别在于一个侧重意图的目的，一个侧重意图的动机。意图的目的即 UDA 主题中有某种特定类型的结果或状态的倾向，而且表达目的的特征性 UDA 标识了这些被认定存在这一趋势的结果或状态。

（二）purpose－s、motivation－s 与 VC 和 VR 的区别在于 S 事件在时间上是否已经完成：如果 S 在时间上发生在 N 之后，或者是至少在 N 时还没有实现，这两个 UDA 之间常会是 purpose－s 或 motivation－s；而如果 S 在时间上发生在 N 之前，就可能是 VC 或 VR。

实例：见第 9.2.8 节 concession－n 关系的例 57。

9.2.34 question－m （问答－m）

定义：

对 N1 的限制：提出了一个问题（主观行为），或叙述了一个问题（客观内容）

对 N2 的限制：叙述了对一个问题的回答

对 N1＋N2 组合的限制：N2 回答了 N1 的问题；两者是一个真实的问答序列，且对于 W 的目的而言同样重要

W 意图要达到的效果：R 承认 N1－N2 是一个真实的问答序列

效果的落点：N1＋N2

说明：

（一）question－m 与 question－s 的区别在于核心性不同，定义参阅 question－s。

（二）多例存在于作者自问自答的设问句及其答句之间。两句话的意思可以用一句话来表示，但作者使用了“设问—回答”的表述方式来跟读者互动，因为我们认为两个单元的重要性相等。

例 72

[[1] <duan ID＝8>现在，以信贷收缩为特点的新一轮宏观调控正在进行之中。] [[2] 这会不会进一步加大中小企业的融资难度?] [[3] 估计影响会有一点，但是不会太大，因为中小企业在此前的信贷政策中获益不多，所以在信贷收缩中所受冲击也应该很小。</duan>]

——CJPL 2236207.8

说明：

在这两个单元中，2 和 3 分别是作者叙述文章中的自问自答，因此两者的地位相等。

9.2.35 question－s （问答－s）

定义：

对 N 的限制：叙述了对一个问题的回答

对 S 的限制：提出了一个问题（主观行为），或叙述了一个问题

对 N＋S 组合的限制：S 回答了 N 的问题；两者是一个真实的问答序列，且对于 W 的目的而言 N 更为重要

W 意图要达到的效果：R 承认 S 是一个真实问答序列中的回答部分

效果的落点：N＋S

说明：

（一）Question 关系在经典 RST 文献中属于 Solutionhood 关系“提问—回答”和“困难—解答”两个子类中的第一子类。Question 为问答对话，默认有简单相关性，并有时序性；而 Solution 则为一个需要解决的困难提供解决方案，默认有推论相关性，为主观意见，属主观表述类关系。Question 也是主观表述类关系。

（二）question – m 与 question – s 的区别在于核心性不同。目前在 CJPL 语料库中还没有发现 question – n 的实例。

（三）有些情况下，提问本身也可以涉及如何和解决困难，此时按相关性类型优选 Solution。

（四）如果只是纯粹地叙述问答过程，既不涉及 W 针对 R 的主观表述，问答的内容之间也没有推理相关性，则可以归类为客观序列类（sequence）。不需要回答的反问类（rhetorical question）按语用作用归为 Justify 关系。

例 73

[1 所以从去年底开始，大家就在关心，丰收了，增收了，新的一年还有没有一号文件?] [2 好政策会不会变?] [3 今天，中央一号文件的发表，给全国农民吃了一颗“定心丸”，送上了一份厚重的春节礼物。]

——CJPL3155682. 4

说明：

单元 1 和 2 之间是并列的，都是“大家关心”的一部分内容。单元 3 虽然没有直接回答这个问题，但是间接地给出了问题的答案。由于在上下文中“今年的一号文件”是重点，因此单元［1 – 2］是 question – s 关系的 S。

9. 2. 36 restatement – s （重述 – s）

定义：

对 N 的限制：无

对 S 的限制：无

对 N + S 组合的限制：S 重述 N；S 和 N 在主要内容上是一致的，而且 S 和 N 长短差不多；N 对于 W 的目的而言比 S 更重要。

W 意图要达到的效果：R 承认 S 是 N 的一种重述

效果的落点：N + S

说明：

（一）restatement – s 和 summary – s 两者都涉及重述方面有区别。当 S 句的主要内容和 N 句几乎相同时，restatement – s 关系成立；当 S 句的主要内容比 N 句的内容少时，summary－s 关系成立。

（二）与经典文献给出的 Restatement 定义相同，为语义信息类关系。

例 74

[1 人们注意到，经济工作会议对国际经济格局的基本判断是，各国综合国力和竞争力此消彼长。] [2 而随着世界经济的逐步回升和结构调整加快，总的趋势是对我国经济发展有利。] [3 也就是说，我国的经济发展将进一步稳定前行，综合国力和竞争力将进一步提升。]

——CJPL2223381. 5

说明：

（一）单元 1 和 2 都是人们注意到的内容，语用上是并列的。

（二）单元 3 重申了单元 2 的基本意思。

9. 2. 37　same－unit－m　（同一单元－m）

定义：

对 N 的限制：不是一个完整的 EDU，没有修辞功能上的整体性

对 N＋N 组合的限制：组成一个具有功能整体性的完整的 EDU

W 意图要达到的效果：R 意识到两个（或多个）自身不完整的 EUDA 被合成一个具有功能整体性的 EDU

效果的落点：N＋N

说明：

（一）这是一种伪关系，主要用来连接同一 EDU 被标点符号等强制切开的各个 EDUA 部分。德语 PCC 库（Reitter，2003a）将这种关系合并到 Joint 中。

例 75

[1 倒票行为的市场空间很大，很多旅客为了尽快成行，愿意购买票贩子的高价票，并不认为自己被侵害，也就不报案，公安机关打击很难奏效。] [2 另外。] [3 倒票行为机动性强，而且每一笔交易金额相对较小。] [4 很难有证据能够对倒票者定罪。]

——CJPL3150879

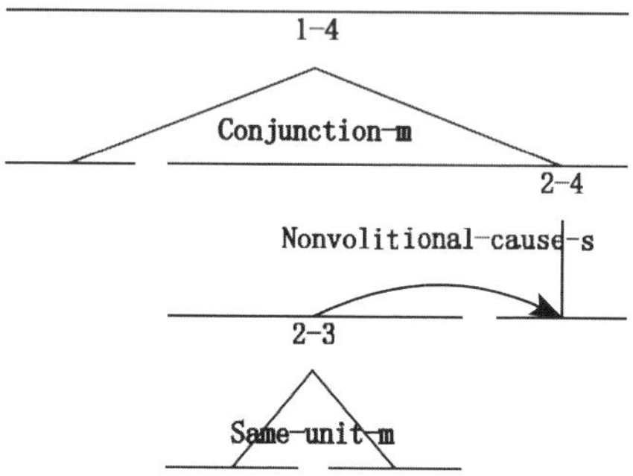

图 9－19 conjunction－m、NVC 以及 same－unit－m 的图示（CJPL3150879）

说明：

（一）单元 2 的句号可能为原网页文字上的错误（应该为逗号），但是因为我们的切分程序不做文字和输入正确与否的判断，所以已经被切分为一个独立的单元。针对这一过度切分的现象，我们用 same－unit－m 关系将它和后面的一个单元合并起来。如果在逗号小句颗粒度上，这里将标注为 preparation－s 关系。

（二）CJPL 语料中还有不少被误用的标点符号强制切开的 UDA 实例，大多要用这一关系将有关单元合并起来。详见预处理章节的讨论。

9.2.38 sequence－m1 （主观语用序列－m）

定义：

对 N 的限制：主观性的单元，可以有多个核心

对 N＋N 组合的限制：在各 N 的指令或动作之间有一种时间或逻辑顺序上的接续关系

W 意图要达到的效果：R 意识到 N 之间的那种接续关系

效果的落点：多个核心

说明：

（一）经典文献中已考虑将序列关系按 N 的主、客观特征拆分为主题性序列和表述性序列两种（Mann and Thompson，1987：73）。前者就是 sequence－m1，主要连接 W 对 R 的主观指令性序列等；后者就是 sequence－m2，主要连接信息的描述，包括系列动作的描述、人物对话序列等。

（二）sequence－m1 与 conjunction－m 的区别在于时序性。因此，语篇中带有序号（如“一、二、三”）或者“首先……其次……”等的主观性单元并列，相互间的关系标注为 sequence－m1。

例76

[1 <duan ID =8 对这种普通住宅贵族化趋势的遏止当从三个方面着手：</duan>]

[2 <duan ID =9>首先是对经济适用房政策严格掌控。{……} </duan>]

[3 <duan ID =10>其次是对住房户型、面积的设计开发要给予适当的引导，不能一哄而上都追求高档化。{……} </duan>]

[4 <duan ID =11>其三是对户外绿地的适宜规划。{……} </duan>]

——CJPL2173090

说明：

（一）单元2、3、4是作者提议政府机关的读者采取的一系列行动，并先后有时间上的序列关系，因此标注 sequence - m1 关系。

（二）单元［2 -4］更为具体地说明了单元1的内容，为 elaboration - s 关系的 S。

9.2.39 sequence - m2 （客观语义序列 - m）

定义：

对 N 的限制：客观性的单元，可以有多个核心

对 N + N 组合的限制：在各 N 的情景之间有一种时间或逻辑顺序上的接续关系

W 意图要达到的效果：R 意识到 N 之间的那种接续关系

效果的落点：N + N

说明：

（一）经典文献中已考虑将多核的序列关系按 N 主客观特征被拆分为主题性和表述性两种（Mann and Thompson，1987：73）。前者主要为 W 对 R 的指令等；后者主要为信息的描述，包括系列动作的描述、人物对话序列等。此处仅指信息性单元间的客观时序。

（二）序列关系是对其中的 UDA 有顺序要求的一种关系。菜谱是序列关系的一个很好的例子。暂时将空间上的顺序也算作逻辑时序包含在内。

（三）sequence - m2 与 list - m 的区别在于时序性，因此，仅罗列序号（如“一、二、三”）而没有逻辑顺序的列表类型不算在内。

例77

[1 此次强烈主张人民币升值是由美国先挑起来的，紧接着日本也开始大张旗鼓地造势。] [2 2002 年 5 月 1 日，当时的美国财政部长暗示

人民币应与美元脱钩（中国现在采取的是“盯住美元”的汇率政策）。]
[3 同年12月，日本内阁财相和媒体几乎同时要求中国将人民币升值。]
[4 此后，今年1月、2月、6月、7月，有关人民币升值的外界压力就一直没有间断过。]

——CJPL1995199.5

说明：

（一）单元2、3、4是一系列的事件，先后有时间上的序列关系，因此标注sequence－m2关系。

（二）单元［2－4］更为具体地说明了单元1的内容，为elaboration－s关系的S。

9.2.40 solution－m （解答－m）

定义：

对N1的限制：提出了一个需要解决的问题（困难、麻烦）

对N2的限制：N2是对N1中给出问题的一个解决方案，是个主观建议

对N1＋N2组合的限制：N2是对N1中给出问题的一个解决方案，且两者重要性相同

W意图要达到的效果：R意识到N2是N1中提出的问题的一个解决方案，且尚未完成

效果的落点：N1＋N2

说明：

（一）solution－m为多核心关系，与solution－s、solution－n的区别仅在于特征性DU的核心性地位不同，定义参见solution－s。

例78

[1 <duan ID＝1 国税向来以内控制度严格而著称，但近几年部分单位在内控上却出现了“外紧内松”的现象。] [2 这一点从全国各地不少国税机构发生的案件中也可以得到答案。</duan>]

[3 <duan ID＝2 怎样抓好制度的落实呢？] [4 我们认为要做到五个“注重”：</duan>]

[5 <duan ID＝3 注重制度的可操作性。{……} </duan>]

[6 <duan ID＝4 注重制度的动态性、时效性。{……} </duan>]

[7 <duan ID＝5 注重内部的监察督促。{……} </duan>]

[8 <duan ID＝6 注重提高员工的内控意识。{……} </duan>]

[9 <duan ID＝7 注重健全内控评价体系。{……} </duan>]

——CJPL2229794

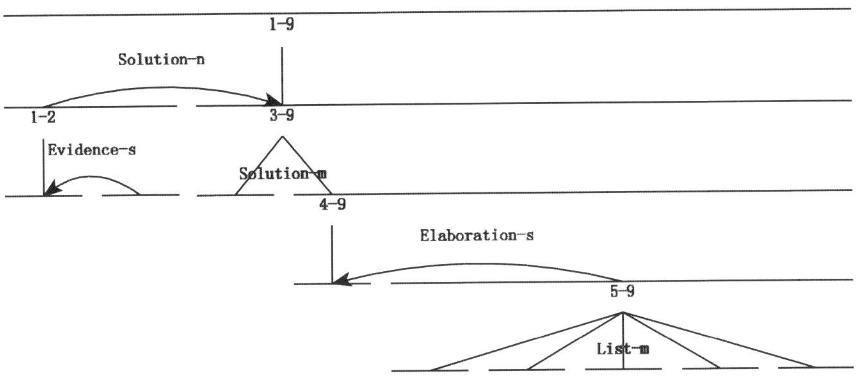

图 9－20 evidence－s、list－m、solution－n 和 solution－m 的图示（CJPL2229794）

说明：

（一）单元 3 和 4 虽然是自问自答，但也涉及困难的解决，所以优选 Solution 关系组。由于仅有单元 4 的话读者无法理解整段话的意义，所以选择多核结构。也就是说，只有在单元 3 也存在的时候，单元 4 及其后面的详述部分才能被读者所理解。因此，它们之间的核心性地位相同，处于 solution－m 关系。

（二）单元［1－2］提出了一种令人担忧的现象，而单元［3－9］则提出了解决这一问题的方法。相对于作者的写作意图而言，解决问题的单元［3－9］才是重点，是核心。因此［1－2］和［3－9］之间的关系是 solution－n 关系。

（三）单元［5－9］分别提出了一种具体的解决问题的方法，它们之间的核心性地位是相同的。不过由于单元 4 已经提出“有五个‘注重’”，所以这里我们特别标注为信息型的 list－m 关系，以区别与一般的 conjunction－m 关系。

9.2.41 solution－n （解答－n）

定义：

对 N 的限制：N 是对 S 中存在问题的一个解决方案，是个主观建议

对 S 的限制：提出了一个需要解决的问题（困难、麻烦）

对 N＋S 组合的限制：N 是对 S 中给出问题的一个解决方案，且两者重要性相同

W 意图要达到的效果：R 意识到 N 是 S 中提出的问题的一个解决方案，且尚未完成

效果的落点：N＋S

说明：

（一）solution－n 与 solutionhood－s、solutionhood－m 的区别仅在于特征性 DU 的核心性地位不同，定义参见 solution－s。

（二）实例见例 78 及图 9 – 20。

9.2.42 solution – s （解答 – s）

定义：

对 N 的限制：提出了一个需要解决的问题（困难、麻烦）

对 S 的限制：S 是对 N 中给出问题的一个解决方案，是个主观建议

对 N + S 组合的限制：S 是对 N 中给出问题的一个解决方案，且 N 更为重要

W 意图要达到的效果：R 意识到 S 是 N 中提出的问题的一个解决方案，且尚未完成

效果的落点：N + S

说明：

（一）经典 RST 对于 Solutionhood 中“问题”和“解答”两词的定义很宽泛：“问题”的范围包括：1）提问；2）请求，包括要求信息；3）对于智力问题、知识鸿沟的一些描写或需要的其他表达；4）带有负值的条件，可以是明确说明的消极因素或文化价值观上的负面因素，比如灾难和烦恼等。“解答”则包括各种困难—解决和问题—回答单元间的组合；答案可以是部分或完整的。汉语修辞关系集对“提问—回答”和“困难—解答”两类关系做了区分，前一类是 Question 关系，包括“提问—回答”对话序列，后一类就是这里的 Solution 关系。对于一些寻求解决方案的问题及其回答，优选标注 Solution 关系。

（二）solution – s 和 solution – n、solution – m 的区别仅在于特征单元的核心性地位不同，都属于主题类关系。

例 79

[1 <duan ID = 4>“如果没有抱过高期望的话，应该说，券商在这次会上得到了相当的助推力”，会后，许多人这样评价。这些助推力大致体现在这样几方面：</duan> {……}]

[2 <duan ID = 8>动力有了，但转折的步伐还需券商自己迈出。] [3 峰会之后，券商要做的“功课”很紧迫，从大的层面看，一方面，证券公司必须加紧把自己改造成现代金融企业，加强内部控制，完善公司治理，以驱逐那些由“一股独大”到“一人独霸”的阴影；] [4 另一方面，券商还须深化改革、加强管理，调整运行机制，适应市场变化，做大做强，做优做强。</duan>]

——CJPL2016576. 4

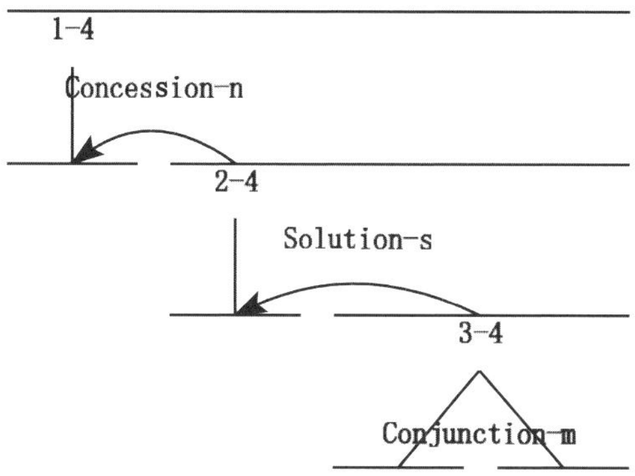

图 9－21 conjunction－m、concession－n 和 solution－s 的图示（CJPL2016576）

说明：

（一）CJPL2016576 的主旨是介绍峰会的成果及意义，对券商提议的行动方案就相对次要，因此［1←2－4］标注 concession－n 关系。在［2－4］内部，单元 2 提出了一个需要解决的困境，单元［3－4］给出了相应的出路，标注 solution－s 关系。

9.2.43 summary－s （总结－s）

定义：

对 N 的限制：N 必需有不止一个单元

对 S 的限制：无

对 N＋S 组合的限制：S 是对 N 内容的一个重述，但是字数上要少

W 意图要达到的效果：R 认识到 S 是对 N 较短的一种重述

效果的落点：N＋S

说明：

（一）Summary① 和 Restatement 两者都涉及重述，但它们在重述的主要内容方面有区别。当 S 句的主要内容和 N 句的内容几乎相同时重述关系成立；当 S 句的主要内容比 N 句的内容要少时总结关系成立。

（二）定义 Summary 为客观信息性关系；对主观表述内容的总结采用 Justify 关系。

例 80

［1 殡仪馆内一两千元的“红木骨灰盒”，多数用树脂材料假冒，成本只有几十元；］［2 寿衣成本不过五六十元，却能卖到三四百元。］［3

① 总结关系丛相当于汉语复句和句群研究中的“分总关系”。

在遗体安葬方面需要“打点”的费用也不少，包括给遗体搬运工人、火化炉工人、遗体整容师的“好处费”，每个环节平均一二百元。］［4 这样算下来，死一个人至少需要花费三四千元。］

——CJPL2423034. 5

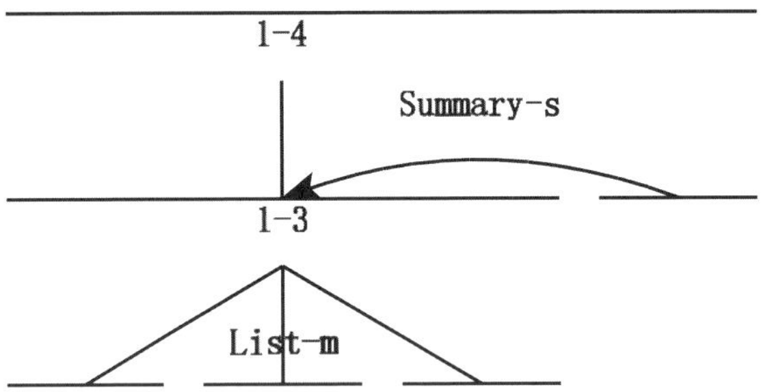

图 9 – 22　list – m 和 summary – s 的图示（CJPL2423034. 5）

说明：

（一）单元 1、2、3 都在说明各种收费信息，且重要性相同，因此标注为 List – m；

（二）单元 4 最后复述合计的费用，而单元 1 – 3 在上下文中较单元 4 更为重要，因此［1 – 3，4］之间标注 summary – s 关系。

9. 2. 44　topic – comment – m（话题 – 评论 – m）

定义：

对 N 的限制：前面一个 EUDA 不是独立的 EDU（关系命题），仅做关系命题的主语/话题部分；后面一个 UDA 做关系命题的谓语/述题部分

对 N + N 组合的限制：两个 UDA 之间不存在一种已知的 RR，两者共同形成一个关系命题，相互间的重要性相等

W 意图要达到的效果：R 意识到在前面一个 EUDA 是关系命题的主语/话题，与后面的 UDA 一起形成一个主语—谓语（或话题—述题）结构的关系命题，但不存在某种已知的 RR

效果的落点：N + N

说明：

（一）topic – comment – m 是我们在逗号子句颗粒度标注中添加的一种伪关系，用于粘合被逗号分开的主语—谓语（或话题—述题）结构结构。

（二）CJPL 一期标注中曾用 same – unit – m 来表示这一伪关系。

例 81

[1 正是基于这一认识和判断，] [2 **中国作为负责任的大国，**] [3 所作所为，] [4 既出于维护本国利益的考虑，] [5 也着眼于有利于世界经济稳定和发展。]

——CJPL2083808.2

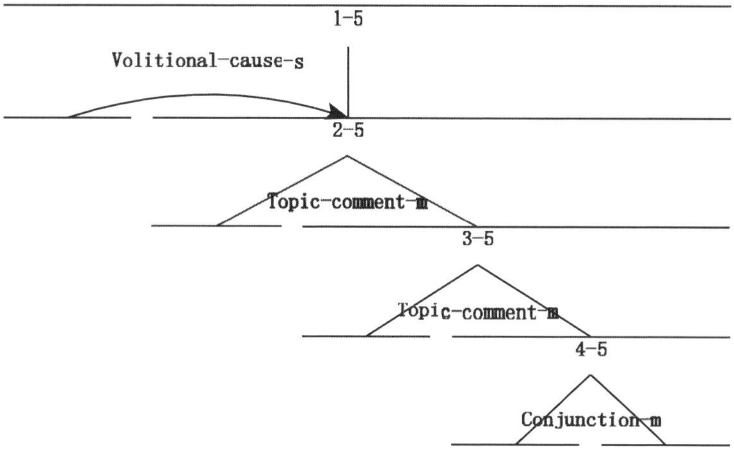

图 9－23　逗号小句颗粒度上 topic－comment－m 的图示

9.2.45　unconditional－s（无条件－s）

定义：

对 N 的限制：N 是一个没有实现的情景

对 S 的限制：S 被认为可能影响 N 的实现

对 N＋S 组合的限制：N 并不依赖于 S 的实现

W 意图要达到的效果：R 意识到 N 并不依赖于 S

效果的落点：N＋S

说明：

（一）Unconditional① 是 RST 2005 网站上新添加的关系，属信息类关系。因此我们认为 unconditional－s 关系也是一种信息类关系。

实例：暂缺。

9.2.46　unless－s（除非－s）

① 汉语复句和句群研究中一般都把无条件复句作为条件复句的一个次类，比如胡裕树《现代汉语》的偏正复句中有三种条件句：一种是假设的条件，一种是特定的条件，还有一种是“无条件”的条件。“除非”是表推断的特定条件。

定义：

对 N 的限制：N 是一个没有实现的情景

对 S 的限制：S 是一个没有实现的情景

对 N + S 组合的限制：S 影响了 N 的实现；如果 S 没有实现的话那么 N 就能实现

W 意图要达到的效果：R 意识到如果 S 没有实现的话那么 N 就能实现

效果的落点：N + S

说明：

（一）unless – s 和 otherwise – s 关系的区别在于特征性 DU 的核心性地位不同。

（二）unless – s 与 2005 年在 RST 网站添加的 Unless 定义相同，为主题类关系。

实例：暂缺。

9.2.47　volitional – casue – s （意愿性原因 – s， VC）

定义：

对 N 的限制：N 是一个意愿性行为或一个可能因某个意愿性行为而产生的情景

对 S 的限制：已然事件

对 N + S 组合的限制：S 导致了 N 中意图性行为的执行者来实施那个行为；没有 S 的话 R 可能不认为 N 中的行为是有动机的或不知道具体的动机；对 N 的展示对 W 组合 N – S 的目的而言比对 S 更重要

W 意图要达到的效果：R 意识到 S 是 N 中意愿性动作的一个原因

效果的落点：N + S

说明：

（一）VC 关系涉及一个施事者，一般是控制行为导致 N 情景的那个人。因为该人较喜欢这一结果或这一行为本身，就实施了该行为（Mann and Thompson，1987：58）。而 NVC 中的结果并不是一个选择的后果。

（二）VC 关系与动机关系的区别在于：动机关系的意图效果是使读者想实施语篇所激励的一种未然的因果行为（Mann and Thompson，1987：57）；VC 关系的核心，即结果，是已然的行为。

例 82

［[1] <duan ID = 5 > 随着消费水平的提升，中国消费者对购买汽车的热情高涨起来。］［[2] 中外汽车厂商自然不会放走眼前的“肥肉”，于是大大小小的汽车制造商都纷纷打起了消费者的主意：］［[3] 让利、试乘、试驾、抽奖……］［[4] 这时候的消费者的确是“上帝”。］

——CJPL226991. 5

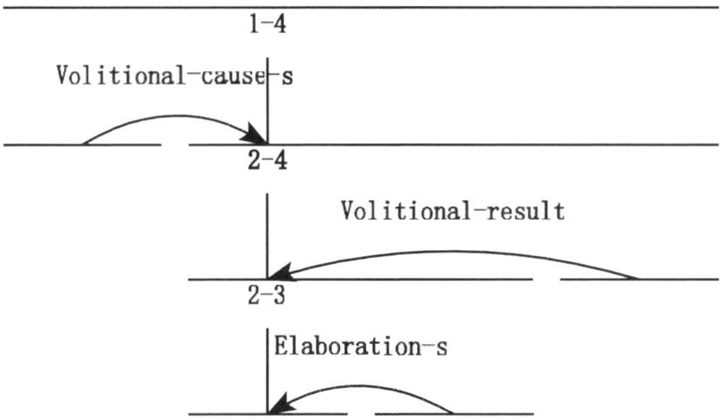

图 9 – 24　VC – s 和 VR – s 的图示（CJPL2089354. 5）

说明：

（一）单元 1 是背景也是原因，优选原因。单元 2 涉及一些机构施事者，是他们控制行为并“打起了消费者的主意”，因此是个选择的后果，标注 VC，且相对重要，因此［1，2 – 4］标注 VC。单元 1 是背景也是原因，优选原因。

（二）单元 4 是因施事者的意愿性行为所产生的结果，且相对次要，标注 VR。

9. 2. 48　volitional – cause – result – m （意愿性因果 – m，VCR）

定义：

对 N1 的限制：客观信息性已然事件

对 N2 的限制：客观信息性已然事件，意愿性行为

对 N1 + N2 组合的限制：N1 是通过激励某种意图性的行为而导致了 N2；没有 N1 的话 rr 可能不知道该情景的具体原因；对 W 组合 N1 – N2 的目的而言，两者同样重要

W 意图要达到的效果：R 意识到 N1 – N2 存在因果关系

效果的落点：N1 + N2

说明：

（一）参见对 VC 的说明。

例 83

[0 近期新上市公司不断受到非议，归纳起来，是其暴露出的三大问题，让投资者伤透了心。{……}] [1“第三宗罪”是上市后股东即套现。{……}] [2 大股东在新股上市即套现，给人的第一印象就是它不看好新上市公司的发展前景，大股东的这种投机行为会打击投资人的信心。] [3 更为重要的是，大股东的退出，又会在一定程度上影响到上市公司募集资金的使用。]

——CJPL2089354. 5

说明：

（一）单元 2 和 3 之间虽然有一种时间上的先后、事理上的因果和相互语义间的递进，但都是股东上市后主观选择立即套现（第三宗罪）的两种后果，在上下文中相对重要性相同，因此我们优选多核心的意愿性因果关系。

9. 2. 49 volitional – result – s （意愿性结果 – s， VR）

定义：

对 N 的限制：已然事件

对 S 的限制：S 是一个意愿性行为或一个可能因某个意愿性行为而产生的情景

对 N + S 组合的限制：N 可以导致 S 中意图性行为的执行者来实施那个行为；没有 N 的话 R 可能不认为 S 中的行为是有动机的或不知道具体的动机；就 W 组合 N – S 的目的而言，对 N 的展示更为重要

W 意图要达到的效果：R 意识到 N 是 S 中意愿性动作的一个原因

效果的落点：N + S

说明：

（一）VR 与 VC 的区别在于特征性单位的地位不同，前者中的特征性结果单元（意愿性行为）为 S；在后者中的特征性结果单元为 N。注意是结果单元为特征性单元。

（二）前面对 NVC 关系的说明中已经提到，VR、VC 与 NVR、NVC 的区别在于是否导致了结果单元中人物的意愿性行为，但都属于因果关系丛。NVR 和 VR 的统称就是 result – s（结果 – s）关系，NVC 和 VC 的统称就是 cause – s（原因 – s）关系。在同一组的还有 cause – result – m 关系。实例：见例 82 和图 9 – 24。

9.2.50 ??? -s（未知关系）

定义：

对 N 的限制：无

对 S 的限制：无

对 N+S 组合的限制：R 认识到 N 和 S 的组合不属于任何其他关系所定义的方式

W 意图要达到的效果：N 和 S 的组合不属于任何其他关系所定义的方式

效果的落点：N+S

说明：

（一）这是 RSTTool 软件内置的一种关系，标注者可以使用该关系标记在两个单元间存在某种关系但尚未知的实例。

实例：暂无。

9.3 汉语 RR 标注关系优选协议及相关说明（2.0）

构造汉语篇章修辞结构树的目的，是将篇章各个 UDA 之间的关系以树的形式表现出来，同时将两个 UDA 之间的内在连贯关系限制在一个具体的修辞关系（rr）上。但不少时候两个 DU 间的关系可能是多重的，也就是说，可能有多个 rr 标签符合语境。此时，分析者就要选择那种最可能的关系，或处于优选地位的那种关系。

笔者早先曾编写过一个线性的关系优选协议（乐明，2006），但在 CJPL V2.0 的标注人员培训阶段，发现标注者很难记住其中的优选顺序。因此拟定了这个新的规则较少的优选协议。协议只有四条规则：

（一）优先连接篇章组织元素（DOE，如标题、来源、作者、小标题等），再标注 RR，以保证所有的 EUDA 都能在篇章树上。比如，CJPL2224725（见第 9.5 节标注样例）的标题是个问句，正文回答了这个问题，但此处优先连接篇章组织元素，不关注修辞关系。另外，例 61（图 9-9）展示的是我们对标题段的一般标注方法。

（二）在判定各个 UDA 的主客观性质（主观表述、客观信息）后，优选主观的语用表述类关系（presentational）（即至少含有一个主观表述性的 DU），再选客观的语义信息类关系（informational）。如，Evidence 优先于 Cause-result；Interpretation 优先于 Background 等。因此，对 DU 为主观表述还是客观信息的判断，将影响后续的 DU 间关系判断。

（三）在确定语用表述、语义信息两大类关系之后，每一大类下面再按各自逻辑关系的明确程度进行 RR 优选。首先优选语义上相逆反的关系（即转折、让步、对立等）；其次再选语义上被蕴含的关系优先于语义上蕴含其他关系的关系，即相关性最为明确的因果相关优先于较为直接的简单相关；简单相关优先于不太明确的复杂相关。因此 Cause－result 优先于 Background；Solution 优先于 Question；sequence－m 优先于 background－s；等等。

（四）在核心性判断上，优选单核关系，尤其是以特征性 DU 为卫星的关系名称。即：（1）－S 关系 < （2）－N 关系 < （3）－M 多核关系。

根据这四条规则，结合五维特征分类法，可以将所有 RR 简化表述为三位的（如 373）的优选代码形式（前一位数字表示 RR 是语用表述类还是语义信息类，即 RR 是否含有主观类的 DU，第二位数字表示 DU 间的推理＊时间相关性，第三位表示特征单元的核心性特征）①。第一位代码中，语用类的为 1，语义类的为 2，不区分的为 0。第二类代码表示 DU 之间的相关性（推理相关＋时间相关＋极性相关），按简化后的 8 类来处理（参阅 3.4），优选顺序依次为“（0）反转相关 < （1）因果相关＋时间 < （2）条件相关－时间 < （3）简单相关＋时间 < （4）简单相关－时间 < （5）复杂相关＋时空 < （6）复杂相关－时空 < （7）不相关”。第三类代码表示特征性 DU 的核心性，数值分别为（1）－s；（2）－n；（3）－m。这样，标注者在分析时只需计算各适用修辞关系的数字代码，再按优选代码的值优选那个代码值较小的关系即可。不过，由于 DU 自身属性以及时间关系的特征复杂，所以代码对应的关系并不是唯一的。也就是说，同一个优选代码可能有多个 RR 名称与之对应。例如，background－s 与 circumstance－s 都是语义信息性的复杂时间相关，但前者是时间上前于，后者是时间上同时。motivation－s 和 purpose－s 关系的区别在于相关 DU 的叙述视角不同，前者在于出发点，后者在于目的地，而这一 DU 的特征对于绝大多数其他 RR 是无关的，因此仅在有对立的时候，作为高精度的子维度来区分 RR 小类，也并不直接体现在 RR 优选代码上。标注者需要根据其他特征对代码相同的关系做出区分，比如 N 和 S 的主客观属性要求，以及 RR 定义中的其他限定性要求等。另外，这个优选代码基本跟表 3－2 的汉语 RR 分组表重合。RR 分组表里各组关系的代码也是由 N、S 的主客观属性特征和 N－S 的相关性特征决定的，也是从小到大排列，因此也可以替代标注时遵循的优选协议。但关系组的归类则更多地是为了便于标注者记忆，以及最后的数据统计分析。最后统计分析时，有些 rr 实例又按出现频次和语义相似性做了调整。如 Contrast 覆盖了部分语义（而非语用）上的反转相关（contrast－m2），Elaboration 覆盖了部分语用（而非语义）上的详述（elaboration－1），Cause－Result 也不仅包括 NVC/NVR/NCR－m/VC/VR/VCR－m，也将为数不多

① 对 RR 赋码的主要目的是给标注者一个直观的、方便执行的优选协议，并不是为了给每个 RR 一个唯一的代码。因此，相同代码的 RR 可能不止一个，此时需要根据上下文语境做出判断，从等值的代码中选择最为合适的 RR。

的 purpose – s、motivation – s 合并在内。

根据这个优选协议及优选代码赋值方案，标注人员首先要判断两①个 DU 的主客观性质，按是否有主观类 DU 的标准，将 RR 分为主观语用表述和客观信息陈述两大类，优先标注语用表述类；然后确定 DU 之间的相关类型（简化的 8 类），即优选相关性最为明确、推理性最强的关系；最后根据 N 的落点确定 rr 的具体名称。这里面最关键的就是确定各个 DU 的主客观属性，以及是否允许不同主客观属性的单元之间相互支持。允许客观 S 来支持主观 N 似乎没有问题，比如 evidence – s；允许主观 S 来支持客观的 N 似乎也没有问题，比如 VR；但对于同一个 DU，能否允许它在上下子树中有不同的主客观属性呢？目前我们暂时允许这么做。理由有三：一是 DU 本身可以是客观部分和主观部分的复合；二是同一个 DU 在不同的语境中发挥作用的落点可以不同；三是不同的读者理解的方式可能不同。对例 45 的处理也可以看出，不同的标注者对同一个单元在上下文中的主客观性质判断有时会有所不同。

比如，在例 84 中，如果把单元 2 看做含有主观信息的客观陈述（“专家认为，……多方面地影响股票市场”），就可以由客观的细节来支持，详细说明有哪几个方面；如果把单元 2 看做是已经被认定是具有评价作用的主观性 DU（“将……影响”），则可以由其他主观性意见（将如何影响）来支持这一主观意见。因此，从不同的角度来理解，单元 2 和 3 之间既可以是 elaboration – s（图 9 – 25A），也可以标注 justify – s 关系（图 9 – 25B）。笔者个人更倾向使用 justify – s 来标注例 84 中的这一单元间关系。但实际标注情况与笔者预想的不同：有两个版本的标注结果使用了 elaboration – s，说明标注者在上下文中均将单元 2 理解为对过去一些事实（即专家的主观意见）的客观详述，但这一信息又同时被视作单元 1 的主观评价。

例 84

[[0] <Duan ID = 1>中国证券报：CPI 走向牵动股市神经陈伟 </Duan>] [[1] <Duan ID = 2>今年以来，CPI 由负变正，最近几个月维持增长，继 10 月上涨 1.8% 后，11 月更是高达 3%。] [[2] 专家认为，CPI 持续增长的走势将多方面地影响股票市场。] [[3] 它不但会直接提升股市的吸引力，还会通过影响相关的上市公司业绩进而影响股市的结构调整。]

——CJPL2250706

① 多核心关系中诸如罗列、序列等关系可以有 2 到多个单元，但各个单元的性质是相同的。因此，为表述方便起见，这将所有多核心关系的单元数限定为 2 个，第三个及以后的单元都可以视作与第二个单元的属性一致。

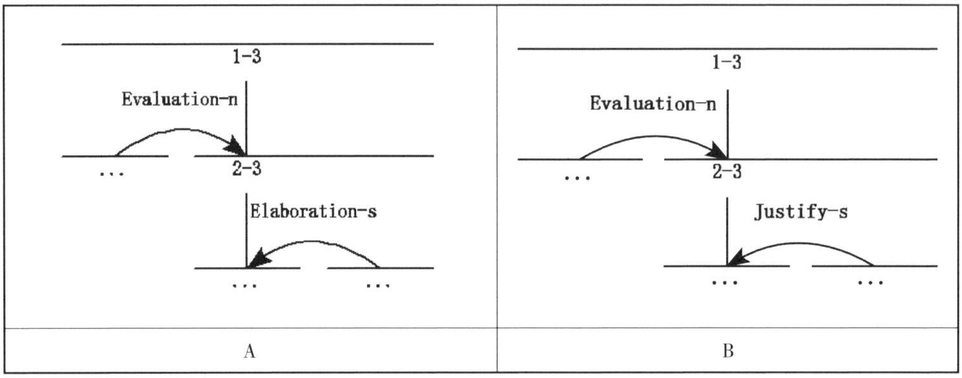

图 9－25 elaboration－s 或 justify－s 的选择（CJPL2250706）

对于这种将同一单元在上下子树中判断为不同主客观属性的情况（如例 45，例 84 和例 86），未来可能需要做出限制，不过前提是要对现有的各个 RR 做出更严格的特征属性定义。

表 9－1 汉语修辞关系优选代码表

代码	英文名称	中文名称
000	Discourse Organization Element	篇章组织元素（DOE）
003	same－unit－m	同一单元－m（SU）
003	topic－comment－m *	话题－评论－m（TC） *
101	antithesis－s	转折－s
101	concession－s	让步－s
102	concession－n	让步－n
103	contrast－m	对立－m
111	evidence－s	证据－s
111	enablement－s	使能－s
112	evidence－s	证据－s
121	justify－s	论证－s
121	justify－n	论证－n
121	solution－s	解答－s
122	solution－n	解答－n
123	solution－m	解答－m
131	interpretation－s	解释－s
131	question－s	问答－s
132	interpretation－n	解释－n
133	question－m	问答－m
141	evaluation－s	评价－s
142	evaluation－n	评价－n

（续上表）

代码	英文名称	中文名称
143	evaluation – m	评价 – m
151	preparation – s	准备 – s
153	sequence – m1 * *	序列 – m1 * *
161	addition – s	附加 – s
162	addition – n	附加 – n
163	conjunction – m	并列 – s
173	joint – m	连接 – m
201	otherwise – s	否则 – s
201	unless – s	除非 – s
203	disjunction – m	析取 – m
211	purpose – s	目的 – s
211	motivation – s	动机 – s
211	VC – s	意愿性原因 – s
211	VR – s	意愿性结果 – s
211	NVC – s	非意愿性原因 – s
211	NVR – s	非意愿性结果 – s
213	VCR – m	意愿性因果 – m
213	NVCR – m	非意愿性因果 – m
221	unconditional – s	无条件 – s
221	condition – s	条件 – s
231	attribution – s	引述 – s
233	attribution – m	引述 – m
231	background – s	背景 – s
231	circumstance – s	环境 – s
231	means – s	方式 – s
241	elaboration – s	详述 – S
241	summary – s	总结 – s
253	sequence – m2 * *	序列 – m2 * *
261	restatement – s	重述 – s
263	list – m	罗列 – m
373	???	??? – s

说明：* 仅用于逗号层级的 EUDA 之间合并。

* * 因传统上未对这一关系的主客观属性做出限定，此处表示为其中的一个亚类。

9.4 CRST - DT 树形构造规范（2017.6）

本规范主要涉及修辞树标注中篇章修辞结构树的树形选择，包括树杈多分问题、N 的确定、非树结构的处理等方面。有关修辞标记集的内容、不同修辞关系的功定义性说明，以及标注样例等，请参阅 9.1、9.2 和 9.5 节的内容。

9.4.1 树形选择

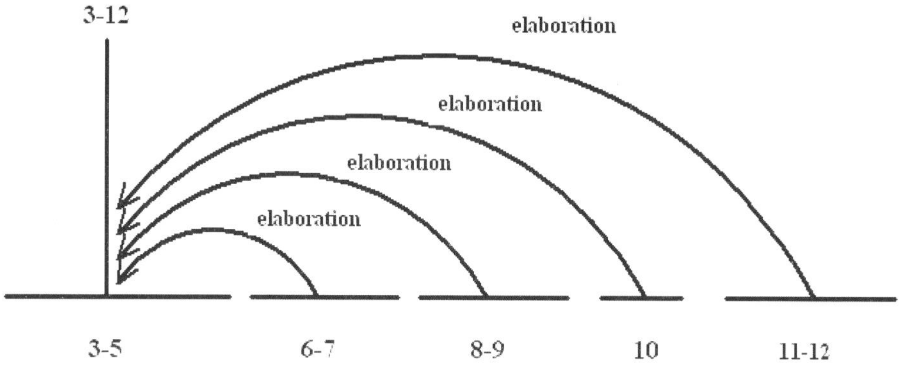

图 9 - 26　RST 经典文献中使用的多叉树示例（Mann and Thompson，1987）

这里，"树形选择"是指在构造修辞结构篇章树的时候采用二叉树还是多叉树之间的决定。RST 理论允许多叉的多核关系和多叉的单核关系模式（Mann and Thompson，1988：247）。图 9 - 26 就是经典文献中的一个多叉单核树例子（Mann and Thompson，1987：36）。

理论上讲，多叉树可以转化为二叉树，而且二叉树在计算上有比较大的优势，因此很多自然语言处理项目都采用二叉树作为形式语言。为了计算方便，更为了追踪 N 和 DCM 之间的关系，我们对所有单核关系采用了二叉结构，但允许多核关系保持多叉结构，一可避免出现因大量平列的单核关系而产生扁平的树结构，二来压缩了多项平列的结构两两结合时可能产生的大量多层结构。因此，对于语篇中出现的不同情况的多叉单核关系，项目采用了三种不同转换规则来保持二叉树形：

（一）对于一个 N 带两个（或多个）关系相同且出现在同一侧的 S，我们先将这些 S 用 conjunction - m 合并，然后通过它们的合并体标注与 N 的关系。如例 60 图 9 - 8 中的 disjunction - m 多叉多核心子树和上层的 evaluation - n 子树。

（二）对一个 N 带两个不同关系，且出现在同一侧的 S，我们将紧挨着 N 的那个 S 先和 N 发生关系，其结合体再与另一个距离较远的 S 发生关系；对一个 N

带多个关系不同的S的情况，也按先近后远的顺序依次进行组合。

（三）对一个N带两个出现在不同侧的S，不论这两个S与N的关系是否相同，我们都将先出现的那个S（即左边的那个）先和N发生关系，其结合体再与出现在N后的另一个S发生关系。

这些规则可能看起来比较勉强，如图9－27的两个树形，是标注者处理时分歧最大的地方之一。CJPL篇章树库最后决定选B，即把单元［4－6］挂在单元［1－3］的结合体上，而不是与单元3先发生关联。这首先是因为新闻作品中的语句，一般都是在前面的句子比在后面的更为重要。也就是说，单元［2］意图性原因句“想到……不禁想提醒一句”与作为文章最后综合语意落点的单元［3］关系较为密切，超过单元［4－6］。其次，是因为在RSTTool软件界面自左向右地处理EUDA时，更容易构造B树形。所以上述规则的执行虽然还需要根据语料的具体情况来判定，但总体比较合理。

例85

［0 <duan ID＝1>人民日报：过年“悠着点”南琳</duan>］

［1 <duan ID＝2>春节快要到了，许多人都想尽情潇洒一番，此乃人之常情。］［2 不过，想到近些年来的一些不良现象，不禁想提醒一句：］［3 过年“悠着点”。</duan>］

［4 <duan ID＝3>“悠着点”花钱。{……} </duan>］

［5 <duan ID＝4>“悠着点”吃喝。{……} </duan>］

［6 <duan ID＝5>“悠着点”玩乐。{……} </duan>］

——CJPL3175059

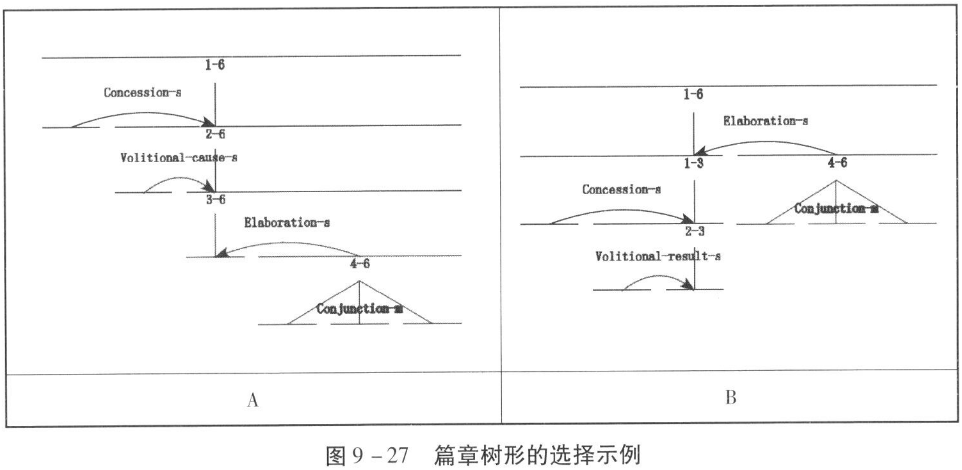

图9－27 篇章树形的选择示例

9.4.2 N的确定

在语料标注中，核心性常常是在确定RR的同时被确定的。很少能孤立地确定一种RR，或什么是核心（N）什么是卫星（S）。因为在不同的上下文中，有时即使是非常相似的语义内容也会得到不同的核心性结构。对于有复杂结构的句子或分号句，需要分析更下一层UDA间的关系，才能找到它们的核心单元N。

一般来说，在单核关系中N本身就可以独立于它所关联的S而被理解；S本身常常并没有什么意义。多核关系中的每一个核心，孤立地看可能没有完整的意义，但和其他核心性成分一起的时候就会有意义。因此，我们可以通过应用下面两种测试来区分N和S：

（一）删除测试：如果某关系中的S被删除，留下的那个UDA，即N，仍能在语篇中实现同样的功能，尽管可能关联性会弱一些。但如果被删除的是N，留下的那个UDA就不那么连贯了。

（二）替换测试：和N不同，S能够用不同的信息来替换而不改变整个UDA的功能。

如果两个UDA存在某种rr，但在上下文中仍难以确定到底哪个是N，说明两者的重要性接近，就选用该rr的多核型结构。除了两个UDA在上下文的重要性相同条件外，选用多核型结构的条件还可以是另外一种情况，即两个UDA中的一个（往往是省略句做第二个UDA）其语义难以自足，必需依赖前一个UDA的语义存在。这样这个UDA即使相对更为重要，也仍不得不与第一个UDA联合组成一个稍大的UDA一起出现在语篇中，因此也选用多核型结构。CJPL有较多的多核型结构都属于这类情况。被same－unit－m关系包孕的UDA总是S。

在确定单核型结构时，有时会出现两可的例子，或者不同的标注者会使用不同的标注方式。如CJPL2240353一文中（例86，图9－28），就有［2－3］和［4－5］两组单元的重要性两可的情况（因为上层是多核的List－m，与［2－3］、［4－5］并列的最后一项单元6很长且同时包含因果，所以［2－3］、［4－5］之间既可以标注原因关系，也可以标注结果关系，都可与单元6并列）。两名标注者恰恰选择了不同的方式，但实际上两个人的理解基本是相同的。

例86

［1 但随着社会经济环境和证券市场的变化，这一制度也相应暴露出一些问题。</duan>］

［2 <duan ID＝4>首先，原有的规定使股票发行审核工作缺乏相应的透明度，社会公众对80名发审委委员身份大多一无所知。］［3 市场中的各种不利传言严重损害了发审委工作的权威和严肃性。</duan>］

［4 <duan ID＝5>其次，原来规定发审委委员对股票发行申请实行

无记名投票制度，同时又无明确和可操作性的委员问责制度以及对委员的监督机制，造成委员权利与责任不对等，责任不明确。] [5 个别委员在审核工作中表现出了较大的随意性，不能客观公正地履行职责，给发审委的整体形象带来了负面影响。</duan>]

[6 <duan ID =6>此外，委员全部为兼职且人数较多，对审核标准的掌握程度和适用标准存在一定差异，致使发审委审核与证监会相关部门的初审工作不能很好地衔接和沟通，审核结果的公平性和质量得不到充分保证。</duan>]

——CJPL2240353

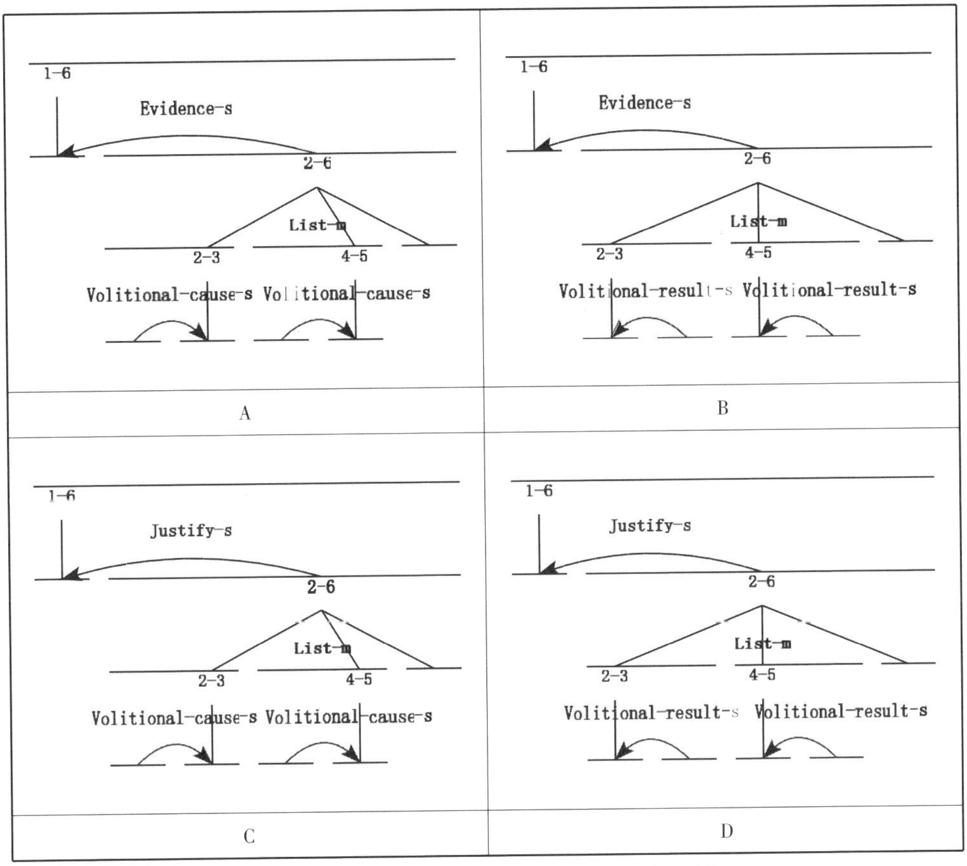

图 9-28 DU 的主客观判定及 N 的确定示例

说明：

(一) [1] 和 [2-6] 之间的关系，一名标注者标注为 justify-s，另几名标注者处理为 evidence-s。分歧在于对单元 [2-6] 是主观看法还是客观现象的判断，这一选择也影响了后续 [2-3] 和 [4-5] 内部核心性的确定以及 rr 的标注。

（二）A 图和 C 图都标示，［2 –3］、［4 –5］之间为原因关系，即 W 在单元［1］中提出了一种主观的看法，单元［2 –6］提供了支持这一看法的证据，“一些问题”现象。而 B 图和 D 图都标示，［2 –3］、［4 –5］之间为结果关系，即 W 在单元［1］中提出了一种主观的看法，单元［2 –6］提供了支持这一看法的合理推断，即导致后果的一些原因才是“问题”所在。

（三）综合看来，笔者觉得 A 图和 D 图比较合适。

9. 4. 3 非树结构的处理

CJPL 篇章树库的目的是构建语篇抽象的修辞树结构。因此，我们对于语料中可能存在的各种非典型树结构的情况，如脱落的单元、多父节点单元和交叉枝单元等，规定了如下的处理守则来保证树结构成立。

（一）被切分出来的 EUDA，可以作为篇章组织元素（DOE），与其他 DOE/EUDA/UDA[①] 进行联结，参与篇章树的构建，从而保证篇章树的根节点能够覆盖到整个篇章的所有 EUDA。

（二）只有当下面两个条件之一成立时，两个邻接的 UDA 才能以一种 RR 组合成一个更大的 UDA：（a）两个邻接的 EUDA 之间存在 rr；（b）在这些 UDA 的 N 单元之间也存在相似的 rr。

（三）对于看上去既与其他 UDA 没有明显 rr 但又不是某种篇章组织元素的 EUDA，我们使用联接（joint – m）关系将该 EUDA 与其他 UDA 进行连接。

（四）对于多父节点的情况，只标注相对关联性最强的那个父节点。比如，框式结构，或称包孕结构（envelope structure），往往是头尾两端的 UDA 有某种重述的关系而这两个 UDA 又和它们邻近的 UDA 保持着其他 rr 关联，按就近原则标注它们各自与邻近 UDA 间的关系（即忽略次要的重述关系）。前面提到的 preparation – s 准备关系，也是一个将多父节点结构简化为单父节点树结构的典型例子。简化的理由是 RST 仅分析主要的篇章结构，而非所有的篇章单元间关系。因此我们选择标注更为重要的一个关系。在图 9 – 18 中，如果直接标注 justify – s（两个主观型 UDA 之间的推论相关），后面［10 – 12］就只能标注 elaboration – s 了，也就无法体现最重要的 evidence – s 关系。所以项目选择标注［10 – 12］对于 8 的 evidence – s，而非前面的 8 与 9 之间的 justify – s。同样，otherwise 关系其实也是三个单元（即“A，否 A，则 B”）之间的多父节点结构，其中隐含的“否 A”单元与 A 和 B 单元都有关联且相对次要，所以也有两个父节点，但“否

---

① 一个 UDA 可以是一个 EUDA，也可以是由多个 EUDA 按一定的篇章组织关系或修辞关系组合而成。所有的 UDA 都是篇章单元（DU），但即使是最小的 EUDA，也不一定是语言学理论上的基本篇章单元（EDU）。因 EDU 的定义理论上尚有争议，故本书采用可操作的 EUDA 概念作为最小的篇章分析单位。

A，则 B”的推论关系要比“A，否 A”之间的对立关系相对更为密切，因此缩合在一起。

（五）若存在交叉枝的现象，即一个 UDA 的父节点不与之直接相邻而是间隔有其他的 UDA，则一律进行转换，就近组合：首先将处于各组单元中被交叉的前部两两组合，后部两两组合，然后再在这两个组合体之间标注关系。执行这一转换的理由是强组合原则将保证两个上层 UDA 之间的关系 RRabove 不会被遗漏：如果一个篇章树结构的两个 UDA 之间存在一种 rr，那么这些 UDA 的 N 之间也存在这一 rr（Marcu，2000：32）。这么处理的实质，是模糊下层的 rr 准确性来保证上层 rr 的树结构。

9.5 标注样例（CJPL2224725）

9.5.1 原文

[1] <Duan ID =1 >北京晨报：[2] 布什政府为何不再保护钢铁？ </Duan >[3] <Duan ID =2 >据美国媒体 12 月 1 日报道，随着世界贸易组织对美国钢铁保障措施违反了其贸易规则的裁决生效日期的临近，布什政府已准备在本周内宣布取消该保障措施。 </Duan >

[4] <Duan ID =3 >分析人士指出，布什政府决定取消钢铁保障措施的决定，其原因主要有以下几点。 </Duan >

[5] <DuanID =4 >首先，不愿看到欧盟等世贸成员对美国实施贸易报复措施。[6] 欧盟 12 月 1 日再次重申，如果美国不完全取消其钢铁保障措施，欧盟将在世贸裁决生效的 5 天后启动贸易报复措施，对价值 22 亿美元的美国产品增收罚款性关税。[7] 日本、中国和挪威等国此前也表示，如果美国不遵守世贸组织的裁决，将可能对美国实施贸易报复措施。[8] 由于明年就是美国大选年，布什政府自然担心一场“贸易战”可能会对美国经济目前正在呈现的强劲复苏势头造成负面影响。 </Duan >

[9] <Duan ID =5 >其次，取消钢铁保障措施在美国国内也是利大于弊。[10] 尽管取消该保障措施可能会导致布什在明年的大选中失去宾夕法尼亚、俄亥俄等钢铁生产大州选民的支持，但如果保留该措施，在那些受欧盟等世贸成员报复措施影响的一些州，布什的支持率同样会打一个折扣。[11] 更重要的是，包括汽车行业在内的美国制造业早就在抱怨，政府实施的钢铁保障措施使他们无法获取廉价的钢材，影响了其利润水平。 </Duan >

[12] <Duan ID =6 >最后，取消钢铁保障措施对美国钢铁业的影响有限。[13] 在过去的一年中，美元对世界主要货币的汇率出现较大幅度的下跌，这无疑将有利于促进美国钢材的出口和抑制进口。[14] 正因此，取消钢铁保障措施对美钢铁业的

冲击将会因美元贬值而被部分抵消。[15]一些白宫人士还指出，自去年3月开始实施的钢铁保障措施，已为美国钢铁业提供了调整和重组的良机，该行业的状况目前已有很大改善，应对外界竞争的能力已经增强。</Duan>

9.5.2 标注结果

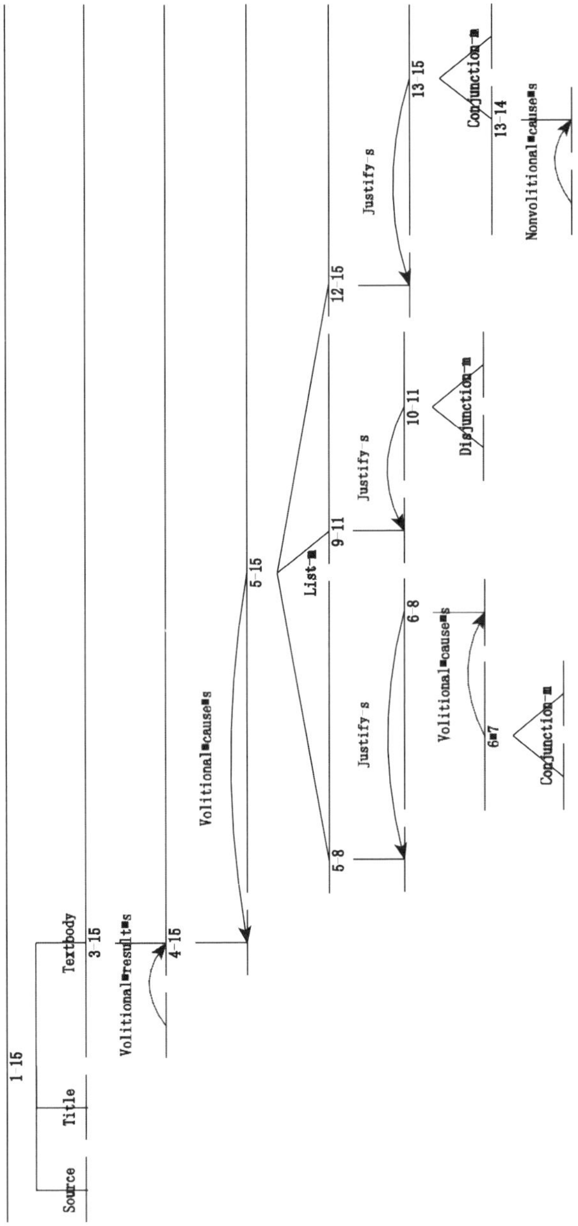

图9-29 CJPL篇章修辞结构树样例

参考文献

［1］曹逢甫、谢天蔚．主题在汉语中的功能研究：迈向语段分析的第一步［M］：语文出版社．1995.

［2］曹秀玲．汉语“这/那”不对称性的语篇考察［J］．汉语学习，2000（04）：7－11.

［3］陈妹金．北京话疑问语气词的分布、功能及成因［J］．中国语文，1995（01）：17－22.

［4］陈耀文、张兴忠、郝晓燕．名词短语事件指代消解研究［J］．计算机应用研究，2016（10）：1－5.

［5］戴礼荣、张仕良．深度语音信号与信息处理：研究进展与展望［J］．数据采集与处理，2014（02）：171－179.

［6］方梅．指示词“这”和“那”在北京话中的语法化［J］．中国语文，2002（04）：343－356.

［7］冯志伟．自然语言处理中理性主义和经验主义的利弊得失［J］．长江学术，2007（02）：79－85.

［8］冯志伟．树邻接语法［J］．外语研究，2012（03）：1－6.

［9］冯志伟．语言学正面临战略转移的重要时刻［J］．南开语言学刊，2013（01）：7－19.

［10］冯志伟．现代语言学流派（增订本）［M］：商务出版社．2013.

［11］高原、刘润清．具有衔接作用的标点［J］．解放军外国语学院学报，2002（04）：1－4.

［12］谷晶晶、周国栋．基于分词与词性标注的汉语逗号自动分类［J］．计算机工程与应用，2015（18）：120－125.

［13］桂诗春．以概率为基础的语言研究［J］．外语教学与研究，2004（01）：3－9.

［14］郭忠伟、徐延勇、周献中．基于 Schema 和 RST 的自然语言生成混合规划方法［J］．计算机工程，2003.29（6）：113－115.

［15］黄曾阳．概念层次网络理论［M］．北京：清华大学出版社．1998.

［16］黄国营．“吗”字句用法初探［J］．语言研究，1986（02）：131－135.

[17] 黄建传. 汉语标点句统计分析 [D]. 北京：北京语言大学. 2008.

[18] 蒋玉茹、宋柔. 基于广义话题理论的话题句识别 [J]. 中文信息学报，2012 (05)：114-119.

[19] 蒋玉茹、宋柔. 话题句识别中候选话题句评估函数的优化 [J]. 北京工业大学学报，2014 (01)：43-48.

[20] 兰洁. "吗"字疑问句的连用 [D]. 武汉：华中师范大学. 2013.

[21] 乐明. 汉语财经评论的修辞结构标注及篇章研究 [D]. 北京：中国传媒大学. 2006.

[22] 乐明. 汉语篇章修辞结构的标注研究 [J]. 中文信息学报，2008. 22 (4)：19-23.

[23] 黎锦熙. 新著国文语法 [M]. 1992. 北京：商务出版社. 1924.

[24] 李晋霞. 论"由于"与"因为"的差异 [J]. 世界汉语教学，2011 (04)：490-496.

[25] 李晋霞、王忠玲. 论"因为""所以"单用时的选择倾向与使用差异 [J]. 语言研究，2013 (01)：19-26.

[26] 李文翔、晏蒲柳、张滨、夏德麟. 基于语料库的关联词识别方法 [J]. 计算机工程与应用，2004 (07)：50-52.

[27] 李艳翠、冯文贺、周国栋、朱坤华. 基于逗号的汉语子句识别研究 [J]. 北京大学学报（自然科学版），2012. 49 (1)：7-14.

[28] 梁敬美. "这-"、"那-"的语用与话语功能研究 [D]. 北京：中国社会科学院研究生院. 2002.

[29] 廖秋忠. 物体部件描写的顺序 [J]. 语言研究，1988 (02)：1-17.

[30] 廖秋忠. 篇章与语用和句法研究 [J]. 语言教学与研究，1991 (04)：16-44.

[31] 林穗芳. 标点符号学习与应用 [M]：人民出版社. 2000.

[32] 刘东虹. 书面语篇中的抽象实体回指研究 [M]. 武汉：华中师范大学出版社. 2015.

[33] 刘海涛. 依存语法的理论与实践 [M]. 北京：科学出版社. 2009.

[34] 刘海涛、黄伟. 计量语言学的现状、理论与方法 [J]. 浙江大学学报（人文社会科学版），2012 (2)：178-192.

[35] 刘锐. 基于规则的现代汉语副词用法自动识别研究 [D]. 郑州：郑州大学. 2009.

[36] 刘挺、王开铸. 基于篇章多级依存结构的自动文摘研究 [J]. 计算机研究与发展，1999 (04)：96-105.

[37] 刘云、俞士汶、朱学锋、段慧明. 现代汉语虚词知识库的建设 [J]. 语言文字应用，2005 (01)：130-136.

［38］吕叔湘．现代汉语八百词［M］．北京：商务印书馆．1980.

［39］吕叔湘．汉语语法论文集（增订本）［M］．北京：商务印书馆．1984.

［40］吕叔湘、江蓝生．近代汉语指代词［M］．北京：学林出版社．1985.

［41］马建忠．马氏文通［M］．北京：商务印书馆．1898.

［42］齐沪扬．语气词与语气系统［M］．合肥：安徽教育出版社．2002.

［43］齐沪扬、胡建锋．试论“不是……吗”反问句的疑问用法［J］．上海师范大学学报（哲学社会科学版），2010（03）：105－113.

［44］屈承熹．关联理论与汉语句末虚词的语篇功能［J］．华东师范大学学报（哲学社会科学版），2008（03）：12－18.

［45］尚英、宋柔．基于广义话题结构语料库的语体对比研究——以报告体与小说体为例［J］．计算机工程与应用，2014（11）：21－27.

［46］邵敬敏．论语气词“啊”在疑问句中的作用暨方法论的反思［J］．语言科学，2012（06）：596－603.

［47］邵敬敏．是非问内部类型的比较以及“疑惑”的细化［J］．世界汉语教学，2012（03）：347－356.

［48］沈家煊．不对称和标记论［M］．南昌：江西教育出版社．1999.

［49］沈开木．句段分析（超句体的探索）［M］．北京：语文出版社．1987.

［50］石毓智．判断词“是”构成连词的概念基础［J］．汉语学习，2005（5）：3－10.

［51］史金生、孙慧妍．“但（是）”类转折连词的内部差异及其形成机制［J］．语文研究，2010（04）：34－40.

［52］史树敏．基于领域本体的汉语共指消解及相关技术研究［D］．南京：南京理工大学．2008.

［53］宋柔．现代汉语跨标点句句法关系的性质研究［J］．世界汉语教学，2008（02）：26－44.

［54］宋柔．汉语篇章广义话题结构的流水模型［J］．中国语文，2013（06）：483－494.

［55］宋洋、王厚峰．共指消解研究方法综述［J］．中文信息学报，2015（01）：1－12.

［56］苏英霞．“难道”句都是反问句吗？［J］．语文研究，2000（01）：57－61.

［57］太田辰夫．中国语历史文法［M］．北京：北京大学出版社．1987.

［58］汪泰荣．“……之所以……，是因为……”句式新探［J］．江西师范大学学报，2004（03）：72－77.

［59］汪婷婷．“因为……所以……”句式考察——基于《毛泽东选集1—4卷》语料［J］．文学界（理论版），2010（04）：115－137.

[60] 王大方. 修辞结构框架下的远距离回指研究 [J]. 外语与外语教学, 2013 (01): 31 -36.

[61] 王力. 中国现代语法 [M]. 北京: 中华书局. 1954.

[62] 王维贤、张学成、卢曼云、程怀友. 现代汉语复句新解 [M]. 上海: 华东师范大学出版社. 1994.

[63] 王伟. "修辞结构理论"评介 (上) [J]. 国外语言学, 1994 (04): 8 -13.

[64] 吴碧宇. 疑问语气词"吗"以及标点"?"的功能研究 [J]. 现代语文, 2006 (06): 54 -56.

[65] 吴启主. 汉语构件语法 [M]. 长沙: 岳麓书社. 2002.

[66] 吴为章、田小琳. 汉语句群 [M]: 商务印书馆. 2000.

[67] 奚雪峰、周国栋. 基于 DeepLearning 的代词指代消解 [J]. 北京大学学报 (自然科学版), 2014. 50 (1): 100 -110.

[68] 谢法奎、张全. HNC 语义标注模型的构建 [J]. 计算机科学, 2009 (05): 238 -240.

[69] 邢福义. 汉语复句研究 [M]. 北京: 商务印书馆. 2001.

[70] 熊皓、刘群、吕雅娟. 联合语义角色标注和指代消解 [J]. 中文信息学报, 2013 (06): 58 -68.

[71] 熊子瑜、林茂灿. "啊"的韵律特征及其话语交际功能 [J]. 当代语言学, 2004 (02): 116 -127.

[72] 徐凡、朱巧明、周国栋. 篇章分析技术综述 [J]. 中文信息学报, 2013.

[73] 徐赳赳. 现代汉语篇章语言学 [M]. 北京: 商务印书馆. 2010.

[74] 徐赳赳、Jonathan Webster J. 复句研究与修辞结构理论 [J]. 外语教学与研究, 1999 (4): 16 -22.

[75] 徐默凡. "这"、"那"研究述评 [J]. 汉语学习, 2001 (05): 47 -54.

[76] 许余龙. 英汉远近称指示词的对译问题 [J]. 外国语, 1989 (04): 35 -42.

[77] 许余龙. 英汉指称词语表达的可及性 [J]. 外语教学与研究, 2000 (05): 321 -328.

[78] 许余龙. 从回指确认的角度看汉语叙述体篇章中的主题标示 [J]. 当代语言学, 2005. 7 (2): 122 -131.

[79] 许余龙. 话题引入与语篇回指——一项基于民间故事语料的英汉对比研究 [J]. 外语教学, 2007 (06): 1 -5.

[80] 杨惠中. 语料库语言学导论 [M]. 上海: 上海外语教育出版社. 2002.

[81] 杨晓虹、杨玉芳. 汉语语篇修辞结构边界韵律表现 [J]. 清华大学学报（自然科学版），2009（S1）：1375－1379.

[82] 杨永龙. 句尾语气词“吗”的语法化过程 [J]. 语言科学，2003（01）：29－38.

[83] 杨玉玲. 单个“这”和“那”篇章不对称研究 [J]. 世界汉语教学，2006（04）：33－41.

[84] 姚双云、胡金柱、舒江波、沈威. 篇章连贯语义关系的自动标注方法 [J]. 计算机工程，2012（07）：131－133.

[85] 俞士汶、朱学锋、段慧明. 大规模现代汉语标注语料库的加工规范 [J]. 中文信息学报，2000（06）：58－64.

[86] 昝红英、张坤丽、柴玉梅、俞士汶. 现代汉语虚词知识库的研究 [J]. 中文信息学报，2007（05）：107－111.

[87] 臧翰芬、韦向峰、张全. 基于HNC理论的汉语辅语义块自动辨识研究 [J]. 微计算机应用，2009（11）：48－54.

[88] 张伯江、方梅. 汉语功能语法 [M]. 南昌：江西教育出版社. 1996.

[89] 张登岐. 修辞学句子研究的视野必须拓宽——兼及拓宽研究视野的两点尝试 [J]. 阜阳师范学院学报（社科版），1996. 2：3.

[90] 张久. 现代汉语中“这/那”的研究 [D]. 南京：南京师范大学. 2004.

[91] 张军珲. 基于统计的常用汉语副词用法自动识别研究 [D]. 郑州：郑州大学. 2010.

[92] 张坤丽、昝红英、柴玉梅、韩英杰、赵丹. 现代汉语虚词用法知识库建设综述 [J]. 中文信息学报，2015（03）：1－8.

[93] 张牧宇、秦兵、刘挺. 中文篇章级句间语义关系体系及标注 [J]. 中文信息学报，2014（02）：28－36.

[94] 张益民、陆汝占、沈李斌. 一种混合型的汉语篇章结构自动分析方法 [J]. 软件学报，2000. 11（11）：1527－1533.

[95] 钟小勇、张霖. “既然”句和“因为”句主观性差异探 [J]. 汉语学习，2013（04）：35－40.

[96] 周刚. 连词与相关问题 [M]. 合肥：安徽教育出版社. 2002.

[97] 周丽娟. 现代汉语连词用法的自动识别及应用研究 [D]. 郑州：郑州大学. 2012.

[98] 周强. 汉语句法树库标注体系 [J]. 中文信息学报，2004（04）：1－8.

[99] 周溢辉. 基于规则与统计的语气词用法自动识别研究 [D]. 郑州：郑州大学. 2011.

[100] 宗成庆. 统计自然语言处理（第二版）[M]. 北京：清华大学出版社. 2008.

[101] Abeillé, A. *Treebanks: Building and Using Parsed Corpora* [C]. Dordrecht/Boston/London: Kluwer Academic Publishers. 2003.

[102] Afantenos, S D, & N Asher. Testing SDRT's right frontier [Z]. In *Proceedings of the 23rd International Conference on Computational Linguistics (Coling)*. 2010. http://anthology.aclweb.org/C/C10/C10-1001.pdf.

[103] Alpaydin, E. *Introduction to Machine Learning (2nd Edn.)* [M]. Cambridge, Mass., USA & London, UK: MIT Press, 2010.

[104] Altman, D G. *Practical Statistics for Medical Research* [M]. Boca Raton/London/ New York/ Washington D. C.: Chapman and Hall, 1991.

[105] Ando, R K, & T Zhang. A framework for learning predictive structures from multiple tasks and unlabeled data [J]. *The Journal of Machine Learning Research*. 2005 *6*: 1817-1853.

[106] Andrássyová, E, & J Paralič. Knowledge discovery in databases: A comparison of different views [J]. *Journal of Information and Organizational Sciences*. 1999 (23): 95-102.

[107] Aone, C, & S W Benett. Evaluating automated and manual acquisition of anaphora resolution strategies [Z]. In *Proceedings of the 33rd Annual Meeting of the Association for Computational Linguistics*. 1995. https://aclanthology.coli.uni-saarland.de/papers/P95-1017/p95-1017.

[108] Ariel, M. Accessibility theory: An overview [A]. In Sanders, T, J Schilperoord, W Spooren (Eds): *Text Representation: Linguistic and Psycholinguistic Aspects*. Amsterdam: John Benjamins. 2001. 29-88.

[109] Artstein, R, & M Poesio. Inter-coder agreement for computational linguistics [J]. *Computational Linguistics*. 2008 *34* (4): 555-596.

[110] Asher, N. *Reference to Abstract Objects in Discourse* [M]. Berlin/Heidelberg: Springer, 1993.

[111] Asher, N, & A Lascarides. *Logics of Conversation* [M]. Cambridge, UK: Cambridge University Press, 2003, 2003.

[112] Baldridge, J, & A Lascarides. Annotating discourse structures for robust semantic interpretation [Z]. In *Proceedings of the 6th International Workshop on Computational Semantics*. 2005. http://citeseerx.ist.psu.edu/showciting?cid=3623451.

[113] Bateman, J A, & K J Rondhuis. Coherence relations: Towards a general specification [J]. *Discourse Processes*. 1997 *24* (1): 3-49.

[114] Biq, Y. Chinese causal sequencing and yinwei in conversation and press reportage [Z]. In *Proceedings of the 21st Annual Meeting of the Berkeley Linguistic Society*. 1995. http://elanguage.net/journals/bls/article/download/3130/3111.

[115] Bird, S, & M Liberman. A formal framework for linguistic annotation [J]. *Speech Communication*. 2001 *33* (1-2): 23-60.

[116] Bouayad-Agha, N, R Power, & D Scott. Can text structure be incompatible with rhetorical structure? [Z]. In *Proceedings of the First International Conference on Natural Language Generation*. 2000. http://www.aclweb.org/anthology/W00-1426.

[117] Bresnan, J. Linguistics: The garden and the bush [J]. *Computational Linguistics*. 2016 *42* (4): 599-617.

[118] Carletta, J. Assessing agreement on classification tasks: The Kappa Statistic [J]. *Computational Linguistics*. 1996 *22* (2).

[119] Carlson, L, D Marcu, & M E Okurowski. Building a discourse-tagged corpus in the framework of rhetorical structure theory [A]. In van Kuppevelt, J, R Smith (Eds): *Current Directions in Discourse and Dialogue*: Kluwer Academic Publishers. 2003. 85-112.

[120] Carlson, L, & D Marcu. *Discourse Tagging Reference Manual* [EB/OL]. Last visited on 2013-06-30. http://www.isi.edu/~marcu/discourse/tagging-ref-manual.pdf.

[121] Caruana, R. Multitask learning [J]. *Machine Learning*. 1997 *28* (1): 41-75.

[122] Chan, S W K. Automatic discourse structure detection using shallow textual continuity [J]. *International Journal of Human-Computer Studies*. 2004 *61* (1): 138-164.

[123] Chan, S W K, T B Y Lai, W J Gao, & B K T'Sou. Mining discourse markers for Chinese textual summarization [Z]. 2000. http://www.aclweb.org/anthology/W00-0402.

[124] Cohen, J. A coefficient of agreement for nominal scales [J]. *Educational and Psychological Measurement*. 1960 (20): 37-46.

[125] Cristea, D, N Ide, & L Romary. Veins Theory: A model of global discourse cohesion and coherence [Z]. In *Proceedings of the 36th Annual Meeting of the Association for Computational Linguistics and the 17th International Conference on Computational Linguistics* (*Volume* 1). 1998. http://www.aclweb.org/anthology/C98-1044.

[126] Croft, W. *Typology and Universals* (*2nd Edn.*) [M]. Cambridge and New York: Cambridge University Press, 2003.

[127] Cui, S. *A Comparison of English and Chinese Expository Rhetorical Structures* [D]. Los Angeles: University of California at Los Angeles, 1986.

[128] Da Cunha, I. A Symbolic corpus-based approach to detect and solve the ambiguity of discourse markers [J]. *Research in Computing Science.* 2013 *70*: 93 -104.

[129] Da Cunha, I, E SanJuan, J Torres-Moreno, M T Cabré, & G Sierra. A symbolic approach for automatic detection of nuclearity and rhetorical relations among intra-sentence discourse segments in Spanish [A]: *Computational Linguistics and Intelligent Text Processing.* Berlin: Springer. 2012. 462 -474.

[130] Da Cunha, I, J Torres-Moreno, & G Sierra. On the development of the RST Spanish Treebank [Z]. *Proceadings of the 5th Linguistic Annotation workshop.* 2011. https://www.aclweb.org/anthology/W/W11/W11 -04.pdf.

[131] Dale, R. The role of punctuation in discourse structure [Z]. http://web.science.mq.edu.au/~rdale/publications/papers/1991/aaai-fall-symposium1991.pdf.

[132] de Beaugrande, R, & W Dressler. *Introduction to Text Linguistics* [EB/OL]. 1981.

[133] den Ouden, H. *Prosodic Realizations of Text Structure* [D]. Tilburg: Universiteit van Tilburg, 2004.

[134] Di Eugenio, B, & M Glass. The kappa statistic: A second look [J]. *Computational Linguistics.* 2004 *30* (1): 95 -101.

[135] Duverle, D A, & H Prendinger. A novel discourse parser based on support vector machine classification [Z]. In *Proceedings of the Joint Conference of the 47th Annual Meeting of the ACL and the 4th International Joint Conference on Natural Language Processing of the AFNLP: Volume 2.* 2009. http://www.aclweb.org/anthology/P09 -1075.

[136] Fayyad, U, G Piatetsky-Shapiro, & P Smyth. From Data Mining to Knowledge Discovery in Databases [J]. *AI Magazine.* 1996 *17* (3): 37 -54.

[137] Forbes, K, E Miltsakaki, R Prasad, A Sarkar, A Joshi, & B Webber. D-LTAG system: Discourse parsing with a lexicalized tree-adjoining grammar [J]. *Journal of Logic, Language and Information.* 2003 *12* (3): 261 -279.

[138] Ford, C E. The treatment of contrasts in interaction [A]. In Couper-Kuhlen, E, B Kortmann (Eds): *Cause-Condition-Concession-Contrast: Cognitive and Discourse Perspectives* [C]. Berlin: Mouton De Gruyter. 2000. 283 -312.

[139] Fraser, B. What are discourse markers [J]. *Journal of Pragmatics.* 1999 (31): 931 -952.

[140] Garside, R, G Leech, & A McEnery. Corpus Annotation: Linguistic *Information from Computer Text Corpora* [C]. London: Longman. 1997.

[141] Geoffrey, N. *The Linguistics of Punctuation* [M]. Stanford, CA: CSLI Publications, 1990.

[142] Gries, S T. *Multifactorial Analysis in Corpus Linguistics* [M]. London and New York: Continuum, 2003.

[143] Gries, S T, & A L Berez. Linguistic annotation in/for corpus linguistics [A]. In Pustejovsky, J, N Ide (Eds): *Handbook of Linguistic Annotation.* Dordrecht: Springer Netherlands. 2017.

[144] Grosz, B J, S Weinstein, & A K Joshi. Centering: A frameworkfor modeling the local coherence of discourse [J]. *Computational Linguistics.* 1995 *21* (2): 203 – 225.

[145] Grosz, B J, & C L Sidner. Attention, intentions, and the structure of discourse [J]. *Computational Linguistics.* 1986 *12* (3): 175 – 204.

[146] Hajicova, E. Old linguists never die, they only get obligatorily deleted [J]. *Computational Linguistics.* 2006 *32* (4): 457 – 469.

[147] Halliday, M A K. *Functional Grammar* [M]. London: Arnold, 1985.

[148] Halliday, M A K. *An Introduction to Functional Grammar* [M]. London: Arnold, 1994.

[149] Halliday, M A K, & R Hasan. *Cohesion in English* [M]. London: Longman, 1976.

[150] Hirschman, L, P Robinson, J Burger, & M Vilain. Automating coreference: The role of annotated training data [Z]. 1998. www. aaai. org/Papers/Symposia/Spring/1998/SS – 98 – 01/SS98 – 01 – 018. pdf.

[151] Hobbs, J R. Coherence and coreference [J]. *Cognitive Science.* 1979 *3* (1): 67 – 90.

[152] Holsti, O R. *Content Analysis for the Social Sciences and Humanities* [M]. Reading, MA: Addison-Wesley Publishing Co. , 1969.

[153] Hovy, E H. Parsimonious and profligate approaches to the question of discourse structure relations [Z]. 1990. http: //www. aclweb. org/anthology/W90 – 0117.

[154] Hovy, E H. In defense of syntax: Informational intentional and rhetorical structures in discourse [Z]. 1993. http: //anthology. aclweb. org/W/W93/W93 – 0210. pdf.

[155] Huang, C, K Chen, F Chen, K Chen, Z Gao, & K Chen. Sinica Treebank: Design criteria, annotation guidelines, and on-line interface [Z]. In *Proceedings of 2nd Chinese Language Processing Workshop (Held in conjunction with the*

38*th Annual Meeting of the Association for Computational Linguistics*). 2000. https: //aclanthology. coli. uni-saarland. de/papers/W00 – 1205/w00 – 1205.

[156] Huang, S. The emergence of a grammatical category definite article in spoken Chinese [J]. *Journal of Pragmatics*. 1999 *31* (1): 77 – 94.

[157] Hunston, S. *Corpora in Applied Linguistics* [M]. Cambridge: Cambridge University Press, 2002.

[158] Ide, N, & J Pustejovsky. *Handbook of Linguistic Annotation* [C]. Dordrecht: Springer Netherlands. 2017.

[159] Joachims, T. Transductive inference for text classification using support vector machines [Z]. In *ICML '99 Proceedings of the Sixteenth International Conference on Machine Learning*. 1999. http: //citeseerx. ist. psu. edu/viewdoc/download? doi = 10. 1. 1. 47. 9736&rep = rep1&type = pdf.

[160] Jones, B. Exploring the role of punctuation in parsing natural text [Z]. 1994. https: //aclanthology. coli. uni-saarland. de/papers/C94 – 1069/c94 – 1069.

[161] Jones, B. *What's The Point? A (Computational) Theory of Punctuation* [D]. Edinburgh, UK: University of Edinburgh, 1996.

[162] Jurafsky, D, & J H Martin. *Speech and Language Processing: An introduction to Natural Language Processing, Computational Linguistics, and speech recognition* (2*nd Edn.*) [M]. Prentice Hall, 2008.

[163] Kamp, H, & U Reyle. *From Discourse to Logic* [M]: Kluwer Academic Publishers, 1993.

[164] Kaplan, R B. Cultural thought patterns in intercultural education [J]. *Language Learning*. 1966 *16*: 1 – 20.

[165] Knott, A, J Oberlander, M O'Donnell, & C Mellish. Beyond elaboration: The interaction of relations and focus in coherent text [A]. In Sanders, T, J Schilperoord, W Spooren (Eds): *Text Representation: Linguistic and Psycholinguistic Aspects*. Amsterdam and Philadelphia: John Benjamins. 2001. 181 – 196.

[166] Knott, A, & R Dale. Using linguistic phenomena to motivate a set of coherence relations [J]. *Discourse Processes*. 1994 *18* (1): 35 – 62.

[167] Kong, K C C. Are simple business request letters really simple? A comparison of Chinese and English business request letters [J]. *Text*. 1998 *18* (1): 103 – 141.

[168] Krasavina, O, & C Chiarcos. PoCoS—Potsdam coreference scheme [Z]. In *Proceedings of the Linguistic Annotation Workshop*. 2007. http: //www. aclweb. org/anthology/W07 – 1525.

[169] Krippendorff, K. Validity in content analysis [A]. In Mochmann, E

(*Eds*): *Computerstrategien fuer die kommunikationsanalyse*. Frankfurt, Germany: Campus. 1980. 69 – 112.

[170] Krippendorff, K. Reliability in Content Analysis: Some Common Misconceptions and Recommendations [J]. *Human Communication Research*. 2004 *30* (3): 411 – 433.

[171] Lascarides, A, & N Asher. Segmented Discourse Representation Theory: Dynamic semantics with discourse structure [A]. In Bunt, H, R Muskens (Eds): *Computing Meaning*. Dordrecht: Springer Netherlands. 2007. 87 – 124.

[172] Lauer, M. How much is enough? Data requirements for statistical NLP [J]. *Computer Science*. 1995 *111* (2): 580 – 581.

[173] Le Thanh, H, G Abeysinghe, & C Huyck. Automated discourse segmentation by syntactic information and cue phrases [Z]. 2004. http://www.cwa.mdx.ac.uk/chris/papers/Nlp/segmentation1.PDF.

[174] Leech, G. Introducing corpus annotation [A]. In Garside, R, G Leech, T McEnery (Eds): Corpus Annotation. London: Longman. 1997.

[175] Lin, Z, H T Ng, & M Kan. A PDTB-styled end-to-end discourse parser [J]. *Natural Language Engineering*. 2012 *1* (1): 1 – 35.

[176] Maier, E, & E Hovy. A metafunctionally motivated taxonomy for discourse structure relations [Z]. In *Proceedings of the 3rd European Workshop on Language Generation*. 1991. http://citeseerx.ist.psu.edu/showciting? cid = 1451414.

[177] Malchukov, A L. Towards a semantic typology of adversative and contrast marking [J]. *Journal of Semantics*. 2004 (21): 177 – 198.

[178] Mann, W C, & S Thompson. Rhetorical Structure Theory: A Theory of Text Organization [R]. Information Sciences Institute. 1987.

[179] Mann, W C, & S Thompson. Rhetorical Structure Theory: Toward a functional theory of text organization [J]. *Text*. 1988 *3* (8): 243 – 281.

[180] Mann, W C, & S Thompson. Relational discourse structure: A comparison of approaches to structuring text by contrast [A]. In Hwang, S J J, W R Merrifield (Eds): *Language in Context: Essays for Robert E. Longacre*. Arlington, US: The University of Texas at Arlington. 1992.

[181] Mann, W C, & S Thompson. Two views of Rhetorical Structure Theory [Z]. 2002. Last visited on 2006 – 06 – 30. www-bcf.usc.edu/~billmann/WMlinguistic/twovsend.doc.

[182] Manning, C, & HSchütze. *Foundations of Statistical Natural Language Processing* [M]. Cambridge, Mass., USA & London, UK: MIT Press, 1999.

[183] Marcu, D. Discourse trees are good indicators of importance in text [Z].

1999. http：//citeseerx. ist. psu. edu/viewdoc/summary? doi =10. 1. 1. 46. 8292.

［184］ Marcu，D. *The Theory and Practice of Discourse Parsing and Summarization* ［M］. Cambridge，Mass.，USA & London，UK：MIT press，2000.

［185］ Marcu，D，E Amorrortu，& M Romera. Experiments in constructing a corpus of discourse trees ［Z］. 1999. http：//acl. ldc. upenn. edu/W/W99/W99 -0307. pdf.

［186］ Marcu，D，& A Echihabi. An unsupervised approach to recognizing discourse relations ［Z］. In *Proceedings of the 40th Annual Meeting of the Association for Computational Linguistics*. 2002. http：//acl. ldc. upenn. edu/P/P02/P02 -1047. pdf.

［187］ Martin，J R. *English Text：System and Structure* ［M］. Amsterdam/Philadelphia：John Benjamins，1992.

［188］ Maziero，E G，T A S Pardo，I D Cunha，J Torres-Moreno，& E San Juan. DiZer 2. 0：An adaptable on-line discourse parser ［Z］. 2011. https：//www. researchgate. net/publication/266344145_ DiZer_ 20_ -_ An_ Adaptable_ On-line_ Discourse_ Parser.

［189］ McEnery，T，& A Hardie. *Corpus Linguistics：Method，Theory and Practice* ［M］. Cambridge，UK：Cambridge University Press，2012.

［190］ Meyers，A，R Reeves，C Macleod，R Szekely，V Zielinska，B Young，& R Grishman. Annotating noun argument structure for NomBank ［Z］. 2004. https：//aclanthology. coli. uni-saarland. de/papers/L04 -1228/l04 -1228.

［191］ Miltsakaki，E，R Prasad，A Joshi，& B Webber. The Penn Discourse Treebank ［Z］. 2004. http：//www. seas. upenn. edu/ ~pdtb/papers/lrec04. pdf.

［192］ Miracle，W C. *Discourse Markers in Mandarin Chinese* ［D］. Columbus，Ohio，USA：Ohio State University，1991.

［193］ Mitchell，T. *Machine Learning* ［M］. Maidenhead，UK：McGraw -Hill，1997.

［194］ Mitkov，R，R Evans，C Orasan，C Barbu，L Jones，V Sotirova，& V Sotirova. Coreference and anaphora：developing annotating tools，annotated resources and annotation strategies ［Z］. In *Proceedings of the Ninth International Conference on Language Resources and Evaluation*. 2014.

［195］ Moore，J D，& M E Pollack. A Problem for RST：The need for multi-level discourse analysis ［J］. *Computational Linguistics*. 1992 *18*（4）：537 -544.

［196］ Müller，M. *Fully Automatic Resolution of* It，This *and* That *in Unrestricted Multi-Party Dialog* ［D］. Tübingen，Germany：Universität Tübingen，2008.

［197］ Ng，V，& C Cardie. Improving machine learning approaches to coreference resolution ［Z］. 2002. http：//www. aclweb. org/anthology/P02 -1014.

[198] Nicholas, N. *Problems in the Application of Rhetorical Structure Theory to Text Generation* [D]. Melbourne, Australia: University of Melbourne, 1994.

[199] Nicholas, N. Parameters for Rhetorical Structure Theory ontology [Z]. 1995. Last visited on 2006 - 06 - 30. http: //www. researchgate. net/publication/252788255_ Parameters_ for_ Rhetorical_ Structure_ Theory_ Ontology.

[200] O'Donnell, M J. RSTTool 2. 4: a markup tool for Rhetorical Structure Theory [Z]. In *Proceedings of the First International Conference on Natural Language Generation* (*Volume* 14). 2000. www. aclweb. org/anthology/W/W00/W00 - 1434. pdf.

[201] Palmer, M, D Gildea, & P Kingsbury. The Proposition Bank: An annotated corpus of semantic roles [J]. *Computational Linguistics*. 2005 *31* (1): 71 - 106.

[202] Pardo, T A S, C V Gasperin, H M Caseli, & M D G V Nunes. Computational linguistics in Brazil: An overview [Z]. In *Proceedings of the NAACL HLT* 2010 *Young Investigators Workshop on Computational Approaches to Languages of the Americas*. 2010. http: //www. aclweb. org/anthology/W10 - 1601.

[203] Pitler, E, & A Nenkova. Using syntax to disambiguate explicit discourse connectives in text [Z]. In *Proceedings of the ACL-IJCNLP* 2009 *Conference Short Papers*. 2009. http: //www. aclweb. org/anthology/P09 - 2004.

[204] Poesio, M, R Stevenson, B Di Eugenio, & J Hitzeman. Centering: A Parametric Theory and Its Instantiations [J]. *Computational Linguistics*. 2004 *30* (3): 309 - 363.

[205] Polanyi, L. A formal model of the structure of discourse [J]. *Journal of Pragmatics*. 1988 *12* (5): 601 - 638.

[206] Prasad, R, B Webber, & A Joshi. Reflections on the Penn Discourse TreeBank, comparable corpora, and complementary annotation [J]. *Computational Linguistics*. 2014 *40* (4): 921 - 950.

[207] Prasad, R, N Dinesh, A Lee, E Miltsakaki, L Robaldo, A Joshi, & B Webber. 2007. The Penn Discourse Treebank 2. 0 Annotation Manual. http: //www. seas. upenn. edu/ ~ pdtb/PDTBAPI/pdtb-annotation-manual. pdf.

[208] Pustejovsky, J, P Hanks, R Saurí, A See, R Gaizauskas, A Setzer, D Day, L Ferro, M Lazo, D Radev, & B Sundheim. The TIMEBANK Corpus [Z]. In *Proceedings of the Corpus Linguistics Meeting*. 2003. https: //www. researchgate. net/publication/228559081_ The_ TimeBank_ corpus.

[209] Reitter, D. *Rhetorical Analysis with Rich-Feature Support Vector Models* [D]. Potsdam, Germany: University of Potsdam, 2003.

[210] Reitter, D. Simple Signals for Complex Rhetorics: On Rhetorical Analysis

with Rich-Feature Support Vector Models [J]. *Journal for Computational Linguistics and Language Technology*. 2003 *18* (1/2): 38 –52.

[211] Rino, L H M, A Di Felippo, & T A S Pardo. Insights for better RST segmentation of texts in Portuguese? [Z]. In *Anais do IV Workshop "A RST e os Estudos do Texto"*. 2013. www. nilc. icmc. usp. br/nilc/download/ariani/RinoETAL _ RST _ 2013. pdf.

[212] Rösner, D, & M Stede. TECHDOC: Multilingual generation of online and offline instructional text [Z]. 1994. http://acl. ldc. upenn. edu/A/A94/A94 –1044. pdf.

[213] Rouchota, V. Discourse connectives—What do they link? [J]. *UCL Working Papers in Linguistics*. 1996 *8*: 1 –15.

[214] Sanders, T J M, W P MSpooren, & L G M Noordman. Toward a taxonomy of coherence relations [J]. *Discourse Processes*. 1992 *15* (1): 1 –35.

[215] Say, B, & VAkman. Current approaches to punctuation in computational linguistics [J]. *Computers and the Humanities*. 1998 *30* (6): 457 –469.

[216] Schauer, H, & U Hahn. Anaphoric cues for coherence relations [Z]. In *Proceedings of International Euroconference "Recent Advances in Natural Language Processing"*. 2001. http://www. coling. uni-freiburg. de/~ schauer/resources/docs/schauer-hahn: ranlp2001. pdf.

[217] Schiffrin, D. *Discourse Marker* [M]. Cambridge: Cambridge University Press, 1987.

[218] Schilder, F. Robust discourse parsing via discourse markers, topicality and position [J]. *Natural Language Engineering*. 2002 *8* (3): 235 –255.

[219] Scollon, R, & S W Scollon. Point of view and citation: Fourteen Chinese and English versions of the 'same' news story [J]. *Text*. 1997 *17* (1): 83 –125.

[220] Sereţan, V, & D Cristea. The Use of referential constraints in structuring discourse [Z]. 2002. www. lrec-conf. org/proceedings/lrec2002/pdf/149. pdf.

[221] Siegel, S, & J N J Castellan. *Nonparametric Statistics for the Behavioral Sciences* (*2nd Edn.*) [M]. New York: McGraw-Hill, 1988.

[222] Sinclair, J. *Corpus, Concordance, Collocation* [M]. Oxford: Oxford University Press, 1991.

[223] Soricut, R, & D Marcu. Sentence Level Discourse Parsing using Syntactic and Lexical Information [Z]. In *Proceedings of the* 2003 *Human Language Technology Conference of the North American Chapter of the Association for Computational Linguistics*. 2003. http://www. aclweb. org/anthology/N03 –1030.

[224] Soricut, R, & D Marcu. Stochastic language generation using WIDL-

expressions and its application in machine translation and summarization [Z]. In *Proceedings of the 21st International Conference on Computational Linguistics and 44th Annual Meeting of the ACL*. 2006. http://www.aclweb.org/anthology/P06-1139.

[225] Spenader, J, & A Lobanova. Reliable discourse markers for contrast relations [Z]. 2009. http://aclweb.org/anthology-new/W/W09/W09-3719.

[226] Sporleder, C, & A Lascarides. Using Automatically Labelled Examples to Classify Rhetorical Relations: An Assessment [J]. *Natural Language Engineering*. 2008 *14* (3): 369-416.

[227] Stede, M. The Potsdam Commentary Corpus [Z]. 2004. http://citeseerx.ist.psu.edu/viewdoc/summary? doi=10.1.1.153.9779.

[228] Stede, M. RST revisited: Disentangling nuclearity [A]. In Fabricius-Hansen, C, W Ramm (Eds): '*Subordination*' *versus* '*coordination*' *in sentence and text—from a cross-linguistic perspective*. Amsterdam: Benjamins. 2008.

[229] Stede, M, W Janyce, E H A, B Reese, S Teufel, B Webber, & T Wilson. Discourse annotation [Z]. In *Proceedings of the Linguistic Annotation Workshop*. 2007. http://aclweb.org/anthology/W07-15.

[230] Stede, M, & A Neumann. Potsdam Commentary Corpus 2.0: Annotation for discourse research [Z]. In *Proceedings of the Ninth International Conference on Language Resources and Evaluation* (*LREC-2014*). 2014. http://www.aclweb.org/anthology/L14-1468.

[231] Taboada, M. *Building Coherence and Cohesion: Task-Oriented Dialogue in English and Spanish* [M]. Amsterdam/Philadelphia: John Benjamins, 2004.

[232] Taboada, M, & W C Mann. Applications of Rhetorical Structure Theory [J]. *Discourse Studies*. 2006 *8*: 567-588.

[233] Taboada, M, & W C Mann. Rhetorical Structure Theory: looking back and moving ahead [J]. *Discourse Studies*. 2006 *8* (4): 567-588.

[234] Tao, H. The grammar of demonstratives in Mandarin conversational discourse: A case study [J]. *Journal of Chinese Linguistics*. 1999 *27* (1): 69-103.

[235] Tofiloski, M, J Brooke, & M Taboada. A syntactic and lexical-based discourse segmenter [Z]. 2009. http://aclweb.org/anthology-new/P/P09/P09-2020.pdf.

[236] Tognini-Bonelli, E. *Corpus Linguistics at Work* [M]. Amsterdam/Philadelphia: John Benjamins, 2001.

[237] T'Sou, B K, H L Lin, H H C., L T., & T Chan. Automated Chinese full-text abstraction based on rhetorical structure analysis [J]. *Computer Processing of Oriental Languages*. 1996 *10* (2): 225-238.

[238] T'Sou, B K, T B Y Lai, S W K Chan, W Gao, & X Zhan. Enhancement of Chinese DM tagger with c4. 5 [Z]. 2000. http: //www. aclweb. org/anthology/W00 –1206.

[239] Tu, M, Y Zhou, & C Zong. A novel translation framework based on Rhetorical Structure Theory [Z]. In *Proceedings of the 51st Annual Meeting of the Association for Computational Linguistics* (*Volume 2: Short Papers*). 2013. http: // www. aclweb. org/anthology/P13 –2066.

[240] van Deemter, K, & R Kibble. On coreferring: Coreference in MUC and related annotation schemes [J]. *Computational Linguistics*. 2000 *26* (4): 629 –637.

[241] Vapnik, V. *Statistical Learning Theory* [M]. New York: Wiley, 1998.

[242] Versley, Y. A graph-based approach for implicit discourse relations [J]. *Computational Linguistics in the Netherlands Journal*. 2013 *3*: 52.

[243] Wang, Y, & P Tsai. Textual and Contextual Contrast Connection: A Study of Chinese contrastive markers across different text types [J]. *Journal of Pragmatics*. 2007 *39* (10): 1775 –1815.

[244] Webber, B. D-LTAG: extending lexicalized TAG to discourse [J]. *Cognitive Science*. 2004 *28* (5): 751 –779.

[245] Webber, B, M Stone, A Joshi, & A Knott. Anaphora and discourse structure [J]. *Computational Linguistics*. 2003 *29* (4): 545 –587.

[246] Wellner, B, J Pustejovsky, C Havasi, A Rumshisky, & R Sauri. Classification of discourse coherence relations: An exploratory study using multiple knowledge sources [Z]. In *Proceedings of the 7th SIGDial Workshop on Discourse and Dialogue*. 2006. http: //acl. ldc. upenn. edu/W/W06/W06 –1317. pdf.

[247] Wolf, F, E Gibson, A Fisher, & M Knight. *Discourse Graphbank* (*LDC2005T08*) [EB/OL]. Philadelphia: Linguistic Data Consortium. Last visited on 2013 –06 –30. https: //catalog. ldc. upenn. edu/LDC2005T08.

[248] Wolf, F, & E Gibson. Representing discourse coherence: A corpus-based study [J]. *Computational Linguistics*. 2005 *31* (2): 249 –287.

[249] Wolf, F, & E Gibson. *Coherence in Natural Language: Data Structures and Applications* [M]. Cambridge, Mass. : MIT Press, 2006.

[250] Yang, Y, & NXue. Chinese comma disambiguation for discourse analysis [Z]. In *Proceedings of Annual Meeting on Association for Computational Linguistics*. 2012. http: //www. aclweb. org/anthology/P12 –1083.

[251] Yue, M, & H Liu. Probability distribution of discourse relations based on a Chinese RST-annotated corpus [J]. *Journal of Quantitative Linguistics*. 2011 *18* (2): 107 –121.

[252] Zeldes, A. The GUM Corpus: Creating multilayer resources in the classroom [J]. *Language Resources and Evaluation.* 2016 (1): 1 –32.

[253] Zeldes, A. rstWeb: A browser-based annotation interface for Rhetorical Structure Theory and discourse relations [Z]. In *Proceedings of NAACL – HLT 2016 System Demonstrations.* 2016. http: //aclweb. org/anthology/N/N16/N16 –3001. pdf.

[254] Zhou, L, B Li, W Gao, Z Wei, & K Wong. Unsupervised discovery of discourse relations for eliminating intra-sentence polarity ambiguities [Z]. In *Proceedings of the Conference on Empirical Methods in Natural Language Processing. 2011.* http: //www. aclweb. org/anthology/D11 – 1015.

[255] Zhou, Y, & NXue. PDTB-style discourse annotation of Chinese text [Z]. In *Proceedings of the 50th Annual Meeting of the Association for Computational Linguistics* (*Volume 1*: *Long Papers*) . 2012. http: //www. aclweb. org/anthology/P12 –1008.

[256] Zhou, Y, & NXue. The Chinese Discourse TreeBank: A Chinese corpus annotated with discourse relations [J]. *Language Resources and Evaluation.* 2015 *49* (2): 397 –431.

[257] Zipf, G K. *The Psycho-biology of Language*: *An Introduction to Dynamic Philology* [M]. Cambridge, Mass. : MIT Press, 1935.

索　引

后　记

这本书终于脱稿了，算是给我自己，也是给我的博士导师冯志伟教授一个交代。

我可算得一位重度拖延症患者。本来博士毕业后就该立即把博士论文改改出了，但当时觉得篇章剖析是个相对前沿的课题，加上修辞结构标注的难度较大，主观性也相对较强，还有很多理论的基础和技术的支持都还跟不上，自己的工作其实只是开了个头，没法出书。虽然接下来找人重新标注了语料，可总觉得数据仍需要进一步核实，所以一直拖着。后来就是不得不出专著了，出版合同签订之后又发现需要修改标注手册和修辞关系体系，改完之后还需要回头重新核对数据，更新图表，又拖拉了一段时间才交定稿。却因图表太多，定稿的版面字数按出版社的惯例计算超合同了，又不得不匆匆忙忙进行大幅的删改。当然我也借机更新和补充了一些材料，相当于重写了一本。哎，只能说这是本慢腾腾磨洋工才写出来的书，希望还勉强有点学术价值。

不管怎样，这本书能最后成稿，首先要感谢我的导师冯志伟教授。是他最初帮我定的博士论文课题，又是他催促着我按时毕业，也是他总催着我把书稿出版了。他还早早为我写了序言，又按版面的情况做了删减。出版过程中遇到了很多意想不到的问题，又是他和师母操心帮我协调解决。总之，是他一路带着我这么个既没有天分又容易懈怠的学生，帮我在学术的道路上坚持到现在，真是够累的。我也十分感谢师母郑初阳女士十多年来的关心、鼓励和支持。2018 年是冯志伟教授的八十大寿，我谨以此书恭祝他和师母身体安康，生活愉快，学术之树常青！

其次，也以本书告慰顾明华、吴为章、王维贤等故去的先生，感谢他们曾经给予的指导。还需感谢浙江大学的任绍曾教授、刘海涛教授；中国传媒大学的云贵彬教授、侯敏教授、李大勤教授；中国社会科学院的徐赳赳教授；中国科学院自动化所的宗成庆研究员等等很多专家给予的指导和帮助。十分感谢美国的 Joan Bybee 教授在我访问新墨西哥大学时悉心地给予我定期的辅导。在美期间，Joan 每隔一周都要开车好几个小时到校园，听我报告对“但、但是”的数据处理和分析，跟我讨论语法化的问题和频率对语言使用的影响，帮我拟定下一步的听课和研究计划。每次见面之后离开，她都会在电梯口问上我一句“It is fun, isn’t it?（很有趣，对吧？）”，鼓励我继续把枯燥的工作做下去。Joan深刻地改变了我对语言和研究的很多看法。

特别感谢师妹那日松博士。她在繁重的工作和家务间隙，帮我编写相关接口程序，并帮我处理了相当一部分基础语料。她还参与了第六章图表和数据的制作，以及相关部分文字早期的写作。真心感谢她十多年的友谊。另外，师弟胡凤国博士也在早期的语料处理过程中给予了技术支持。还要感谢远在美国的张雪蓉、刘畅、程艳等朋友在语料标注和数据处理方面的无私帮助。感谢管高扬、金韬、陈恩献、董昕汝等同学帮我解决计算机编程和统计分析的相关问题。感谢朱磊、胡琼、陈滢竹等同学参与标注部分数据，感谢赵乐、罗谦锐、王依铭等同学校读稿件的部分内容，感谢张翼同学校读了书稿的多个版本并指出其中不少的错误和失误。他们中的很多人已经或者马上要获得各自的学位，感谢他们抽出各自宝贵的业余时间给予我的帮助。实际上，在理论学习、语料标注、数据处理和书稿校对过程中给予我帮助的人远远不止上述几位。我在此挂一漏万，借以对所有帮助过我鼓励过我的朋友表示由衷的感谢！

还要感谢我的父母、家人和亲友给我的精神关爱和物质支持。虽然他们并不知道我具体在忙些什么，可每当我说忙，他们总是都能理解。感谢先生蒋云龙特意为我的书稿封面作画。

最后，感谢浙江大学董氏文科出版基金和浙江大学外语学院学术出版经费的支持。感谢韩锐、赵黎黎等编辑帮我处理书稿前期的多个版本，感谢世界图书出版广东公司的冯彦庄编辑认真核对图表中的数据，并一一修改在WORD与PDF相互转换过程中样稿产生的大量排版问题。是他们专业的敬业的编辑工作，才使本书成为一本专业的学术著作。感谢余慧华博士、邵燕鸿编辑和乐可平律师等为我提供出版法律事务方面的咨询，使书稿在经历各种意外波折之后最终得以出版。

当然，书中肯定还有很多错误，由我自负文责。也恳请大家批评指正，不吝赐教，帮助我继续进步。

乐明

于浙大紫金港

2018 年 12 月 28 日